2018年福建省高校以马克思主义为指导的
哲学社会科学学科中青年理论人才资助计划项目
"中国教育公益文化的传统与传承研究"阶段性成果

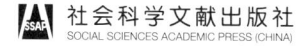

财富的归宿
福建民间教育公益基金调查报告

Investigations on
Nongovernmental Educational Foundation
of Fujian

毛晓阳　余元启
主编

社会科学文献出版社
SOCIAL SCIENCES ACADEMIC PRESS (CHINA)

序

"安得广厦千万间，大庇天下寒士俱欢颜。"在中国传统公益文化发展史上，教育公益一直牵动着人们爱国忧民的济世情怀。学田、书院、宾兴、贡院、义学、试馆，在中国古代的这些教育门类中，无不包含着教育公益的元素。

改革开放以来，随着市场经济逐步取代了计划经济，多元化的经济主体在面对各种教育问题时，有了更为灵活的自主选择。尤其是进入21世纪以来，随着我国综合国力的增强和人民生活水平的提高，各类以奖学、奖教、助学为基本职能的教育公益基金或教育公益组织也大量涌现。今天，我们不仅拥有希望工程、国家奖学金、国家励志奖学金、长城奖学金等诸多规模巨大、影响广泛的国家层面的教育公益基金，更有诸多服务于一个村庄、一个家族、一个学校、一个群体等规模较小、影响有限的"草根级"教育公益基金。它们都在以自己的爱心，助力优秀学子和家庭困难学生努力学习，追逐梦想，改变命运，实现自我人生价值。同时，也让自己成为中国教育公益文化发展历史长河中的一颗颗美丽的小星星，熠熠闪光，温暖人心。

众所周知，闽台文化血脉相连，同源一体。自清代以来，台湾作为福建省之一府，其教育公益文化便与内地府县完全一致。从官学、书院资产的筹集、设置，到宾兴助考基金的捐集、创办，再到考棚、试馆的捐资、建造，无一不与民间乐捐紧密相连。至今峙立于台北二二八纪念公园内的"急公好义"石雕牌坊，便是为表彰原籍福建晋江县的台北淡水贡生洪腾云捐资建成台北府考棚而奉旨建造的。[①] 抗战胜利后，台湾的教育公益文化发

---

① 毛晓阳、邹燕青：《清代台湾考棚考论》，《清史论丛》2018年第1辑，第179~200页。

展更为迅速。据肖杨、严安林《台湾的基金会》指出，1947年的"汉云慈善基金会"是台湾第一个以基金会命名的民间组织，其服务范围包括急难救助、老人福利和奖学金等诸多方面。而1948年成立的"林熊徵学田基金会"则是台湾最早的文教基金会。随着台湾经济的不断发展，至1989年，仅服务于台湾全岛民众的文教类基金会便多达122家，它们也是台湾各类基金会中数量最多的一类。台湾全岛的大学、中学、职业教育、特殊教育、专项研究、图书馆以及校舍、教学设施、对教育改革的研究等无不得到基金会的关注。①台湾各界很早就开始关注各类基金会的研究，比如台湾铭传管理学院大众传播学系编印过《认识基金会》（1990），台湾喜马拉雅研究发展基金会编撰过《台湾地区基金会名录》（1991）、《基金会在台湾：名录与活动》（1994、1997）、《台湾200家主要基金会名录》（1997）、《台湾300家主要基金会名录》（1999、2001、2002、2005），成为研究台湾地区基金会的重要文献。台湾大学教授萧新煌《台湾的民间基金会组织与趋势》（1999）、中正大学教授官有垣《台湾的基金会在社会变迁下之发展》（2003）是台湾学界研究基金会的代表性著作。2002年台湾大学还召开了"社会变迁下的台湾基金会发展"学术研讨会。

在中国大陆尤其是沿海省份，随着改革开放以来民间经济力量的不断增长，各类教育公益基金如雨后春笋一般不断涌现，成为各层次学校的教育经费来源的重要补充，同时也引起了学术界的普遍关注。葛道顺《中国基金会发展解析》（2009）、戴志敏《大学教育基金会管理研究》、陈秀峰《当代中国大学教育基金会研究》（2010）、李莉《中国公益基金会治理研究》（2010）、徐宇珊《论基金会：中国基金会转型研究》（2010）、韦祎《中国慈善基金会法人制度研究》（2010）、陶传进《基金会导论》（2011）、刘京《中国散财之道——现代公益基金会发展报告》（2011）、陈旭清《中国非公募基金会功能研究》（2011）、卢玮静《基金会评估：理论体系与实践》（2014）等著作，成为继徐永光总主编的"第三部门研究丛书"（1999）之后，进一步利用社会学理论深入研究包括教育基金会在内的当代中国公

---

① 肖杨、严安林：《台湾的基金会》，九州出版社，2009，第22、24、58页。

益基金会的代表性学术专著。另外，自2011年以来，中国人民大学中国公益创新研究院院长康晓光教授主持编撰了《中国基金会发展独立研究报告》，成为了解全国公益基金会最为重要的资料之一。

闽江学院人文学院历史学系"闽台教育与公益文化事业发展研究"科研创新团队教师长期从事中国教育公益文化史研究，承担过"社会公益视野下的清代科举宾兴研究""以公益求公平：清代科举考场研究"等多项国家社科基金项目，出版了《清代科举宾兴史》（2014）、《清代宾兴公益基金组织管理制度研究》（2014）等教育公益史研究专著。与国内社会学界部分研究者所主张的"古老的中国缺乏类似基金会这样的组织和制度，人们的思想和认识落后于时代的需求"的观点不同，该科研团队认为宋代的贡士庄、清代的宾兴会等以助考为基本职能的科举组织，都属于独具中国文化特色的类似教育公益基金会的组织。另外，中国古代的官学、书院田产和贡院、试馆等考试建筑，也都源自民间捐资，具有鲜明的教育公益属性。当然，在宾兴研究中引入"基金"的概念，美国哈佛大学杨联陞教授早在20世纪60年代便已经提出过了。[①]

近年来，该科研团队进一步积极关注中国当代教育公益基金的发展情形，试图总结其经验教训，探索其利弊得失，并探讨中国教育公益文化传统在当代社会的传承与创新。为此，团队教师利用寒暑假时间，指导本系同学围绕"福建民间教育公益基金调查""中国教育公益文化传统与创新"等主题开展社会实践，撰写调查报告。本书即是其中部分优秀调查报告的结集，它们大多以作者家乡所在地的教育公益基金或教育公益活动为调研对象。这是因为，一方面，团队教师在指导同学选择调研对象时，要求尽可能地关注民间的、草根的、身边的教育公益基金，尤其是关注那些存在于基层地方社会的个案。团队教师认为，"礼失而求诸野"，越是基层社会自发创设的教育公益基金，越有可能没有受到过西方基金会文化的影响，从而也承载了更多中国古代教育公益文化的历史传统。另一方面，他们还认为，不管是以学生个人为单位还是以学生结成小组为单位，针对家乡的、

---

① 杨联陞：《科举时代的赴考旅费问题》，《清华学报》新2卷1961年第2期，第128页。

身边的教育公益基金的个案调查往往更能获得成功。因为在执行相关调查时，同学们根本不存在语言障碍，也能够获得亲朋好友的帮助。这也使得调查中所获得的资料相对来说更加真实、更为详细。这部即将出版的《财富的归宿——福建民间教育公益基金调查报告》，便是该团队师生数年来努力的结晶，也是他们向社会提交的一部探索大学教育实践教学改革的习作。

一个颇有趣味的细节是，正如我国当前研究教育公益基金最为权威的学者资中筠先生一样，本书所有调查报告的作者都是女性。从某种意义上讲，本书是一部从女性视角出发的教育公益基金调查报告。这是颇为难能可贵的情形。这些来自闽江学院历史学系大三、大四年级的女生，都是"95后"的年轻女孩子，她们会追星，会网购，也爱美，但在完成任务时，却展现了"巾帼不让须眉"的精神状态和动手能力。她们凭借自己聪慧的眼光、灵活的思考，以细腻的笔触完成了一篇篇结构严谨、行文朴实、篇幅适中、重视数据的调查报告。结合调查报告中所反映的所有奖学金、助学金都秉持男女平等的奖助标准的事实，以及很多颁奖典礼照片、获奖名单中女生甚至多于男生的细节，读者们也可以感受到新中国成立以后实实在在的男女平等的事实，并悟出其中所隐藏的根本原因。

我读到报告中那些熟悉的地名，总会不由自主地想起当年在福建工作的情景，想起那里的老同事、老朋友，感到格外亲切。我与闽江学院结缘已久，曾与该校领导一起共事，多年来一直关注该校的发展进步。闽台文化研究是我最为关心的学术话题，因而对于该团队设计的学术研究愿景和教学改革方向颇感兴趣。去年，该团队教师毛晓阳教授在微信上给我留言，请我担任团队的学术顾问，我笑着回复"光荣就任顾问"。今天，创新团队要出版这部调查报告集，请顾问作序，我自然义不容辞。期待他们今后能够推出更多的学术成果，为福建乃至中国的教育公益文化发展做出独有的贡献。

厦门大学台湾研究院讲座教授　全国台湾研究会副会长

汪毅夫

2019 年 5 月 12 日

内容摘要

  本书共收录了 31 位同学所撰写的 26 篇调查报告，涉及 27 个教育基金会或从事教育公益活动的社会组织。根据基金会的经费来源与服务对象的区别，同时方便读者阅读，快速了解全书的基本结构，本书将其分别归入八个类型。

  第一种类型是"乡村、乡镇教育公益基金"，包括 5 篇调查报告。其中有 3 篇调查报告所描述的教育公益基金分布于福州市，2 篇属漳州市。这 5 个教育公益基金，均由一村、一乡、一镇或农场之居民自发捐设，面向该村、乡、镇、农场之学子，开展教育公益奖学、助学或奖教活动。

  第二种类型是"学校教育公益基金"，包括 2 篇调查报告。其中一篇描述的是闽北永安市第一中学教育基金会，另一篇描述的是闽中仙游县第一中学教育基金。它们具有的一个共同特征，便是其经费大多来自校友捐款，而受益的对象则都是捐资者的学弟、学妹。

  第三种类型是"华侨教育公益基金"，包括 3 篇调查报告。作为中国的沿海省份，福建省是中国拥有华人华侨数量最多的省份之一。华人华侨旅居海外，艰苦创业，不忘故土，捐重资支持家乡的教育事业，其公益精神令人动容。

  第四种类型是"家族教育公益基金"，包括 8 篇调查报告。宗族文化是中国历代维系社会秩序的重要纽带。早在北宋仁宗时期，以江苏吴县范仲淹范氏义庄为代表的家族教育公益便不断拓展、日益普遍。这 8 篇家族类教育公益基金调查报告，反映了中国当代教育公益基金的一个侧面。

  第五种类型是"畲族教育公益基金"，包括 2 篇调查报告。畲族是闽浙等地颇具特色的少数民族，他们多分布在闽东及浙南山区，经济发展水平相对落后，制约了当地教育的总体发展。这 2 篇报告所涉及的教育公益基金均是由当地的畲族企业家慷慨捐设的。

第六种类型是"企业教育公益基金",包括4篇调查报告。这4篇调查报告所涉及的教育公益基金,有3个分布于福建省外,有1个分布于福建省内。它们都是由国内知名企业或企业家捐资设立的奖学、助学基金。与两种畲族教育公益基金一样,企业类教育公益基金大多采取"留本付息"的方式,即企业不仅向受资助者提供奖学金和助学金,还自行承担了基金会本金的增值任务。

第七种类型是"寺庙教育公益基金",包括1篇调查报告。寺庙是中国历代提供教育公益资助的重要主体之一。当代寺庙在国家政策引领下,纷纷开展捐资助学活动。该调查报告所涉及的天湖堂奖学基金,是闽南保生大帝信仰背景下寺庙奖励本地学子的鲜明个案。

第八种类型是"市民自创教育公益基金",包括1篇调查报告。其所涉及的深圳市山野公益基金会,是由我国改革开放最为深入的深圳市的部分公司职员等自发捐资设立的教育公益基金。与其他类型的教育公益基金不同,深圳市山野公益基金会所资助的学生并非来自深圳市,而是来自相隔千里之遥的重庆市贫困乡村。

这26篇调查报告所涉及的教育公益基金,有22个分布在福建省内。它们虽然不能完全反映当前福建教育公益基金的总体情况,也难以展示每个教育公益基金的所有细节,但却像是22幅素描画,从个案的角度反映了福建民间教育公益基金的大致情况。它们可以为正在从事教育公益活动的人们提供可资借鉴的他山之石,也能为当前的社会公共组织管理部门和未来的教育公益史研究提供很好的第一手资料。另有4个分布于江西、河南、贵州、广东,它们从对比的角度提供了考察福建教育公益基金的参照物。本书并不代表我们当代教育公益基金调查研究的结束,而恰恰是我们相关研究迈出的第一步。

目录
contents

一 乡村、乡镇教育公益基金

福建省福州市城门村之夏教育基金会调查报告 …… 武应娇 林宇秀 / 003
福建省闽清县桔林乡奖教助学协会教育基金调查
　报告 ………………………………………… 洪凡鑫 李永铮 / 026
福建省闽侯县尚干镇乌门村公益基金调查报告 …………… 林佳熠 / 037
福建省云霄县陈岱镇教育公益基金调查报告 ……………… 施敏晶 / 044
福建省长泰县古农农场商会教育基金会调查报告 ………… 郑颖枚 / 051

二 学校教育公益基金

福建省永安市第一中学教育基金会调查报告 ……………… 戴靖雯 / 069
福建省仙游县第一中学教育基金调查报告 ………………… 何丹丹 / 089

三 华侨教育公益基金

福建省泉州市民间教育公益基金调查报告 ………… 蔡雅琪 蔡少婷 / 103
福建省安溪县刘鸿基教育基金会调查报告 ………………… 张丽涓 / 117
福建省邵武市庄采芳·庄重文奖学金调查报告 …………… 官婷婷 / 127

四 家族教育公益基金

福建省平和县曾氏家庙奖学金调查报告 …………………… 陈欣蕾 / 143

福建省漳州市平和县曾氏家庙和厦门市瑶头村两地教育基金对比调查
　　报告 ………………………………………………………… 叶燕红 / 156
福建省漳浦县黄埔村教育基金会调查报告 ………………… 朱惠煌 / 164
福建省石狮市济阳柯蔡委员会慈善教育基金调查报告 …… 颜诗诗 / 177
福建省永春县陈氏教育公益基金调查报告 ………………… 陈嘉慧 / 186
福建省永春苏武文史研究会奖助优秀学子基金会调查
　　报告 ………………………………………… 苏婉婷　柯心如 / 195
福建省长汀县刘氏教育基金会调查报告 …………………… 丁琬霖 / 212
福建省福安市上塘村彭氏祠堂教育公益基金调查报告 …… 彭铃菲 / 221

五　畲族教育公益基金

福建省罗源县"畲家之翼"基金会调查报告 ……………… 兰雪平 / 231
福建省福安市茂春助学基金调查报告 ……………………… 兰嫩英 / 238

六　企业教育公益基金

福建省惠安县达利集团许世辉惠安教育基金调查报告 …… 王瑛玲 / 247
江西省樟树市四特慈善基金会助学活动调查报告 ………… 陈昱然 / 274
河南省商城县杨发之先生慈善教育奖学金调查报告 ……… 朱婷婷 / 281
贵州省铜仁市"习酒·我的大学"公益助学活动调查
　　报告 ………………………………………… 黄　甜　邓明静 / 290

七　其他教育公益基金

福建省平和县崎岭乡天湖堂奖学基金调查报告 …………… 曾舒棶 / 323
广东省深圳市山野公益基金会调查报告 …………………… 范玉萍 / 357

编后记 ……………………………………………………………… / 368

一

乡村、乡镇教育公益基金

农村，是中国传统文化生发、生存和延续的重要土壤。由乡村、乡镇居民酝酿、捐资、管理、运行的教育公益基金会，尽管规模不大，影响范围有限，却最具中国自身文化特色和中国"草根"公民自治特色。在基金会创设和管理过程中，地方精英与村镇群众性自治组织往往能够起到重要作用。这些教育公益基金会虽然经费有限，但却"五脏俱全"，大多涉及奖学、助学、奖教多个方面，有些甚至从小学乃至幼儿园阶段便开始提供助学，在帮助贫困学生实现受教育梦想的同时，也在孩子们的心里播下教育公益的爱心种子。

福建省福州市城门村之夏教育基金会调查报告

武应娇　林宇秀

一　引言

　　福州市仓山区城门镇城门村有一个新成立不久的教育基金会，名为"之夏教育基金会"。该基金会为何以"之夏"命名？如此特别的名称到底因何而来？2018年7~9月的暑期社会实践过程中，我们组成调研小组，选取该基金会为调研对象，通过向相关工作人员咨询、请教，我们了解到，"之夏"一词其实是来自一个人的名字。这个人便是城门村的先贤——林之夏。

　　林之夏（1878~1947），字凉生，号秋叶，别署复生，原福建闽县城门乡（今属福州市仓山区城门镇城门村）人。作为一个出生于清末光绪初年的近代人物，林之夏的一生经历了从晚清衰败到民国建立再到共御外侮的国难频仍的年代。林之夏早年就读于福州英华书院，1903年毕业于福建武备学堂。1904年任新军标统，后加入同盟会。1909年11月13日参与创办南社。1911年辛亥武昌起义时，发动镇江起义，并担任江浙联军副总参谋长，带兵攻克南京石头城。中华民国成立后，任国民革命军第一师师长，被授予陆军上将军衔。1912年在家乡创办"城门龙光小学"（现城门中心小学的前身）。1914年任浙江督军署高等顾问，1918年任南洋巡阅使，1935年任福建省政府参议。1942年任中央军事委员会参议，到南京编纂革命军战史。著有《玉箫山馆诗集》42册、《幕府集》、《海天横涕诗文集》。

　　在那个战火连天的时代，林之夏与时俱进的精神、奋勇爱国的作为深深感染着城门村的每一位村民，他被看作是城门村的骄傲。直至今日，之夏老先生依然是城门村的榜样。为了鼓励城门村的教育事业发展，城门村教育基金会第一届理事会经过商议，决定以"之夏"作为基金会的名称。

二　福州市城门村之夏教育基金会的设立

（一）之夏教育基金会所处社会背景

城门村隶属福州市仓山区城门镇，北靠城门山，西临三环快速路，东近城门镇政府，南接螺洲镇杜园村，福峡路、地铁1号线南段经过本村，是一个交通颇为便利的行政村。全村共有本地户籍人口2060户，常住人口7313名；另有外来务工人口约1.5万名。除国家已征用土地外，属村集体所有的尚有耕地230亩、林地474亩、养殖水面60亩。城门村现在私营企业95家，其中大规模以上企业13家。全村1221位村民享受村委会发放的每月200元退休补贴，5位村民享受村委会发放的每月350元志愿军退休补贴，16位村退休干部享受村委会发放的每月450-630元不等的退休补贴。村党总支现有党员313名，下设6个党小组，村两委干部11名，村民代表72名。下设3个村民小组，分别为城南、城中、城楼，村务监督小组成员5名。2016年被列为区级"幸福家园"工程建设示范村，2017年被列为省级农村社区建设示范村。城门村设有小学、中学各一所，其中城门中心小学大约有1000名在校生，城门中学大约有2000名在校生。

（二）之夏教育基金会的设立经过

城门村之夏教育基金会的倡导者是城门村党支部书记、村委会主任林谷成同志。林主任就任以来，便十分重视发展城门村的教育事业，致力提高村民的文化素质，鼓励下一代努力学习，成为社会有用之才，为国争光，为村争光。就任不久，便着手推动奖励每年考入本科院校新生的活动。为了使村内的教育事业得到长足发展，林谷成同志倡议在城门村成立教育基金会。该设想一经提出，便得到了村两委成员、多位企业家及热心于教育事业的热心人士的积极响应和热烈支持。

通过与工作人员的交流，我们了解到，2015年4月8日，福州城门村组建了之夏教育基金会筹备组，推举林谷成为筹备组组长，村两委成员、关心下一代委员会成员和教育界老同志为筹备组成员。他们多次开会研究基金会有关事宜，有计划地开展工作。首先，拟定教育基金会的章程，多方听取意见，几经修改形成初稿。接下来，林谷成带领筹备组成员多次走访村民、企业家和有关单位，广泛地宣传、动员。在广大村民和企业家的大力支持下，2015年5月23日上午举行了福州市城门村之夏教育基金会成立暨募捐大会，这意味着之夏基金会的正式成立。

当问到建立此基金会的目的时，受采访的基金会秘书长林庆亭这样说道："建立城门村之夏教育基金会，是为了发展城门村的文化教育事业，营造浓郁的文化教育氛围，从而激励村内子孙后代锐意进取、奋发读书、学有所成，为家乡、为社会的进步做出贡献。"

（三）之夏教育基金会的经费来源与增值方式

1. 经费来源

城门村之夏教育基金会面向公众募捐，募捐对象不限地域范围，所有热心教育事业的社会团体和爱心人士均可向基金会乐捐钱款。因此，之夏教育基金会的经费来源大致可以包括以下5类：（1）各社会团体的捐赠；（2）各界企业家的个人捐赠；（3）自然人的个人捐赠；（4）基金的投资收入；（5）其他合法收入。

为了鼓励社会各界捐款，同时更是为了向捐资者表示感谢，之夏教育基金会采取了相应的措施。首先，举行公开捐赠仪式，接受社会捐赠。其次，在每一次的捐献仪式之后，城门基金会会发给每位捐献者一份精美的荣誉证书，上面记载他们的功德。再次，基金会还会给捐献5000元以上（含5000元）的捐赠者送上牌匾。最后，在每次奖励大会上，让受奖的学子观看捐献仪式的录像，颂扬捐献者的奉献精神和热心教育事业的功德，让学子们受到教育，让捐献者的精神和功德在他们身上发扬光大。如2015年8月23日上午，城门村便举行了"城门村之夏教育基金会授匾与颁奖大会"，包括城门村两委、基金会成员和受奖助学生及其家长共百余人参加了大会。会上，除了向学生颁发奖励金，村里还预先制作了牌匾，赠送给向基金会捐款的爱心人士。

2. 经费数额

自 2015 年基金会成立以来，共进行了三次较大规模的募捐活动。其中，2015 年 5 月首次募捐，收到捐款 1348888 元。2015 年 8 月第二次募捐，收到捐款 60888 元。2016 年第三次募捐，收到捐款 7 万元，其中林潮捐助 5 万元、林炳华捐助 2 万元。合计三次募捐所得款项共约 150 万元。表 1 为福州城门村之夏教育基金会 2017 年 7 月账目收支情况表。

表 1　之夏教育基金会 2016 年度收支情况

单位：元

借方			贷方	
现金	127127		基金	1479776
应收款	1409776（借给铭林钢塔钢构厂）		2015 年首次募捐收到捐款 1348888 2015 年第二次募捐收到捐款 60888 2016 年第三次募捐收到捐款 70000	
固定资产	9981.80		2015 年超支	8598.20
	电脑	3576.80	经营收入	169173（2016.6.1 至 2017.5.31 利息）
	办公桌椅	1800	经营支出	93466
	打印机	1128	奖励学子	52100
	茶具	289	小学六一赠款	20000
	音响设备	638	拉杆旅行箱	7210
	空调	2550	颁奖大会费用	6033
			理事会年会费用	1903
			宣传栏费用	4420
			补贴林有敬	1200
			补贴林有金	600
			收入-支出	75707
合计	1546884.80		合计	1546884.80

说明：至 2017 年 7 月 15 日，共动用教育基金 18580 元。其中购买固定资产 9981.80 元，2015 年超支 8598.20 元。

3. 增值方式

"之夏教育基金会"主要通过投资的方式实现基金增值。一般是向有一定实力、运行正常、利润好、信誉高的企业投资，获取投资利润。

三　城门村之夏教育基金会的管理

（一）之夏教育基金会的内部管理

1. 组织机构。城门村之夏教育基金会的决策机构是理事会。理事会设立名誉会长2名、会长1名、副会长3名，理事9名，顾问1名。基金会理事每届任期为5年，任期届满，连选可以连任。其管理章程规定，基金理事会的所有成员应至少包括以下三类社会人员：（1）村委会主要领导1名；（2）捐资者9名；（3）社会第三方3名。

第一届之夏教育基金会的组织机构是在企业家座谈会上一致通过产生的。基金会的会长、副会长、理事从捐献者中产生，依捐资数额从多到少的顺序而产生。如果其中有不想担任或无暇担任的，就依次后推。其余村委和社会第三方理事通过推举产生。捐献结束后，教育基金会筹备组长会宣布产生结果。

2. 理事的产生和罢免。（1）第一届理事由村委会、主要捐赠人、筹备组共同协商确定；（2）理事会换届改选时，由村委会、理事会、主要捐赠人共同提名候选人并组织换届领导小组，组织全部候选人共同选举产生新一届理事；（3）罢免、增补理事应当经理事会表决通过，具有近亲属关系的不得同时在理事会任职。

3. 理事的权利和义务。（1）理事在基金会内有提议权和表决权；（2）理事对基金会工作情况有过问权；（3）理事有无私地、认真地为基金会工作的义务。

4. 理事会行使下列职权。（1）制定、修改章程；（2）选举、罢免会长、副会长、秘书长；（3）决定重大业务活动计划，包括资金的募集、管理和使用计划；（4）年度收支预算及决算审定；（5）制定内部管理制度及架构；（6）决定设立办事机构；（7）决定由秘书长提名的副秘书长和各机构主要负责人的聘任；（8）听取、审议秘书长的工作报告，检查秘书长的工作；（9）决定基金会的分立、合并或终止；（10）决定其他重大事项。

2015年5月28日,城门村之夏教育基金会理事会通过了有关理事分工的决议,并推选出本届基金理事会名单(见表2)。

表2 之夏教育基金会管理名单

职务	姓名	备注
名誉会长	林谷成 林勇	村党委书记
顾问	林家珠	
基金会会长	林铭俤	
基金会副会长	林增敏　林炳华　林振盛	
基金会秘书长	林庆亭	
基金会理事	林有东　林洪极　潘小兵　林秋阳　林健　林煌　林炳疆(兼出纳)　林有金	
会计	林有敬	

(二) 之夏教育基金会的资助对象与资助额度

1. 资助对象

福州城门村之夏教育基金会的属性是林氏基金会。理由一:它的基金主要来源于林氏子孙的捐献。理由二:以"之夏"命名。基金会的属性决定了基金会的奖励对象应该是学有所成的林氏子孙。为此,2016年的奖励对象,明确规定为户籍在本村(其父母有一方户口在本村即可)的学有所成的林氏子孙及其他姓氏捐献者子孙。那些入赘者的子女,与林氏子孙同等相待。外甥、外甥女及本村未捐资的异姓村民子孙一律不属于本基金会奖励范畴。

总体而言,福州市城门村之夏教育基金会公益活动的业务范围包括:(1)奖励本村户籍的学有所成的学子;(2)资助本村户籍困难的家庭子女就学;(3)慰问在本村从事教育事业工作的教育工作者;(4)力所能及地投入文化教育场馆的建设。

2. 资助额度

通过与林秘书的交流,我们获得了2016年度议定实施的《之夏教育基金奖励条例》。据称,该条例将作为模范条例在日后加以沿用。表3为根据该条例制订的之夏教育基金会奖励门类及数额。

表3 之夏教育基金会奖励门类与数额

奖励项目			奖励金额（元）	发放办法
博士研究生	985 高校		10000	奖金分两次发放。每次各发放一半。若不能到会，授奖者可在下一年到会时领取，不与会者视为弃权，不得代领
	211 高校		8000	
	普通高校		7000	
硕士研究生	985 高校		6000	
	211 高校		5000	
	普通高校		4000	
本科生	本一	985 高校	5000	
		211 高校	3500	
		普通高校	2500	
	本二		2000	
初中生考取重点高中			1000	

3. 受助人需要履行的手续

之夏教育基金会申领和发放的具体程序是：凡属城门村林氏子孙，在收到相应的研究生、高考及中考录取通知书后，便可到城门村村委会登记核实，签订协议。基金理事会核查属实后，批准其列入奖助学名单，并报送村两委审批。每年8月中旬，城门村都会举行颁奖典礼，邀请城门镇人大、镇党委、镇组织委员及镇教育办相关领导到场观礼（每年受助者的具体名单，详见附录2）。

与其他教育公益基金直接向受奖者发放奖学金不同，城门村之夏教育基金会的奖助条例规定，受助人需与基金会签订资助协议，约定资助方式、资助数额，以及资金用途和使用方式。资助金发放后，基金会有权对资助经费的使用情况进行监督。受助人未按协议约定使用资助经费或者有其他违反协议情形的，基金会有权解除资助协议，并收回所资助的经费。

四 城门村之夏教育基金会的监督机制

作为一种新生发的教育公益基金，城门村之夏教育基金会也着手创建其社会监督机制,以保护基金会健康、长久地发展。

首先,对公益募捐行为的监督。根据《福州城门村教育基金会章程》,城门村之夏教育基金会的重大募捐活动应当报村委会批准。在组织募捐时,应当向社会公开宣布募得资金后拟开展的公益活动计划和资金的详细使用计划。基金会组织募捐,不得以任何形式进行摊派及变相摊派。基金会开展公益资助项目,应当向社会公开所开展的公益资助项目种类以及申请、评审程序。

其次,根据《基金会管理条例》的规定,基金会接受来自村委会的年度检查。

再次,基金会通过村委的年度检查后,将年度工作报告向村民公布,接受社会公众的查询、监督。不仅如此,基金会需每年张榜公布受助者的名单,以便于群众了解基金会的运作情况。

最后,基金会会对工作人员徇私舞弊的行为设有惩戒措施:本基金会法定代表人在任期间,如基金会发生违反《基金会管理条例》和《福州城门村教育基金会章程》的行为,则法定代表人应当承担相关责任。因法定代表人失职而导致基金会发生违法行为或基金会财产损失的,法定代表人应当承担个人责任。

五 关于福州市南门村之夏教育基金会的社会评价

尽管设立至今只有3年多,普通民众对它的了解还不甚深入,但是之夏教育基金会已经通过自己务实的奖学活动,赢得了各方面的一致好评。

1. 基金管理者本身评价:人才不是说出就出的,像培育大树一样,人才的培育需要土壤和环境,所以在我村创造浓郁的文化教育氛围是至关重要的。建立这一教育基金会是为了让我们的后代从小就能在浓厚的文化教育熏陶中成长,从而为他们今后的发展奠定坚实的基础。

2. 2016年受助大学生评价:作为获奖学子,我非常感谢村委会为学生设立的之夏教育基金会。因为对于我们来说,这是对我们在多年学习上的一种肯定，更是对我们学习上的一种激励和鼓舞，使我们在学习上不敢有丝毫懈怠。同时也激励着我们继续努力学习，早日学有所成，回报家乡！

3. 普通民众评价：作为家长，我们知道村委会对考上大学和高中的学生给予一定的奖励，但是并不知道奖励经费来自"之夏教育基金会"，很感谢有这样的基金组织来帮助和鼓励本村的学子好好学习。

六　结语

通过对城门村之夏教育基金会的多次调查，我们了解到，明清、近代以来，福州仓山区城门镇及其周边一带的教育公益活动颇为普遍。其中，在下洋村有岐阳书院，林浦有濂江书院，螺洲有观澜观文书院，齐安有湖麓书院，当时这些书院都是由地方百姓捐资创建并为其筹集日常办学经费，它们为当地教授了许多学子，培育了不少人才。正因为有这样的教育公益文化的历史传统，当今的城门村村民才会意识到文化教育氛围的重要性。除了之夏教育基金会的设立之外，城门村还大力进行教育场馆、图书馆、各种培育中心和活动中心的建设和设立。捐献教育基金是德荫后代、功垂千秋的义举，值得后代敬仰、学习，并将其永远延续和发扬光大。

注：本文数据除特别说明外，均来自基金会负责人。

附录1　　福州城门村教育基金会章程

第一章　总则

第一条　本基金会的名称是福州市城门村之夏教育基金会。

第二条　本基金会属于公募基金会。

本基金会面向公众募捐的地域范围及对象是：

地域：不拘地域所限。

对象：所有热心教育事业的社会团体和爱心人士。

第三条　本基金会的宗旨：为发展我村的文化教育事业，创造浓郁的文化教育氛围而工作。为激励我村子孙后代锐意进取、奋发读书、学有所成、人才辈出，从而为家乡、为社会的进步做出贡献。为此每年奖励本村户籍的学有所成的学子，同时资助本村户籍困难的家庭子女就学，慰问在本村从事教育事业工作的教育工作者，力所能及投入文化教育场馆的建设。

第四条　本基金会的办公地址：城门村委会村部。

第二章　业务范围

第五条　本基金会公益活动的业务范围：

（一）奖励本村户籍的学有所成的学子；

（二）资助本村户籍困难的家庭子女就学；

（三）慰问在本村从事教育事业工作的教育工作者；

（四）力所能及投入文化教育场馆的建设。

第三章　组织机构、负责人

第六条　本基金会设立名誉会长2名。会长1名，副会长3名，理事9名，顾问1名。

本基金会理事每届任期为5年，任期届满，连选可以连任。

第七条　理事成员组成及名额：

（一）村委会主要领导1名；

（二）投资者9名；

（三）社会第三方3名；

第八条　理事的产生和罢免：

（一）第一届理事由村委会、主要捐赠人、筹备组共同协商确定。

（二）理事会换届改选时，由村委会、理事会、主要捐赠人共同提名候选人并组织换届领导小组，组织全部候选人共同选举产生新一届理事。

（三）罢免、增补理事应当经理事会表决通过。

（具有近亲属关系的不得同时在理事会任职。）

第九条　理事的权利和义务：

（一）理事在基金会内有提议和表决权。

（二）理事对基金会工作情况有过问权。

（三）理事有无私地、认真地为基金会工作的义务。

第十条 本基金会的决策机构是理事会。理事会行使下列职权：

（一）制定、修改章程；

（二）选举、罢免会长、副会长、秘书长；

（三）决定重大业务活动计划，包括资金的募集、管理和使用计划；

（四）年度收支预算及决算审定；

（五）制定内部管理制度及架构；

（六）决定设立办事机构；

（七）决定由秘书长提名的副秘书长和各机构主要负责人的聘任；

（八）听取、审议秘书长的工作报告，检查秘书长的工作；

（九）决定基金会的分立、合并或终止；

（十）决定其他重大事项。

第十一条 理事会每年召开2次会议。理事会会议由会长负责召集和主持。

有1/3理事提议，必须召开理事会会议。如会长不能召集，提议理事可推选召集人。

召开理事会会议，会长或召集人需提前5日通知全体理事、监事。

第十二条 理事会会议须有2/3以上理事出席方能召开；理事会决议须经出席理事过半数通过方为有效。

下列重要事项的决议，须经出席理事表决，2/3以上通过方为有效：

（一）章程的修改；

（二）选举或者罢免会长、副会长、秘书长；

（三）重大募捐、投资活动。

第十三条 理事会会议应当制作会议记录。形成决议的，应当当场制作会议纪要，并由出席理事审阅、签名。理事会决议违反法律、法规或章程规定，致使基金会遭受损失的，参与决议的理事应当承担责任。但经证明在表决时反对并记载于会议记录的，该理事可免除责任。

第十四条 本基金会设监事3名。监事任期与理事任期相同，期满可以连任。

第十五条 理事、理事的近亲属和基金会财会人员不得任监事。

第十六条 监事的产生和罢免：

（一）监事由主要捐赠人、村委会、社会第三方中产生；

（二）监事的变更依照其产生程序。

第十七条 监事的权利和义务：

监事依照章程规定的程序检查基金会财务和会计资料，监督理事会遵守法律和章程的情况。

监事列席理事会会议，有权向理事会提出质询和建议，并应当向村委反映情况。

监事应当遵守有关法律法规和基金会章程，忠实履行职责。

第十八条 监事和理事不得从基金会获取报酬。

第十九条 本基金会理事遇有个人利益与基金会利益关联时，不得参与相关事宜的决策；基金会理事、监事及其近亲属（三代关系属近亲属）不得与基金会有任何交易行为。

第二十条 理事会设会长、副会长和秘书长，从理事中选举产生。

第二十一条 本基金会会长、副会长、秘书长必须符合以下条件：

（一）在本基金会业务领域内有较大影响；

（二）会长、副会长、秘书长最高任职年龄不超过70周岁，秘书长为专职；

（三）身体健康，能坚持正常工作；

（四）具有完全民事行为能力。

第二十二条 有下列情形之一的人员，不能担任本基金会的会长、副会长、秘书长：

（一）属于现职国家工作人员的；

（二）因犯罪被判处管制、拘役或者有期徒刑，刑期执行完毕之日起未逾5年的；

（三）因犯罪被判处剥夺政治权利正在执行期间或者曾经被判处剥夺政治权利的；

（四）曾在因违法被撤销登记的基金会担任会长、副会长或者秘书长，且对该基金会的违法行为负有个人责任，自该基金会被撤销之日起未逾5

年的。

第二十三条 本基金会法定代表人在任期间，基金会发生违反《基金会管理条例》和本章程的行为，法定代表人应当承担相关责任。因法定代表人失职，导致基金会发生违法行为或基金会财产损失的，法定代表人应当承担个人责任。

第二十四条 本基金会会长行使下列职权：

（一）召集和主持理事会会议；

（二）检查理事会决议的落实情况；

（三）代表基金会签署重要文件；

（四）负责基金会资金支出的审批。

本基金会副会长、秘书长在会长领导下开展工作，秘书长行使下列职权：

①主持开展日常工作，组织实施理事会决议；

②组织实施基金会年度公益活动计划；

③拟订资金的筹集、管理和使用计划；

④拟订基金会的内部管理规章制度，报理事会审批；

⑤协调各机构开展工作；

⑥提议聘任或解聘财务人员，由理事会决定；

⑦履行章程和理事会赋予的其他职权。

第四章 财产的管理和使用

第二十五条 本基金会为公募基金会，本基金会的收入来源于：

（一）各社会团体的捐赠；

（二）各界企业家的个人捐赠；

（三）自然人的个人捐赠；

（四）基金的投资收入；

（五）其他合法收入。

第二十六条 本基金会组织募捐，接受捐赠，应当遵守法律法规，符合章程规定的宗旨和公益活动的业务范围。

第二十七条 本基金会组织募捐时，应当向社会公布募得资金后拟开展的公益活动和资金的详细使用计划。重大募捐活动应当报村委会批准。

本基金会组织募捐，不得以任何形式进行摊派及变相摊派。

第二十八条　本基金会的财产及其他收入受法律保护，任何单位、个人不得侵占、私分、挪用。

第二十九条　本基金会根据章程规定的宗旨和公益活动的业务范围使用财产；接受捐赠的物资无法用于符合本基金会宗旨的用途时，基金会可以依法拍卖或者变卖，所得收入用于捐赠目的。

第三十条　本基金会财产主要用于：

（一）奖励本村户籍的学有所成的学子；

（二）资助本村户籍困难的家庭子女就学；

（三）慰问在本村从事教育事业工作的教育者；

（四）力所能及投入文化教育场馆的建设。

第三十一条　本基金会的重大募捐、投资活动是指：

（一）召集热心教育事业的社会团体和爱心人士自愿捐献；

（二）向有一定实力，运行正常，利润好，信誉高的企业投资。

第三十二条　本基金会按照合法、安全、有效的原则实现基金的保值、增值。

第三十三条　本基金会开展公益资助项目，应当向社会公开所开展的公益资助项目种类以及申请、评审程序。

第三十四条　捐赠人有权向本基金会查询捐赠财产的使用、管理情况，并提出意见和建议。对于捐赠人的查询，基金会应当及时如实答复。

本基金会违反章程规定使用捐赠财产的，捐赠人有权要求基金会予以修正或者向人民法院申请撤销捐赠行为。

第三十五条　本基金会可以与受助人签订协议，约定资助方式、资助数额以及资金用途和使用方式。

本基金会有权对资助的使用情况进行监督。受助人未按协议约定使用资助或者有其他违反协议情形的，本基金会有权解除资助协议。

第三十六条　本基金会应当执行国家统一的会计制度，依法进行会计核算、建立健全内部会计监督制度，保证会计资料合法、真实、准确、完整。本基金会接受税务、会计主管部门依法实施的税务监督和会计监督。

第三十七条 本基金会配备具有专业资格的会计人员。会计不得兼出纳。会计人员调动工作或离职时，必须与接管人员办清交接手续。

第三十八条 本基金会每年1月1日至12月31日为业务及会计年度，每年3月31日前，理事会对下列事项进行审定：

（一）上年度业务报告及经费收支决算；

（二）本年度业务计划及经费收支预算；

（三）财产清册［当年度捐赠者名册及有关资料］。

第三十九条 本基金会进行年检、换届、更换法定代表人以及清算，应当进行财务审计。

第四十条 本基金会按照《基金会管理条例》规定接受村委的年度检查。

第四十一条 本基金会通过村委的年度检查后，将年度工作报告向村民公布，接受社会公众的查询、监督。

第五章　终止和剩余财产处理

第四十二条 本基金会有以下情形之一，应当终止：

（一）完成章程规定的宗旨的；

（二）无法按照章程规定的宗旨继续从事公益活动的；

（三）基金会发生分立、合并的；

第四十三条 本基金会终止，应在理事会表决通过后15日内，报村委审查同意。

第四十四条 本基金会终止前，应当在村委的指导下成立清算组织，完成清算工作。本基金会在清算期间不开展清算以外的活动。

第四十五条 本基金会注销后的剩余财产，应当在村委的监督下，通过一定方式用于其他公益目的。

第六章　章程修改

第四十六条 本章程的修改，须经理事会表决通过后15日内报村委审查，村委同意后方可实施。

第七章　附则

第四十七条　本章程经2015年5月28日理事会表决通过。

第四十八条　本章程的解释权属于理事会。

第四十九条　本章程自理事会讨论通过之日起生效。

附录2　历届光荣榜[①]

2015年考取本科学子光荣榜

姓名	性别	高考成绩	录取大学及院系、专业	奖励类别	奖金（元）
林华伟	男	610理	山东大学，空间科学与物理学院，应用物理学	985类+理科第一名	6000
程章鸿	男	592理	长安大学，工程机械学院，机械工程	211类	3000
林钰颖	女	579理	福建师范大学，传播学院，新闻传播学	本一	2000
林筱铮	女	553理	集美大学，理学院，数学与应用数学	本一	2000
林　美	女	551理	福建工程学院，电气工程及自动化	本一	2000
林蔚青	男	543理	厦门理工学院，电气工程及其自动化	本一	2000
林　涵	男	536理	福建工程学院，软件学院，计算机科学与技术	本一	2000
林　汕	女	524理	华东交通大学，外国语学院，翻译（英语）	本二	1500
林宇鹏	男	521理	湖南工业大学，电气与信息工程学院	本二	1500
林　蔚	女	517理	闽江学院数学系，数学与应用数学	本二	1500
林子钰	女	512理	闽南理工学院，服装与艺术设计，服装与服饰设计	本二	1500
林子钧	男	468理	福州大学至诚学院，外国语系，日语专业	本二	1500
林诗敏	女	482.5理	闽南理工学院，服装与艺术设计，环境设计	本二	1500
林　旭	男	430理	福建船政交通职业学院，机械工程系，电气自动化·技术	本二	1500

① 以下各表原附有父母姓名及家庭住址，为保护个人隐私，全部删去。

续表

姓名	性别	高考成绩	录取大学及院系、专业	奖励类别	奖金（元）
林筱	女	403 理	福建对外经济贸易职业技术学院，会计	本二	1500
林震祥	男	559 文	福建工程学院，环境设计	本一+文科第一名	3000
林瑶	女	539 文	厦门大学嘉庚学院，法学院，法学	本二	1500
林榕	女	536 文	武夷学院旅游学院，酒店管理	本二	1500
林紫妍	女	532 文	福建工程学院，软件学院会计学	本二	1500
林增玲	女	530 文	武夷学院，土木工程与建筑学院，工程造价	本二	1500
林畅	女	513 文	邵阳学院，外语系，英语专业	本二	1500
林燕云	女	495 文	黎明职业大学，商务英语	本二	1500
林盈欣	女	485 文	福建师范大学，闽南科技学院，工商管理	本二	1500
林文豪	男	373 文	闽南理工学院，服装与艺术设计，视觉传达设计	本二	1500
杨林青	男	480 理	福建师范大学，协和学院，财务管理		送旅行箱
林彬	女	442 理	福建船政交通职业学院，汽车运用工程系，汽车技术服务与营销	本二	1500
林尘	女	417 理	福建农业职业技术学院，动物科学系，畜牧兽医类	本二	1500
韩诗虹	女	570 文	华侨大学，文学院，广播电视学		送旅行箱
林美欣	女	467 文	福州职业技术学院，应用外语系，商务英语	本二	1500
林鑫宇	男	506 理	福建船政交通职业学院，交通经济系，会计与审计	本二	1500
林威良	男	415 理	广西外国语学院，艺术学院，播音与主持艺术	本二	1500
林思	女	467 文	福建商学院，应用英语	本二	1500
林文祥	男	450 理	闽江学院，软件学院，软件工程	本二	1500
林奇达	男	535 理	湖南大学，002 机械与运载工程学院，085201 机械工程	研究生	5000
林冰冰	女	保研	福建中医药大学，1005ZI 中医康复学专业	研究生	3000

2016年考取八所一类达标高中学子光荣榜

姓名	性别	中考成绩	录取院校	奖金（元）
林听雨	女	514	福州一中	1000
林珑君	女	513.5	福州一中	1000
林于琛	女	505	福建师大附中	1000
林昊辰	男	500	福建师大附中	1000
林欣悦	女	495	福建师大附中	1000
林 璐	女	493.5	福建师大附中	1000
林梓沂	女	481	福州高级中学	1000
林晓湘	女	477	福州高级中学	1000
林辰冰	男	474	福州高级中学	1000
林洋正	男	464.5	福州高级中学	1000
林德隆	男	471	福州高级中学	1000
林征洋	男	493.5	福州八中	1000
林盈芩	女	484	福州八中	1000
林剑波	男	478	福州八中	1000
林辰达	男	自招	福州八中	1000
林桑美	女	自招	福州八中	1000
林崇炜	男	482	福州四中	1000
林 昇	女	484.5	福州二中	1000

2016年考取本科学子光荣榜

姓名	性别	高考成绩	录取大学及院系、专业	奖励类别	奖金（元）
林恺锐	男	546	南昌大学，信息工程学院，计算机科学与技术、网络工程	本一	3500
林锦辉	男	528	福州大学，海洋学院，电气工程及自动化	本一	3500
林 钰	女	528	广西大学，资源与冶金学院，矿物资源工程	本一	3500
潘林浩	男	482	福建工程学院，机械设计制造及其自动化	本一	2500
林盈灏	男	492	福建工程学院，机械设计制造及其自动化	本一	2500
林歆瑶	女	517.5文	福建工程学院，环境设计	本一	2500

续表

姓名	性别	高考成绩	录取大学及院系、专业	奖励类别	奖金（元）
林舒妤	女	312艺	三明学院，海峡理工学院，视觉传达设计（本一）	本一	2500
林绮嘉	女	504文	福建中医药大学，康复医学院，康复治疗学	本一	2500
林楚诺	女	538文	上海理工大学，外语学院，英语（金融投资）	本一	2500
林冰琰	女	509	福建农林大学，安溪茶学院，旅游管理	本一	2500
林 芃	女	467	福建师范大学，经济学院，经济学类	本一	2500
林 琳	女	509文	福建工程学院，工业设计	本一	2500
林芷青	女	413	武夷学院，茶与食品学院，茶学	本二	2000
林峥铖	女	412	集美大学，诚毅学院，食品科学与工程	本二	2000
林泽瀚	男	370	福建农林大学，东方学院，城乡规划	本二	2000
林宇秀	女	473文	闽江学院，历史系，历史学	本二	2000
林素心	女	436.4文	福州外语外贸学院，广播电视编导	本二	2000
林淑暖	女	360文	宁德师范学院，小学教育（专升本）	本二	2000
林璐滢	女	433.6	武夷学院，海峡成功学院，广播电视编导	本二	2000
林靖人	男	369	北京交通大学，海滨学院，计算机科学与技术	本二	2000
林建彬	男	352	泉州信息工程学院，土木工程	本二	2000
林慧琳	女		福州大学至诚学院，创意与设计，产品设计	本二	2000
林昊旸	男	364	福建信息职业技术学院	本二	2000
林汉滔	男	350	泉州信息工程学院，电子信息工程	本二	2000
林 晗	女	473文	安徽铜陵学院，会计学	本二	2000
林谷樑	男	465文	福建船政交通职业学院，建筑工程系，建筑工程技术	本二	2000
林 钒	男	347	泉州信息工程学院，电子信息工程	本二	2000
林陈昕	女	493文	西南科技大学，西班牙语	本二	2000
林 灵	女	463	厦门理工学院，应用数学学院，数学与应用数学	本二	2000
林 婧	女	406	临沂大学生物科学（本科提前批）	本二	2000

续表

姓名	性别	高考成绩	录取大学及院系、专业	奖励类别	奖金（元）
林　晶	女	474 文	福建对外经济贸易职业技术学院，工商企业管理	本二	2000
林　锦	女	461	福建江夏学院，会计学院，会计学	本二	2000

2016～2017 学年考取福州原八所一类达标高中学子光荣榜

姓名	性别	录取高中	奖金（元）
林晓晨	男	福州一中	1000
林　楠	男	福建师大附中	1000
林钰盈	女	福建师大附中	1000
林潇焓	女	福建师大附中	1000
林姝惠	女	福州高级中学	1000
林锦涛	男	福州高级中学	1000
林文杰	男	福州四中	1000
林思凯	男	福州四中	1000
林赫珉	男	福州四中	1000
林　洋	女	福州八中	1000
林如君	女	福州八中	1000
林轩豪	男	福州八中	1000
林珂瑜	女	福州八中	1000
林妙鑫	女	福州格致中学	1000

注：虽然 2017 年后，福州有新的一类达标高中出现，但奖金只奖励考取最初八所一类达标高中的学生。

2016～2017 学年考取研究生学子光荣榜

姓名	性别	录取大学及院系、专业	奖励类别	奖金（元）
林冰倩	女	厦门大学，化学系化学生物学	博士	10000
林冰冰	女	福建中医药大学，中西医结合康复学	博士	7000
林星妤	女	福建师范大学，马克思主义学院，学科教学（思政）	硕士	4000

2016~2017学年考取本科学子光荣榜

姓名	性别	录取大学及院系、专业	奖励类别	奖金（元）
林藜煊	女	四川大学，生命科学院，生物科学类	985	5000
林心昊	男	北京邮电大学，电子工程学院，电子信息类（电子工程）	211	3500
林文霞	女	福州大学，人文社会科学，应用心理学	211	3500
林炜浩	男	福州大学，紫金矿业，采矿工程	211	3500
林　昕	女	福州大学，海洋学院，电子信息工程	211	3500
林子琳	女	西交利物浦大学，外国语言文学类	本一	2500
林羽蝶	女	福建师范大学，旅游学院，旅游管理类	本一	2500
林南希	男	福建师范大学，教育学院，小学教学	本一	2500
林梦露	女	浙江水利水电学院，电气工程学院，电气工程及其自动化	本二	2000
林雨婷	女	福建师范大学，文化产业系，产品设计	本二	2000
林芷珞	女	福建师范大学，闽南科技学院，数字媒体艺术	本二	2000
林子健	男	福建师范大学，协和学院，信息技术系，电子信息工程	本二	2000
林臣鑫	男	闽南理工学院，信息管理学院，信息管理与信息系统	本二	2000
林晨昕	女	福建农林大学金山学院，食品科学系，食品质量与安全	本二	2000
林星辰	女	福建江夏学院，经济贸易学院，国际经济与贸易	本二	2000
林山一	男	闽南理工学院，电子与电气工程学院，建筑电气与智能化	本二	2000
林欣梅	女	福建商学院，会展经济与管理	本二	2000
林旭晨	男	福州理工学院，建筑电气与智能化	本二	2000

2016年考取硕士生学子光荣榜

姓名	性别	录取大学及院系、专业	奖金（元）
林谷佳	男	重庆师范大学，数学科学学院，基础数学	4000
林谷宜	男	中国科学院大学，半导体研究院	4000
林芳君	女	福建师范大学，音乐学院	4000
合计			12000

2017～2018学年考取福州原八所一类达标高中学子光荣榜

姓名	性别	录取高中	奖金（元）
林中阳	男	福州一中	1000
林宇鑫	女	福建师大附中	1000
林书民	男	福州高级中学	1000
林锦如	女	福州高级中学	1000
林展毅	男	福州高级中学	1000
林弘杰	男	福州八中	1000
林语煊	女	福州八中	1000
林子洋	男	福州八中	1000
林晓鹏	男	福州八中	1000
林文盈	女	福州二中	1000

2017～2018学年考取研究生学子光荣榜

姓名	性别	录取大学及院系、专业	奖励类别	奖金（元）
林谷宜	男	中国科学院大学，中国科学院半导体研究所	博士	7000
林晓倩	女	中国人民大学，商学院，会计	硕士	6000
林 臻	女	华中师范大学，物理学	硕士	5000
林育民	男	福州大学，法学院，法律（非法学）	硕士	5000
林潇垚	男	福州大学，物理与信息工程学院，集成电路工程	硕士	5000
林培培	女	福建中医药大学，中西医结合临床	硕士	4000
林文云	女	福建中医药大学，中医内科学	硕士	4000

2017～2018学年考取本科学子光荣榜

姓名	性别	录取大学及院系、专业	奖励类别	奖金（元）
林昊东	男	兰州大学，化学化工学院，化学类	985	5000
林美伶	女	大连理工大学，建设工程学部，水利类	985	5000
林尚儒	男	华侨大学，新闻与传播学院，新闻传播类	本一	2500
林文涛	男	长春理工大学，电子信息工程学院，通信工程	本一	2500
林文菲	女	福建工程学院，设计学院，环境设计	本一	2500

续表

姓名	性别	录取大学及院系、专业	奖励类别	奖金（元）
林玄汉	男	福建农林大学，计算机与信息学院，计算机类	本一	2500
林子良	男	延安大学，历史系，历史学	本二	2000
林含昕	男	浙江大学宁波理工学院，机电与能源工程学院，能源与环境系统工程	本二	2000
林梦圆	女	福州外语外贸学院，广播电视编导	本二	2000
林美欣	女	泉州师范学院，应用科技学院，小学教育（师范类）	本二	2000
林煜宾	男	龙岩学院，经济与管理学院，国际经济与贸易	本二	2000
林于凯	男	泉州信息工程学院，环境设计	本二	2000
林星鸿	女	三明学院，旅游学院，旅游管理与服务教育	本二	2000
林昊	男	山东建筑大学，管理工程学院，工程管理	本二	2000
林倩	女	福建江夏学院，公共事务学院，行政管理	本二	2000
林迪	男	福建江夏学院，工程学院，工程管理	本二	2000
林智洋	男	郑州轻工业学院，机电工程学院，车辆工程	本二	2000
林锦炜	男	福建师范大学，福清分校，国际经济与贸易	本二	2000
林晨烨	男	闽南理工学院，财务与会计	本二	2000
林靖宇	男	厦门大学嘉庚学院，机电工程学院，机械电子工程	本二	2000
林育伊	女	云南艺术学院，文华学院，影视传媒学院，广播电视编导	本二	2000
林敬凡	男	上海交通大学，继续教育学院，国际教育	本二	2000
林良俊	男	阳光学院，商学院，市场营销	专升本	2000
林燕云	女	宁德师范学院，酒店管理	专升本	2000

福建省闽清县桔林乡奖教助学协会教育基金调查报告

洪凡鑫　李永铮

一　引言

　　振兴家乡靠教育，振兴教育为桑梓。近几年来，越来越多的社会机构和爱心人士致力于家乡教育事业的发展和人才的培养，捐资设立教育公益基金，为家乡学子提供奖励和资助，使他们得以减轻学业的压力，受到鼓舞，一心向学，从而取得更好的学习成绩。

　　2018年度的暑期学科基础实习，我们在系科研创新团队老师的带领下，围绕"福建民间教育公益基金调查"这一主题，各自赴家乡从事调研。经过初步的信息筛选，我们决定以家乡所在地福建省福州市闽清县的"闽清县桔林乡奖教助学协会教育基金"为调研对象。根据老师提示的调查要点，拟定问题清单，积极地联系协会负责人，采访受助群众，获取了较为详尽的第一手资料。

二　桔林乡奖教助学协会教育基金的设立与资助对象

（一）基金所在地的基本情况

　　桔林乡位于福建省闽清县西北部，闽江中下游，与宁德市古田县毗邻。全乡共有13个行政村，面积103.2平方公里，耕地面积1.6588万亩，山林地面积11.93万亩，是典型的农业乡，主要产业有畜牧业、水产养殖业和旅游业等。同时，桔林乡是水口水电站、古田溪水电站库区主要乡镇之一。其中有乡办初级中学1所，小学11所，它们是桔林乡奖教助学协会教育基金的主要资助对象。

（二）基金设立的初衷与过程

闽清县桔林乡奖教助学协会的倡导者是张仰枝先生。他表示，作为桔林的一员，他很高兴，也很自豪。他虽然在县内县外投资，但一直没有忘记自己是一个桔林人。他指出："不管在哪里做事，我们的根都在桔林，作为桔林人我们就要团结。我们乡虽然小，但是爱乡的热情不比别人小。我也希望各位乡亲能多为家乡的各项事业出谋献策，尤其是能给予教育工作更多的关注。"

在张仰枝先生的倡导下，在桔林乡党委、政府的关心支持和桔林籍乡贤人士的共同努力下，闽清县桔林乡奖教助学协会于2011年3月28日正式成立，协会的宗旨是解决和扶持困难学生入学问题，同时在经费许可的情况下，奖励考入名牌学校的优秀生和奖励辛勤工作的中小学教师。

作为闽清县首个乡级奖教助学协会，8年多以来，桔林乡奖教助学协会总体运作情况正常，尤其在困难学生资助方面做了大量的工作，同时也为桔林的学校添置了寄宿生的餐桌、橱柜和教师的床架，受到了社会各界的肯定和好评。

（三）基金的管理组织

闽清县桔林乡奖教助学协会教育基金理事会设立名誉会长1名，顾问5名，会长1名，副会长3名，秘书长1名，监事长1名，监事2名，常务会员上百名。理事会成员之间无具体分工，他们的工作主要是负责联系桔林籍乡贤，做好基金的募捐与管理，以及每年奖助对象及奖助金额的拟定与核实工作。同时，每年向社会公布一次基金收支情况，并做好下一年资金的运作与规划，保证基金增值及安全。协会管理部门的职务安排及具体名单参见表1。

表 1　2019 年桔林乡奖教助学协会职务安排

名誉会长	张仰枝
顾问	黄立庚、李世苞、张文裕、刘其辉、刘会杯
会长	林裕平
副会长	杨富春、张义滨、陈俊回
监事长	张仰枝
监事	陈章寨、江山
秘书长	曹丽钦
常务会员	黄建超、李友铭、黄挺、江为良、林自标、张仰连、黄炳杰、詹金菊、邱海文、王彩云、张章理、黄礼栋、黄新华、黄礼开、黄蔡明、詹炳登、游隆生、张晓云、陈世勇、陈友水、黄建平、詹海涛、黄炳南、王程杰、刘文生、张水云、詹善干、詹敏、李华金、曹隆森、刘标豪、詹华、张志书、毛文滔、詹强、毛金锋、郑永昌、詹善才、陈春旭、江彩凤、黄其仁、黄永生、黄勇、詹小青、刘永祺、高本生、高本光、刘传宝、冯利木、张文金、李道明、张志勤、黄炳瑜、刘传尧、刘传铨、詹惠琴、胡克传、刘东、刘景杰、刘仕航、刘巧诗、刘增诗、刘杰、刘敏、黄锦和、詹善优、刘兰彬、施清溪、张文龙、詹善杰、刘雅英、詹巧桃、刘江宁、曹小燕、曹奇钟、黄健云、张章飞、黄徽、黄孟元、曹丽锋、黄伟华、李道希、王道金、李世文、王恒辉、林绍钦、李道健、李道杰、李道胜、黄新华、王彩云、许亮、王辉、张志鹏、张斌、邱海文、黄秉建、吴智杰、黄依寿、詹进兴、詹善辉、陈顺章、冯利志、黄茂元 各村支部书记、村委会主任；各中小学教师

需要指出的是，作为纯粹的教育公益基金组织，桔林乡奖教助学协会的各类管理人员均属志愿工作，既无工资，亦无补贴、奖金等福利。为了桔林乡教育事业的发展和优秀人才的培养，他们均义务付出自己的金钱、时间和精力。这种人间大爱着实令人感动，值得所有的桔林乡人学习、继承和发扬光大。

三　桔林乡奖教助学协会教育基金的经费运作

（一）基金的经费来源

闽清县桔林乡奖教助学协会自成立以来，得到了社会各界的鼎力支持。协会倡导者、名誉会长、监事长张仰枝先生个人带头捐款 30 多万元，桔林乡四任党委书记、乡长和乡两委成员参与筹款，乡贤黄建超、杨富春、张义滨、李友铭、黄蔡明、江家良、张文裕、黄礼开、林裕平、陈章寨、吴智杰等先生积极响应，桔林乡奖教助学活动进展顺利。

协会广泛发动、号召乡民踊跃捐款，集腋成裘，不断扩大基金规模。自2011年至2019年2月，桔林乡贤共进行了6次较大规模的捐款，他们通过现金捐款或银行转账的方式，共捐集善款56.7万元。这些捐款均资料完整、有账可查，体现了教育公益基金可贵的公正、公开原则。历年具体的捐款名单与数额见表2。

表2 闽清县桔林乡奖教助学协会历年捐款名单与数额
（截至2019年2月6日）

第一次捐款名单（合计：208000元）	
捐款1000元	刘平生、黄道立、张文滨、林剑云、陈世勇、詹海涛、陈俊回、张水云、刘文生、詹善干、李华金
捐款2000元	詹炳登、张晓云、陈友水、王程杰
捐款3000元	林自标、张文裕、李世苞
捐款5000元	林裕平、江家良、黄礼开、吴智杰
捐款10000元	杨富春、张义滨、李友铭、黄蔡明
捐款20000元	黄建超
捐款100000元	张仰枝
第二次捐款名单（合计：175500元）	
现金捐款500元	詹善林
现金捐款1000元	詹小青、张文金、张志书、刘江宁、詹善干、詹金菊、曹丽钦、曹丽锋、刘仕航、刘文生、林从娇、张章理
现金捐款2000元	黄秉建、曹隆森
现金捐款3000元	江为良、江家良、刘兰彬
现金捐款5000元	张仰连
现金捐款10000元	陈章寨
转账捐款1000元	张水云、詹善干、李华金、王道金、林绍钦
转账捐款2000元	江彩凤、詹炳登、陈友水、张晓云、李世苞
转账捐款5000元	黄宜渊
转账捐款15000元	林裕平
转账捐款100000元	张仰枝

	续表
第三次捐款名单（合计：154500元）	
现金捐款1000元	卢庆林、毛起谈、李世苞、李炳增、刘文生
转账捐款1000元	刘传宝、林自标、詹海涛、王道金、张水云
转账捐款1500元	黄勇
转账捐款2000元	曹小燕、詹炳登、张晓云、陈友水、
转账捐赠10000元	张文裕、刘雅英、黄蔡明
转账捐赠15000元	林裕平
转账捐赠100000元	张仰枝
第四次捐款名单（合计：16500元）	
现金捐款1000元	张文金与某位不记名人士
转账捐赠500元	詹华
转账捐赠1000元	刘江宁、林自标、王道金、詹小青、陈友水
转账捐赠3000元	王程杰、林裕平、李世苞
第五次捐款名单（合计：9000元）	
现金捐款1000元	张亲暖、刘江宁、陈友水
现金捐款2000元	李世苞
转账捐赠1000元	刘礼栋、王道金
转账捐赠2000元	詹善优
第六次捐款名单（合计：3500元）	
现金捐款2000元	李永铮
现金捐款1000元	王绍洁
现金捐款500元	李扬晶
总计	567000元

（二）基金的增值方式

为了实现本金的增值，维持协会教育基金的长期发展，桔林乡奖教助学协会设法采取不同的形式，扩大基金规模。

1. 银行存款

尽管当前我国各大银行的存款利率均非常低，但为了资金安全，桔林乡奖教助学协会仍采取将本金存入银行的方式实现增值。其财务管理人员分别是协会会长林裕平和前秘书长陈友水。

2. 民间投资

桔林乡奖教助学协会还设法通过民间投资，实现基金增值，扩大基金规模。截至 2018 年 12 月 31 日，协会收入共计 1086830.07 元，其中捐款收入 567000 元，桔林乡党委转入 8000 元，银行利息收入 2705.07 元，民间投资收入 509125 元。表 3 是历年来桔林乡奖教助学协会历年民间投资收入情况。

表 3　桔林乡奖教助学协会历年民间投资收入情况

投资对象	投资时间	投资收入	附注
黄某	2011.10.15—2018.12.15	250250 元	
苗某	2013.06.15—2015.10.15	21750 元	2015 年 10 月投资对象已还回本金
林某	2014.04.15—2018.01.24	174125 元	2018 年 1 月协会已收回本金
张某	2016.08.05—2018.12.15	63000 元	其中 2700 元有 5 个月未收入，共计 13500 元；4050 元有 10 个月未收入，共计 40500 元

（三）基金的经费支出情况

奖教助学，是桔林乡奖教助学协会教育基金的基本职能。自 2011 年以来，协会已连续发放了 8 届奖教助学金，奖励考上博士生、硕士生、本科、闽清一中、闽清高级中学的桔林乡优秀学子，奖励桔林学校义务教育阶段优秀学生，奖励省、市、县级的优秀教师；还资助义务教育阶段困难学生。截至 2018 年 12 月 31 日，协会收入共计 1086830.07 元，支出共计 1001831.5 元，结余 84998.57 元。协会支出明细见表 4。

表 4　桔林乡奖教助学协会教育基金历年支出
（截至 2018 年 12 月 31 日）

活动项目	活动金额	附注
第一次奖助学活动	40348 元	其中学生和老师支出共计 37200 元；办理协会收据、票据、软件、学生伙食等共计 3148 元

续表

活动项目	活动金额	附注
民间投资	650000 元	原来投资黄某 200000 元，2016 年 8 月 5 日投资张某 180000 元，2018 年 2 月 5 日投资张某 270000 元，截至目前共投资 650000 元
银行年费、信息费、维护费等	5004.5 元	
捐赠桔林学校餐桌椅	9260 元	
第二次奖助学活动	34300 元	
捐赠桔林学校师生橱柜	3000 元	
第三次奖助学活动	30600 元	
捐赠桔林后洋乡	5110 元	
票据、年审、慰问等	490 元	
第四次奖助学活动	31600 元	实际助学金为 33600 元，其中江洁茹是第五次助学 2016 年 1 月入账
横幅、慰问等	320 元	
第五次奖助学活动	60800 元	其中补江洁茹是 2014 年考人，奖金 2000 元
第六次助学活动	72700 元	
第七次助学活动	52500 元	
桔林学校党建经费	5799 元	
支出共计 1001831.5 元		结余共计 84998.57 元

需要指出的是，桔林乡奖教助学协会还专门向家庭经济困难的大学生提供助学金，在学期间每人每月补助生活费 500 元，直到大学本科或研究生毕业。这项开支以协会的名义、由杉村集团董事长张仰枝先生单列资助。

四 桔林乡奖教助学协会教育基金的奖助对象与标准

闽清县桔林乡奖教助学协会的奖助主要包括助学、奖学、奖教三个类别。各个类别下设不同具体项目，其奖励或助学的标准均有所不同。表 5 体现的是 2011～2018 年的奖助学标准。其中在助学方面，在义务教育阶段，建档立卡家庭的学生与没有建档立卡而家庭经协会确认确实贫困的学生，每生每年各资助 600 元。其他奖学、奖教类别，均为一次性奖励。

表5　闽清县桔林乡奖教助学协会教育基金奖助学项目、标准

类别	项目		标准
助学	高等教育阶段困难优秀学生		500元/年
	义务教育阶段困难学生		600元/年
奖学	高等教育阶段学生	考上博士生	5000元
		考上硕士生	3000元
		考上本科生	2000元
	高中教育阶段学生	考上闽清/福州一中	1000元
		考上闽清高级中学	800元
	义务教育阶段优秀学生		600元
奖教	先进教师	省市级先进教师	800元
		县级先进教师	600元
	毕业班教师		800元

2018年度，闽清县桔林乡奖教助学协会的奖助项目与奖助标准有所改变。在助学方面，增加学前教育阶段困难学生为资助对象之一，和其他所有义务教育阶段困难学生一样，每生每年均调整为资助800元；在奖学方面，高中教育阶段学生与义务教育阶段优秀学生的奖学标准均分别增加200元；在奖教方面，增加了奖励优秀教师的项目，每人每年奖励1000元。2019年2月6日在桔林乡乡政府举行的闽清县桔林乡奖教助学协会第八届奖教助学金颁发仪式上，正式按照新的标准予以助学、奖学、奖教。具体情况见表6。

表6　桔林乡奖教助学协会教育基金第八届奖助学情况

类别	项目名单	金额
助学	学前、义务阶段困难学生（7人） 幼儿园：詹宇浩 二年级：蒋露晗 三年级：李在都、张旭辉 五年级：陈传枫 八年级：张在旭 九年级：曹龙建	共计5600元 每人800元
	建档立卡学生（3人） 肖欣颖　肖建良　张瑾萱	共计2400元 每人800元

续表

类别	项目名单	金额
奖学	硕士研究生（5人） 谢昌铭　池倩文　池倩玲　黄顺朝　詹婷	共计15000元 每人3000元
	本科学生（8人） 詹凌惠　冯子琪　张邦森　陈洁梅　杨晨燕　张焕焕 江弘　李凡	共计16000元 每人2000元
	考入闽清/福州一中学生（5人） 汤凯俊（福州一中）黄晖　王文桢　张宇杭　王佳楠	共计6000元 每人1200元
	考入闽清高级中学学生（2人） 李荷　许婧	共计2000元 每人1000元
	义务教育阶段优秀学生（9人） 一年级：张璟妍、刘淑玲 二年级：刘紫煜 三年级：张丽雯 四年级：王慧烯、许能源 六年级：张洁铭、王洁 九年级：张银燕	共计7200元 每人800元
奖教	优秀教师（5人） 占宝兰　吴丽萍　陈宇　刘礼凯　瞿丽娟	共计5000元 每人1000元
合计	44人次	59200元

从表6可以看出，从2019年以后，桔林乡奖教助学协会教育基金的奖励、助学类别从学前教育到博士生阶段，全面覆盖所有桔林乡学生。2019年度该教育公益基金所颁发的奖助学金额共有59200元，奖助学人次达44人次。

五　桔林乡奖教助学协会教育基金的社会评价

社会各界对桔林乡奖教助学协会都给予好评。

基金名誉会长张仰枝先生表示："只要我的公司能赚钱，我就会一如既往地支持家乡的各项事业。同时我向同学们提三个要求，一是不要忘记自己的使命，就是要努力学习，为家乡争光；二是不要忘记自己是桔林人，不要看不起自己人，不管在哪里看到家乡人都要力所能及地帮助；三是要学会感恩，现在是大家在帮助你，等你有本事了，有钱了，一定要回报家乡，帮助更多的家乡人。我想只要我们团结起来，相信我们家乡的未来一定会更美好。还有就是在读的大学生确实是家庭困难的可以向秘书长申请，我们协会会按照一定程序进行调查和摸底，最后确定人选，由我来资助。"

基金管理者林先生认为，他有责任也有义务为家乡的教育事业做出自己的贡献和努力。同时他呼吁，希望有更多的桔林籍乡贤加入到家乡教育等各项事业中来，为家乡的发展出谋献策和出钱出力。林先生真挚地希望，在群众的关心、支持和帮助下，桔林乡的教育，桔林乡的明天会更加美好。

受助者马同学认为奖金不仅是一种荣耀，更是一种鞭策。她说："此次获得奖学金，不仅仅在物质上帮助了我们，更是对于我们过去所有的付出与努力的一种肯定，是一种精神上的奖励！当然，我知道，获得了奖学金并不意味着就达到了我们的目标而可以停滞不前，不管曾经取得怎样的荣誉和成绩，那只能说明过去，不能代表将来。掌声终究会消逝，奋斗的脚步还要继续。"

在读学生普遍认为"宝剑锋从磨砺出，梅花香自苦寒来"。他们认为奖学金便是他们苦学之后的"梅花"，为此，他们会更加努力学习。但也有少数学生表示，奖学金不是衡量他们是否努力的唯一标准，只要做到无愧于己、无愧于心就足够了。

普通民众纷纷肯定奖教助学协会存在的意义，表示会尽自己所能支持奖教助学协会的发展。他们认为在读学生要正确看待奖学金的意义，不要因为取得好成绩而骄傲，也不要因为成绩不理想而气馁。只有踏实勤奋，才能取得更优异的成绩，才能创造更美好的未来。

六　结语

经过此次的实践调查，我们深刻感受到，虽然农村地区的教育资源相对城市而言较为匮乏，但是一些走出农村的有识之士，正在为农村教育贡献自己的力量，使得农村教育不断地往更好的方向发展。

这些有识之士设立教育基金，补助当地的贫困家庭，让这些家庭的学生避免因为经济压力而离开校园，失去接受教育的机会；嘉奖各个层次的优秀学生，对他们而言，不仅是物质上的奖励，更是精神上的鼓舞与肯定；奖励优秀教师，是对教育工作者辛苦付出的认可与感谢。教育公益基金的意义不可低估。教育公益人士的善行值得表彰。

中国这片广袤的土地上还有许多需要帮助、需要鼓励的教师和学生，我们希望能够涌现出更多的教育基金，帮助他们、鼓励他们。同时，我们也希望，受到教育基金补助的学子们，能够学成之后回报家乡，继续为教育公益事业添砖加瓦。

福建省闽侯县尚干镇乌门村公益基金调查报告

林佳熠

一 引言

"老吾老以及人之老,幼吾幼以及人之幼。"中华文化源远流长,历久弥新,尊老和爱幼一直便是其中不变的道德核心。尊老,体现为关爱老人的生活,包括物质层面和精神层面;而爱幼,在现代社会环境下,突出表现为对教育的重视和对学龄青少年的关怀、帮助。

本次学科基础实践,笔者根据系科研创新团队老师的建议,选择了以林姓为主体的尚干镇乌门村公益基金为对象,从尚干镇乌门村公益基金的设立、受益群体、主要特色和社会意义等角度出发,为了解福州市乡村教育公益基金活动提供个体案例,为发展爱国爱乡、耕读传家的"福建精神"丰富内涵。鉴于乌门村公益基金的设立时间较短,相关规章制度建设尚不健全,故本报告将着重于基金的实际使用,以探讨教育公益基金所包含的人文情怀为主,以分享经验为辅。

二 尚干镇乌门村公益基金的设立与概况

(一)基金所处社会环境

地处福建闽侯东南、乌龙江以南的尚干镇,淘江之水环绕三面,素有"七里中心"之称,全镇面积约5平方公里,人口达1.8万人,人口密度之大居于闽侯全县第一。尚干旧名上虞,南宋理宗时,尚干林氏始祖林津龙官至户部尚书干办，后以官名改称尚干。

从始祖林津龙开始，尚干林氏便以诗书传家，历代传承"欲高门第须为善，要好儿孙在读书"的家训。明清时期，尚干创办了著名的陶南书院（现旧址位于闽侯第二中学）和淘江书院，并且村村都有家塾、村塾，为科举培养了一批人才，先后出过18个文武进士、百余个举人。清末民初，尚干依然私塾林立，并兴办学堂，时任国民政府主席的林森为家乡倡建了尚干中心小学。新中国成立前，尚干先后办过乡村师范、七濑中学、闽侯中学。而今，全县办校历史最长的闽侯第二中学（高中）便坐落于此。此外，在尚干的地域范围内还有尚干中心小学、尚干中学和私立淘江中学（现位于乌门村辖区内），共1所小学，2所中学，1所高中。在尚干，文化深植沃土，文明之风源远流长。

作为本镇11个行政村之一的乌门村，位于尚干镇镇南，毗邻324国道，地处沈海高速公路（同三高速公路）及203省道交叉贯通处，紧靠海峡汽车文化中心。全村共315户，1153人。独特的村情、良好的地理位置促进了本村经济的发展。据村委会提供的经济数据，本村人均月收入在8000～9000元左右。

（二）基金的设立、增值方式和资助对象

以良好的经济发展水平为依托，在诗书传家的文明之风影响下，乌门村教育公益基金始设于2014年，初始资金64万元。由本村企业家与其他村民共同捐赠，委托乌门村村委会予以管理。其设立初衷在于以林姓为纽带，于本村范围内更好地团结乡邻、奖助学子。

基金本金以两种主要方式进行增值：其一，本金存于银行，其每年所获利息，一部分用于发放奖助学金等公益、慈善事务，如有剩余则存入银行基金账户，作为本金继续增值；其二，用于本村民间投资，所获利息成为基金的收入。

在与村委会计林阿姨的交流中，笔者了解到，作为面向本村的公益基金，其使用范围大致包括了村基础设施建设、70岁以上老人春节慰问、大学生教育奖学金和困难补助等。其中，70岁以上老人春节慰问和大学生教

育奖学金是乌门村公益基金最大的支出项。

据悉,作为教育基金的部分,受益群体是本村当年考取大学的林姓高中毕业生。共分两个档次:考取一本高校者每人获奖学金5000元,考取二本高校者每人获奖学金2000元。此外,当年内专升本的林姓学生每人获奖学金1000元(详见表1)。

表1 尚干镇乌门村公益基金2014~2017年发放奖学金概况

年份	录取一本学校 人数	录取一本学校 金额（元）	录取二本学校 人数	录取二本学校 金额（元）
2014	1	5000	3	6000
2015	4	20000	4	8000
2016	2	10000	8（含专升本2人）	14000
2017	3	15000	4	8000

(三)基金的申请流程与资助情况

该公益基金在发放奖学金方面,遵循一定的申请、审核、发放流程,主要包括四个步骤:①向基金会负责人(村主任)提出申请意愿,领取申请表格;②根据相关要求,据实填写奖学金申请表,并附上本年度大学录取通知书和身份证的复印件;③基金会对申请表及相关信息进行核实,确认所录取高校的级别;④学生签字确认,基金会统一发放奖学金。

据统计,自2014年基金会成立以来,5年间,本村学生主要被福建省内高校录取,少数学生被省外高校录取。其中,2017级林淑玲同学考取北京师范大学,是历年来获得奖学金的高考成绩最佳者。经统计,2014~2017年,基金会共支出大学生奖学金86000元,占初始基金总额的13.44%。

近三年(2015~2017年)尚干镇乌门村公益基金收支概况如下。

1. 2015年

收入:银行上年余602000元

利息:22222.45元

村民还款:500000元

投资收益：93300 元

多取存入：19000 元

收入合计：1236522.45 元

支出：村民借款 800000 元

提取现金：112300 元

70 岁以上老人春节慰问：24300 元

村委四楼铝合金：30000 元

困难补助：9000 元

大学奖学金：30000 元

银行管理费、手续费：56 元

支出合计：1005656 元

结余：230866.45 元

2. 2016 年

收入：银行上年余 230866.45 元

利息：50163.03 元

多取存入：6000 元

现金余：100 元

投资收益：48800 元

收入合计：335929.48 元

支出：提取现金 55000 元

70 岁以上老人春节慰问：24900 元

大学生奖学金：24000 元

银行管理费：10 元

支出合计：103910 元

结余：232019.48 元

3. 2017 年

收入：银行上年余 232019.48 元

村民还款：300000 元

投资收益：42500 元

利息：25679.23 元

多取存入：8000 元

上年现金余：100 元

收入合计：608298.71 元

支出：提取现金 50500 元

70 岁以上老人春节慰问：24600 元

困难补助：6000 元

大学生奖学金：12000 元

支出合计：93100 元

结余：515198.71 元

作为村民自发捐助的教育公益基金，其收入和支出由村主任负责管理，由村委会订核对、留底，便可支出奖学经费。而在管理督察方面，该基金尚未制订明确的管理章程。当前主要以村民共同监督以及不定时接受捐赠者要求的财务反馈与核对的方式进行监管。此外，如前所提，该项公益基金的增值手段之一便是用于民间投资。虽然投资的对象仅限于本村林姓村民，但也增加了其增值的不确定性和监督的风险性。

（四）公益基金的社会影响和评价

每一笔公益基金的设立，其初心都在于捐助人想以此回馈社会——教育是民族之本，设立奖学金，有利于鼓舞学子们刻苦学习，形成勤学向上的良好风气。作为服务于整个村的公益基金更是如此，而其受众范围却更小更精确：从 2014 年开始，乌门村公益基金面向 2014 级及以后的本村应届大学生发放，受益学生至目前为止已接近 30 余人。随着高等教育的进一步普及，受益人数还会持续增加。

在与乌门村村民的访谈中，笔者感受到绝大多数村民对于公益基金的设立抱有积极态度。他们认为，一方面，奖学金的发放鼓励了考取大学的学子们继续努力向上求学；另一方面，奖学金也可帮助家庭经济状况不太好的学子减轻负担。显然，乌门村的奖学基金同时兼有鼓励和帮助、激励和慰问的意义。

而对于接受奖学金的本村学子而言，获得村委的教育奖学金是本村对自己学业的勉励和认可，体现了村集体对于教育事业的重视。不同于学校的奖学金，乌门村公益基金倾向于乡邻性质的奖励，是作为同姓的村落村民对于后代的慰勉，这是其他公募教育基金所缺少的宗族乡邻的人文情怀。

三　结语

通过本次走访村委会，与村民交谈，笔者了解到，对于本村公益基金的设立，村民大都持肯定的态度。相较于有明确章程和管理制度的专门的教育公益基金，乌门村公益基金的管理主要依赖村民间的相互信任。这种建立在乡邻信任基础上的公益基金，其一，以长久以来蕴含在传统文化中的乡邻观念为根植土壤，人文氛围会更加浓厚；其二，以传统的道德规范约束本村村民的行为，道德约束相较明确的章程规范发挥了更重要的作用。

尤为突出的一点，这种有着同姓道德约束力的公益基金，其最初捐赠者的本心便不是为了获取良好的社会声誉。在与村委会计林阿姨的沟通中笔者了解到，捐赠者们都不愿透露自己的信息，只是将基金委托给村委会管理，发放给有需要的人，或作为奖金鼓励考取大学的学生们。这一点在与其他村民谈话中得到证实：大多数人只知有这笔基金却不知是谁捐赠。而村委会主要是作为一个受委托单位，记录好每一笔资金的使用，需要时由捐赠者查看核对。但从2014年至今，捐赠者们并未对公益基金的使用进行过严格的核实，某种程度上也是对村委会的信任以及对本姓村落村民道德水平的放心。

不同于公募的公益基金，乌门村公益奖学金的申请流程显得极为简洁，这也决定了其监管机制和防弊机制的薄弱。以传统观念为约束的道德规范提升了本村公益基金的人文情怀，但反之也加剧了监管腐败的不确定性。这种不确定性在今后基金的发展中必然是首先需要解决的问题：建立良好的监管防弊机制、明确的章程制度无疑有利于教育公益基金的长久发展。

在本次调查中，笔者了解到，近两年来乌门村公益基金主要依赖于将初始本金存入银行获取利息的方式实现增值，本村村民捐赠则相对较少，资金发展前景尚不乐观，这是乌门村公益基金较为遗憾的地方。原因一方面在于近年来福州市区产业转移，特别是青口汽车城建设邻近乌门村，村民的收入水平提高，生活质量、精神文化需求也得到一定的满足。相对于雪中送炭式的助学金，乌门村公益基金发放给应届大学生的奖学金更像是一种锦上添花式的"奖励"。经济的发展使得公益奖学金与荣誉挂钩的意义更为突出，而帮助学子减轻经济负担的作用则相对淡化，由此而产生的影响便是村民们向基金进行捐赠的意识稍有减弱。另一方面，乌门村公益基金于2014年正式发放，迄今只有短短4年时间，接受本村公益基金帮助的第一代大学生刚刚毕业离校进入社会，尚不足以有能力捐资助学、回馈村里。

经济发展带来了新机遇，作为乡镇村民自发捐设的公益基金，其建立和发展体现了人们对于教育重视程度的不断提高。十年树木，百年树人。作为当代教育基金的一部分，时间会是最好的证明：对教育的投入是一件长久的事业，相信乌门村公益基金在将来会有更美好的前景。

福建省云霄县陈岱镇教育公益基金调查报告

施敏晶

一 引言

公益基金一般为民间非营利性组织，宗旨是通过无偿资助，促进社会的科学、文化教育事业和社会福利救助等公益性事业的发展。教育公益基金，顾名思义，即资助教育事业发展的公益基金。

近年来，教育产业化趋势愈发明显，加重了很多家庭的负担，家长和学生都感受到高额学费的压力，许多学子在高昂学费面前望而止步，"寒门"再难出"贵子"。高学费门槛不仅不利于学校坚持正确的办学方向，不利于为社会培养更多人才，更不利于增进大学生及全体人民对国家和民族的凝聚力。"少年强则国强"，随着社会的进步、经济的发展，学生越来越成为国家发展的关键；"科教兴国"，知识成为开启国家兴盛大门的重要钥匙。各地区的教育公益基金随之越来越多，并引发了学术界对教育公益研究的关注，如北京师范大学专门成立中国公益研究院。

为更好地了解当代福建民间教育公益基金的发展概况，闽江学院历史学系科研创新团队组织同学进行调研。笔者从小生活在陈岱镇，对陈岱镇的风土人情、风俗习惯较为了解，在调研过程中不仅可以减少语言不通、风俗习惯冲突等问题，而且调研时更加有动力。在开展调研前，笔者联系了陈岱镇第二中学的老师，拜托他帮忙联系陈岱镇教育基金会的相关管理人员。在他的帮助下，笔者拜访了基金会负责人岱东村现任村委会主任陈主任，得到了他非常热心的解答、帮助。

二 陈岱镇概况与教育公益基金的设立

（一）陈岱镇基本情况

陈岱镇属福建省漳州市云霄县，位于云霄县东南部，共有3.8万人口，55平方千米，距县政府19.4千米，辖18个行政村。陈岱镇人民政府驻地岱东村，漳诏高速公路、324国道、省道双东公路过境。境内有"东山战斗"烈士墓，古迹有新圩村临海处的莲花庵。海岸线长21.5千米，以发展海上事业为主，礁美村有汽轮停泊码头和对台贸易接待站，礁美、白礁盛产海盐，以海盐生产、鱼虾养殖产业为主。陈岱镇共有礁美、岱东、岱北、岱西、岱南、岱中6个小学及陈岱第二中学1个中学，现全部实行九年义务教育。

（二）陈岱镇教育公益基金的创设过程

陈岱镇民间捐资设立了多个公益基金，其中关于教育方面的有重点大学奖学金、专项竞赛奖学金、体育公益基金三个。这三项教育公益基金均创立于1980年6月。当时由于经济有所恢复，国家开始注重教育知识的发展，下达整顿文化教育、培养德智体的学生的政策，并拨出一部分款项作为教育公益基金。因此，当时的岱东村村主任响应国家政策，正式提出成立教育公益基金的倡议。他召集岱北、岱南、岱西、岱中村村主任及村支部书记商讨具体事项，决定成立重点大学奖学金、专科竞赛奖学金和体育公益基金三项基金，鼓励学生德智体全面发展。

重点大学奖学金是指针对陈岱镇高中生考上985、211等重点大学的奖励，奖金为人民币1万元。

专项竞赛奖学金是指对专门科目取得市级及其以上竞赛奖项的鼓励，奖金为人民币100元到1000元不等，奖项等级为市级到国家级不等、三等奖到一等奖不等。由于学科众多繁复，奖励金额、奖项等级也各不相同，为避免繁杂，在此不作过多具体描述。

体育公益基金是专门针对体育某一方面有专长的学生在市级及以上体

育竞赛中取得奖项的奖励，主要用于老师带队参加体育比赛的费用及得到奖项的学生和老师的奖金，目的是鼓励和帮助体育爱好者、擅长者。奖金为人民币100元到800元不等，学生在市级获得三等奖、二等奖、一等奖的奖金分别为200元、400元、600元，指导老师奖励金分别为80元、150元、200元，省级均各增加200元，各竞赛项目奖励规则相同。

在20世纪80年代，教育水平较低，普通大学和重点大学的界限并不明确，考上本科大学都非常困难，因此一开始考上普通大学即可获得奖励金，当时还称为大学奖励金。笔者在调研时，想要查找相关的奖励者名单或其他材料，以便明确什么时候开始有重点大学和普通大学之分，什么时候正式作为重点大学奖学金，但是由于镇里资料保管不善，加上历史久远，受访者记忆不清，笔者只掌握了2015年和2016年的奖励者名单。

需要指出的是，陈岱镇这三项教育公益基金相互独立，均由岱东、岱南、岱北、岱西四个村的村委会联合商议设置，由各村村委会设专门、独立的基金收集点，不统一收集捐款。当然，三项教育公益基金都是面向社会各界募集资金，主要接受各村民间社会团体和个人的自愿捐款，同时也接受来自国内外企业、华裔侨民的爱心捐献。

三　陈岱镇教育公益基金的创设和管理

（一）经费管理

尽管陈岱镇三项教育公益基金在经费账户方面各自独立，公益目的各不相同，但在管理者的选举与轮值方式、资金的使用途径与监管制度等方面则完全一致。同时，为了节约人力成本，这三项教育公益基金便由同一套管理班子统一管理，并遵循相同的监督管理体制。

陈岱镇教育公益基金属于非公募基金会，其经费收入来源包括自然人、法人或其他组织的自愿捐赠；政府资助；国内外企业、华裔侨民的自愿捐献；捐赠物资依法拍卖或者变卖的所得收入等。如陈岱镇作为印尼侨乡聚居地——常山镇的近邻，得到了常山华侨基金会每年的固定捐资人民币5万元。此外，在台侨胞基金会每年固定向基金会捐资人民币5万元。个人方面的捐资不稳定且数额较小,如 2005 年到 2011 年,6 年间,陈岱镇各村村民的基金会捐助者大约只有 86 户,大多数捐资在 50 元到 200 元不等。2012 年至今,由于村内出外打工者逐渐变多,个户捐资数量减少,2016 年仅有 34 户,但个户金额变大,即增加为 100 元到 300 元不等。由于 2005 年的账目资料已经丢失,无法分析之前的资助数额变化。

《陈岱镇教育公益基金管理章程》规定,基金会每年用于从事章程规定的公益事业的经费支出,不得低于上一年基金余额的 8%。基金会工作人员的工资福利和行政办公等经费支出,不得超过当年总支出的 10%。捐赠人有权向本基金会查询捐赠财产的使用、管理情况,并提出意见和建议。对于捐赠人的查询要求,基金会应当及时、如实答复。

基金会应当执行国家统一的会计制度,依法进行会计核算、建立健全内部会计监督制度,保证会计资料合法、真实、准确、完整。由于规模较小,陈岱镇三项基金只配备 1 名具有专业资格的会计人员和 1 名出纳,规定会计人员不得兼出纳,并接受税务、会计主管部门依法实施的税务监督和会计监督。每年 1 月 1 日至 12 月 31 日为业务及会计年度,每年 3 月 31 日前,理事会对上年度业务报告及经费收支决算、本年度业务计划及经费收支预算、财产清册(当年度捐赠者名册及有关资料)等进行审定。基金会通过登记管理机关的年度检查后,将年度工作报告在登记管理机关指定的公告栏上公布,接受社会公众的查询、监督。

(二)组织管理

基金会设有管理者和决策机构,即基金理事会,暂由 4 名理事组成。理事每届任期为 5 年,任期届满,可以连选连任。第一届理事由村委会、主要捐赠人、发起人分别提名并共同协商确定。理事会换届改选时,由村委会、理事会、主要捐赠人共同提名候选人并组织换届领导小组,组织全部候选人共同选举产生新一届理事。一般推荐各村村主任或村书记,或对基金会有实质性的支持,以及在教育、体育界享有较高威望的人担任。陈岱镇三大教育基金的理事分别为岱东、岱西、岱北村村主任和岱南小学校长,岱东村村主任兼任理事长。理事享有本基金会的选举权、被选举权和表决权;

享有对本基金会工作的监督权和指导权；执行理事会决议；履行职责，切实维护本基金会的合法权益；保证捐赠资金的合法使用和基金的保值增值。理事会的主要任务为决定重大业务活动计划，包括资金的募集、管理和使用计划；年度收支预算及决算审定；制定内部管理制度；决定基金会的分立、合并或终止。理事长负责每年召集和主持召开2次会议，有1/2理事提议，必须召开理事会会议。召开理事会会议，理事长或召集人需提前5日通知全体理事、监事。理事会会议须全部理事出席方能召开；理事会决议须经出席理事过半数通过方为有效。重要事项的决议，须经出席理事表决，3/4以上通过方为有效：章程的修改；选举或者罢免理事长、副理事长、秘书长；章程规定的重大募捐、投资活动；基金会的分立、合并。

基金会还设有监事1名，监事任期与理事任期相同，期满可以连任，但是理事、理事的近亲属和基金会财务人员不得任监事。陈岱镇教育公益基金的监事由陈岱第二中学校长担任。监事的职责包括：依照章程规定的程序检查基金会财务和会计资料，监督理事会遵守法律和章程的情况；列席理事会会议，有权向理事会提出质询和建议，并应当向登记管理机关、业务主管单位以及税务、会计主管部门反映情况；应当遵守有关法律法规和基金会章程，忠实履行职责。当然，监事不从基金会获取报酬。

四　陈岱镇教育公益基金的社会影响

本次调研，笔者采访了陈岱镇教育公益基金的多位相关人员。其中包括岱东教育公益基金的负责人村委会陈主任，获得过奖学金的学生陈华生、陈妙琴及其父母，以及陈岱镇第二中学高三1班班主任陈老师等人，记录了他们对陈岱镇教育公益基金的实际操作和效用的看法，总结为以下几点。

陈主任认为这些教育公益基金给陈岱镇部分学生的发展带来了许多帮助，减轻了部分贫困学生家庭的经济负担，为他们提供了进入大学的机会。同时，基金会的奖励范围不只是大学奖励金，还包括专项竞赛和体育奖励金，有助于鼓励和帮助学生德智体美全面发展。基金会内部基本按照章程办事，重大事件决议参考各村村民的意见决定。当然，实际操作也非常灵活，视具体情况而言，例如如果有学生考上清华、北大两所大学之一，除了可以获得 1 万元奖学金之外，基金会还有额外的奖励金 1 万元。

2015 届毕业生中共有 3 人获得重点大学奖学金，陈妙琴同学考上厦门大学，陈华生同学考上福州大学，陈丽芬同学考上中山大学，奖金均为 1 万元。每年领取重点大学奖学金的奖励者都不多，最多时是 2016 年的 4 名，最少时 1 名都没有。而相比重点大学的奖励金，专项竞赛和体育竞赛的奖励金数额显得少，但获得机会也较多。如笔者在 2006 年读小学四年级时，曾经参加市级举办的演讲比赛，获得了三等奖，当时被奖励了 200 元。而当时参加竞赛的 6 名学生也都获得了奖项和奖励金。笔者的妹妹在 2016 年参加了市体育竞赛项目，并获得了三级跳远高中组第一名的成绩，获得了 600 元的奖励金。不仅如此，她的指导老师也获得了 200 元的奖励金，其他获得奖项的学生和指导老师也都有奖励金。不管是笔者本人还是获得过奖学金的陈妙琴、陈华生同学及其父母都认可基金所带来的帮助，认为确实鼓舞了学生的士气，也减轻了部分家庭负担。

陈老师认为不管实际效用如何，教育公益基金的设置首先就体现了民众对教育的关注，而在实际发展中，基金的奖励也或多或少地成为部分学生的学习动力，对于贫困家庭的学生而言更是一种特殊的帮助。

在笔者看来，首先正如陈老师所说，教育公益基金的设置体现了无论是国家还是社会民众，都越来越重视教育的作用和发展，把教育定位为民族振兴的基石，认识到"科教兴国"的重要性。陈岱镇教育公益基金的设置就是紧跟国家政策，践行"科教兴国"理念，促进了教育公平和社会公平；坚持以人为本，有助于坚持教育的公益性质；有利于增进高校学生对党和国家的情感，成长为服务于社会主义建设事业的人才。

其次，从学生、学生父母和老师的"鼓舞学生士气"可知，教育公益基金同时兼顾了激励和公平原则。公益基金的评选"不论贫富"，只看是否满足基金设置的条件。这有利于激励所有学生的进取心，鼓励他们综合发展，既要学好书本知识，达到成绩优异，又要适应社会需要，增强社会实践能力和创新能力。

最后，大部分采访者均提到教育公益基金的设立能够起到"减轻部分家庭负担"的作用。奖金的设立、发放,有效地缓解了部分贫困家庭大学生的现实困难。贫困家庭大学生一直是被关注的群体,物质生活的困难成为阻碍他们前途发展的障碍,对他们的心理成长也有很大影响。国家和社会立足于对他们人文关怀的同时,也需要从他们的现实物质生活困难入手来进行帮扶。切切实实解决他们的现实困难,是对他们立志成才的正面引导,也有利于他们的身心健康。同时,缓解他们家庭的经济压力,有利于社会和谐,也有助于帮助他们完成学业,渡过难关,享受到公平的受教育权利。

五　结语

在调研过程中,笔者不可避免地遇到一些困难。由于基金会成立的时间久远,许多资料都已丢失,以至于在调研过程中掌握的数据主要依靠大量的口述资料整理,因而不够完善、准确,这也是本次调研的遗憾之处。

福建省长泰县古农农场商会教育基金会调查报告

郑颖枚

一 引言

教育是个人成长、社会进步、国家繁荣的基础，教育公益活动是促进教育良性发展的有益补充，而由民间捐资或政府拨款设立的助学、奖学类公益基金则是教育公益活动的重要组成部分。本调查报告通过发现与描述身边的教育公益基金，揭示其产生、发展的基本过程、主要特色和社会意义，为全方位认识福建乃至全国的教育公益文化提供研究个案。

本次调研，是笔者学科基础实习的基本任务。选取本调研选题的目的，一是要完成学科基础实习的学习计划；二是为了参与历史学系科研创新团队的科研项目，了解教育公益的发展历史；三是通过与基金管理者的面对面交流，深入了解教育公益建设，了解当地公益教育文化；四是通过田野调查，宣传当地教育公益基金，提高基金会的知名度，扩大社会和村民对教育公益基金会的了解程度。

回到家乡后，笔者偶然得知古农农场商会会长徐智心女士于数年前便倡议设立了古农农场教育基金会。这不啻柳暗花明又一村，让原本就计划在家乡开展调研而苦寻未果的我，更加急切地想了解家乡教育基金会的情况。在此过程中，笔者结合观察法和调查法，对古农农场商会教育基金会会长进行了全面了解；当面询问基金管理者对教育基金会的看法，了解古农农场基金会的发展历程；与受奖的教师沟通，从不同视角考量基金会的社会意义；阅读基金会的相关材料，从制度上客观了解基金会的运营情况。

最后，上网查询有关基金会建立运营的报道，进行比较，做出分析，撰写调查报告。

二　基金会的设立、管理及其贡献与影响

（一）基金会所在地的社会环境

古农农场创办于 1957 年 11 月，位于长泰县境内，是福建省规模最大的国有农垦企业，1970 年由原福建省农垦厅下放给漳州市长泰县管理。全场拥有土地面积 10 万亩，人口 12000 人；下辖 1 个居委会、13 个作业区、3 家场办企业。1991 年，农场先后被福建省人民政府确定为对台对外农业经济技术交流与合作的重点区域，被漳州市人民政府确定为对台对外农业综合开发重点农场。古农农场现设有 1 所幼儿园、1 所小学、1 所中学。农场中学有教师 45 人，在校生 330 人，入学率为 100%。农场中心小学约有 1100 名在校生，62 名教师。农场幼儿园有教师 6 名，入学率为 100%。

（二）基金会的设立

1. 设立时间：2013 年 9 月开始发动募捐，10 月 16 日选举产生基金会理事会，2014 年 1 月 3 日颁布《长泰县古农农场商会教育基金会章程》，宣告基金会正式成立。

2. 倡议者：古农农场商会会长徐智心女士。她是一名回族爱心人士，1947 年出生，任长泰县古农农场商会会长、党支部书记。她热心公益，十几年来投入资金 100 多万元用于支持慈善公益事业，不管是接受过她帮助的人，还是志愿者或是生意上的伙伴，都亲切地称呼她为"徐妈"。她先后被评为"全省非公有制经济组织创先争优活动优秀共产党员""全省扶残助残先进个人"，2016 年当选为漳州市第十一次党代会代表、福建省第十二次妇代会代表。

3. 基本目的：创建教育基金会是古农农场商会回报社会、支持农场教育事业的重要活动，宗旨是鼓励教师争先创优，表彰优秀教师，留住并吸引更多优秀教师为农场教育事业做贡献，为家乡培养人才，为家乡的经济

发展储备精英。

（三）基金会的本金

1. 基金会本金的来源：热衷于教育事业的企业家、政府工作人员及社会人士的捐款。

2. 基金会本金的数额：个人最低捐赠1000元，企业最高捐赠20万元。至2014年，筹款金额为121.3万元。运营至2019年，基金总金额为122万元。

3. 基金会本金的增值方式：基金会由会长牵线搭桥，向企业积极筹资，逐年增加本金。从2014年建立起，坚持动息不动本的使用原则，长期对古农农场各中小学校进行奖教。直到2019年，基金会尚未从商会独立出来。

（四）基金会奖助对象与奖助额度

基金会旨在奖励优秀教师和学生，同时向家庭贫困的教师、学生提供帮助。目前，奖教、奖学经费均从基金会增值利润中开支，而助学经费则由基金会联系爱心人士或爱心企业给予捐助。基金会资金主要用于以下几方面：

1. 奖教：重点用于奖励贡献突出的优秀教师，扶助爱岗敬业的贫困教师；

2. 奖学：奖励优秀中小学生，资助表现优秀的特困学生；

3. 财务人员的工资及办公费用；

4. 经本会理事会批准的有关教育事业的其他项目。

根据农场党委奖教方案，结合教育基金实际情况，为提高教育教学质量，争创一流学校，根据章程有关奖教规定，经理事会研究决定，制定了相应的奖教办法（见表1、表2、表3）。

表1　古农农场商会教育基金会对小学毕业会考奖励额度

奖教项目	奖励金
综合评比居全县同类学校第一名	50000元
综合评比居全县同类学校第二名	40000元

续表

奖教项目	奖励金
综合评比居全县同类学校第三名	30000 元
学科评比居全县同类学校第一名	每位科任老师按 10000 元基数进行奖励
班级学科总评分最高的科任教师	10000 元
同学科的其他班级科任教师的总评分与之相比较，每少 1 分	减少 500 元

表 2　古农农场商会教育基金会对中考科目教师奖励额度

奖教项目	奖励金
综合评比位列漳州市第 1~20 名	100000 元
综合评比位列漳州市第 21~40 名	80000 元
综合评比位列漳州市第 41~60 名	70000 元
综合评比居全县同类学校第一名	60000 元
综合评比居全县同类学校第二名	50000 元
综合评比居全县同类学校第三名	40000 元
学科评比名列漳州市第 1~40 名或全县同类学校第一名	每位科任教师按 10000 元基数进行奖励
班级学科总评分最高的科任教师	10000 元
同学科的其他班级科任教师的总评分与之相比较，每少 1 分	减少 500 元

表 3　古农农场商会教育基金会对获得县、市级以上教学比武学科竞赛奖励额度

奖教项目	奖励金
市级一等奖	1200 元
市级二等奖	1000 元
县级一等奖	1000 元

基金会管理章程规定，如果同时取得市、县级别的同类评比名次，则选择其中一项进行奖励，不重复奖励。

除了以上奖励项目，基金会还按每学年 5 万元的标准，奖励古农农场中小学学习优异的学生（由正士餐具提供奖金）。在资助特困学生方面，商会联合企业家对中小学生以结对帮扶的形式帮助其完成学业，对特困大学生

以资助全额学费方式帮助其完成大学学业。

（五）基金管理者的产生方式、人员构成、主要职责、轮值年限

1. 基金管理者的产生方式：按捐款金额额度产生理事会成员，一般要求捐款 10 万元以上可享有被选为理事的资格。规定由农场商会会长兼任基金会理事长。

2. 人员构成：由 7 名理事成员组成理事会，农场商会会长兼任基金会理事长，古农农场主要领导和分管教育领导担任理事会顾问。

3. 主要职责：理事会会长管理基金会的事宜，召开理事会议和筹款事宜，奖教的项目运营；其他理事会成员协助会长开展工作，并监督基金会资金的正常运转。

4. 轮值年限：本基金会理事会每届任期 5 年，任期届满可以连选连任。

2013 年 10 月，为规范教育基金的运作和监管，增强社会各界捐款管理使用的公信力和透明度，经研究并报农场党委、场管委会批准，决定成立教育基金理事会。10 月 16 日，首届理事会经选举宣告成立。古农农场商会会长徐智心女士被推选为基金会首任理事长，理事会其他职位均由各社会人士兼任。2018 年，首届理事会成功完成任期任务，通过选举换届，产生了第二届基金会理事会，徐智心会长获得连任，首届理事会的大部分成员也继续连任第二届理事会相关职位。历届基金会理事会名单如表 4、表 5 所示。

表 4 第一届古农农场商会教育基金会理事会名单

基金会职位	人数	姓名	社会身份
理事长	1	徐智心	古农农场商会会长、长泰县鸿泰塑胶工业有限公司总经理
副理事长	2	吴湘江	古农农场商会常务副会长、福建天星陶瓷有限公司董事长
		陈立闽	古农农场商会副会长、福建立凯陶瓷有限公司董事长
理事	3	吴进艺	古农农场商会副会长、福建乐普陶板制造有限公司总经理

续表

基金会职位	人数	姓名	社会身份
理事	3	詹秋忆	古农农场商会副会长、福建神悦铸造有限公司董事长
		郑琪	山之灵生物科技有限公司总经理
顾问	3	杨英明	古农农场党委书记
		林玉彬	古农农场场长
		林建荣	古农农场宣传委员

表 5　第二届古农农场商会教育基金会理事会名单

基金会职位	人数	姓名
会长	1	徐智心
副会长	2	吴湘江、陈立闽
监事长	1	吴进艺
常委	2	詹秋忆、连阿端
会员	30	张玲等人

（六）基金活动的监管机制、防弊机制

1. 监管机制：由于基金会本金不足 200 万元，因此尚未按照国务院颁发的《基金会管理条例》向有关部门申请登记注册；基金会依附于古农农场商会，基金的流动由基金会的理事会成员进行监督；举办基金活动时，会有媒体进行报道宣传。

2. 防弊机制：基金会的各项奖教、奖学开支，均由古农农场商会内部的会计、出纳进行核算，并交由监管部门审核；在理事会会议、教师节学校奖教会议上公布财务状况，张贴于奖教学校的公告栏。

（七）基金会的社会贡献

长泰县古农农场商会教育基金会于 2013 年 9 月中旬开始筹资，2014 年 9 月 10 日隆重举办教育教学表彰大会，现场拿出 7.95 万元重奖在 2013/2014 年度教学中做出突出贡献的优秀教师。会上，共有陈清宝、张秀珠等

15名中小学、幼儿园教师获得此项奖励，获奖金额最高达1万元。据悉，2017年秋季基金会在奖教、奖学、助困等方面，已累计拿出奖助资金40余万元，创下长泰乡镇一级商会奖助资金之最。

2017年奖教支出为41.58万元（详情见表6、表7、表8），2018年奖教支出为48万元，可见奖教力度变大。

表6　古农农场商会教育基金会2017年奖教情况汇总

单位：元

学校	综合比奖励		书记奖励	校长奖励	新校长奖励
	排名	奖金			
农场中学	市第19名	100000	3000	3000	1500
中心小学	县第2名	40000	3000	3000	1500
幼儿园				3000	
合计		140000	6000	9000	3000

表7　古农农场商会教育基金会2017年奖励农场中学教师情况

单位：元

学科	单科奖励			先进奖励			
	教师	市排名	奖金	级别	人数	元/人	金额
语文	陈清宝	14	9500	市级先进	3	600	1800
	张春华		10000				
英语	吴银花	32	8000	县级考核优秀	6	600	3600
	张翠桃		10000				
历史	杨碧忠	20	9500	场级先进	14	600	8400
	张美桂		10000				
化学	张清花	19	10000				
	黄玉环		8000				
物理	李龙发	39	10000				
政治	杨金仐	26	10000				
地理	李龙威	14	9500				
	林建斌		10000				
小计			114500		23		13800

续表

节日慰问			
教职工	人数	元/人	金额
教师	48	600	28800
临聘人员	4	600	2400
退休人员	8	300	2400
小计	60		33600

表8 古农农场商会教育基金会2017年奖励小学、幼儿园教师情况

单位：元

单科奖励				先进奖励			
学科	教师	排名	奖金	级别	人数	元/人	金额
乒乓球	黄美珍	省三等奖	1200	市级考核优秀	9	600	5400
气排球	高俊洋	全国第一名	3000	场级先进	25	600	15000
片段教学	黄海梅	市二等奖	1000				
观摩课	王晓燕	县一等奖	1000				
小计			6200		34		20400

节日慰问			
教职工	人数	元/人	金额
在职教师	70	600	42000
本部代课	13	600	7800
幼儿园代课	16	600	9600
保安	5	600	3000
退休人员	32	300	9600
小计	136		72000

（八）基金会的影响

笔者通过面访基金会会长、与当地教师微信交流的方式，对基金会的影响做了些许分析。

1. 新闻报道

陈金、黄文义：《长泰县古农农场商会重奖"有为"教师》，漳州新闻

网，http://www.zznews.cn/ztxq/system/2014/09/17/010448125.shtml。9月10日，长泰县古农农场商会教育基金会隆重举办教育教学表彰大会，现场拿出7.95万元重奖在2013/2014年度教学中做出突出贡献的优秀教师。会上，共有陈清宝、张秀珠等15名中小学、幼儿园教师获得此项奖励，获奖金额最高达1万元。据悉，该商会2014年秋季在奖教奖学助困上，已累计拿出奖助资金20余万元，创下长泰乡镇一级商会奖助资金之最。

《长泰县古农农场召开庆祝第三十二个教师节》，漳州文明网，http://fjzz.wenming.cn/xqdt_7336/xqdt_ct/201609/t20160911_2819664.html。2016年9月7日下午，在第32个教师节即将到来之际，长泰县古农农场联合农场商会于农场中学会议室召开教师节庆祝表彰大会，现场向取得优秀教学成果的教师发放奖教金。据统计，古农农场今年发放各类奖教金22.18万元，教育基金会发放奖励金9.97万元，其中，9名优秀教师拿到9500～10000元不等的奖金，28名教师被授予场先进教育工作者的荣誉称号。

2. 官方文件

主要指漳州市教育局的统计数据文件，文件下发给农场中学，由农场中学在微信群通知喜讯。

中考喜讯：农场中学2017届中考再创佳绩！中考综合比全市排第19名，连续三年进入全市前25名（2015年市24名、2016年市23名、2017年市19名），连续三年中考综合比成绩居全县农村校第一名，2017年中考单科成绩创历史最高纪录，八个科目均进入全市前30名：语文：市14名；数学：市43名；英语：市27名；政治：市20名；历史：市17名；化学：市16名；地理：市11名；生物：市30名；物理：市30名。

值此中考喜获佳绩之际，衷心感谢教育主管部门、各级党委、政府、农场商会及社会各界人士和广大家长的大力支持和关心！

3. 教育局评价

长泰县教育局受访人员表示，古农农场商会设立教育基金会是在当地史无前例的，奖教项目的开展，为当地教育事业带来蓬勃向上的局面。

4. 基金会发起人评价

作为基金会的发起人和两届理事会会长，徐智心女士认为，奖教，比奖学更重要。如今义务教育普及，农村孩子能免费上中小学，且就近选择学校。这意味着教师队伍质量决定着该地区学生学习成绩的好坏，也从侧面反映当地教育事业的情况。她更希望能通过基金会的奖教项目来辅助当地教育事业的可持续发展，也希望能把商会的作用发挥到极致，带动古农农场企业家投身教育公益事业，同时有利于企业员工择业就业更加安心，改善外来务工人员子女的学习条件。

5. 当地受奖老师评价

小学老师一：我不太清楚基金会的内部运作，但基金会从2014年教师节开始就对农场中小学老师进行表彰奖励，我们都很感谢基金会会长（商会会长）徐智心，谢谢她长期支持农场的教育事业。

小学老师二：今年的奖励比往年提高很多，今年教师节普通老师奖励600元，场先进个人再奖励600元，而去年场先进个人是再奖励200元。最为重要的变化就是奖励措施也越来越合理，还增加了年级奖励。这就意味着低年级老师辛苦教学得到年级第一也可以有奖励了，这是之前没有的。这些措施的改革太接地气了，很感谢我们农场商会会长徐智心，她真是个心有他人的好人。基金会奖教提高了我们老师的工作积极性，也让我们对农场教育事业越来越有信心。

三 教育基金会对乡镇教育事业发展的现代意义

（一）奖教项目促进乡镇教师提升职业竞争力

以古农农场商会教育基金会为例，奖教项目是基金会长期坚持的方向。教师队伍是教育事业的建设者，肩负着教书育人的职责。然而我国城乡差异大，导致教师队伍的质量也出现分化。古农农场的中小学、幼儿园不是县重点学校，师资力量自然比县重点中小学弱，教学环境也比较差。古农农场以企业工厂众多而得名，绝大多数学生为外来务工人员的子女。面对素质参差不齐的学生，教师的责任重大，既要教学生学习课本知识，更要让学生了解做人做事的方式方法。

奖教项目的开展有利于提高教师队伍的工作积极性，促使教师进行自我完善，提高教学能力，也使教师提高对改善当地教育事业的职业直觉性，有利于教师队伍整体素质的提高，使当地教师拥有教育行业竞争的良性氛围。

（二）教育基金会促进捐资企业良性发展

当地企业家本是营利的主体，却愿意拿出资金帮助公益事业发展，这种看似矛盾的行为更加折射出现代企业的行业现象。为当地教育基金会捐资，有利无害，不仅有利于建设乐善好施的优良企业文化，还能提高企业市场竞争力，更能使企业的员工对企业增加好感和归属感。

（三）教育基金会促进社会和谐发展

该基金会由当地非政府人士发起，本着公益助学奖教的初衷，其目的是促进当地教育事业的良性发展。由商会会长提倡，鼓励说服企业家捐款，进而造福当地中小学教育，这有利于在当地营造崇尚教学的风气。学校也通过教育基金会的帮助，可以不单纯依赖政府的拨款，这样既减轻了政府的压力和缓和社会矛盾，又能改善师生的学习、科研和生活环境，拓宽学校的办学发展目标。

四 教育基金会的未来路在何方

（一）当地政府加强顶层设计，完善相关的法律法规

人的行动离不开思想的引导，教育基金会的发展与当地的教育事业息息相关。政府应创造一个有利于非营利组织以及基金会发展的良好法律环境，充分发挥非营利组织在公益教育事业中的作用，为公益事业保驾护航，为每位捐资者提供法律保障，也能使教育基金会能更上一层楼。在法律约束下，基金会能更加阳光公正地运行。基金会也要遵守法律法规，在法律

的庇护下，让公益事业传播更多正能量。

（二）加大资金筹资力度，扩宽筹资渠道

基金会筹集的资金是进行公益教育项目的源头，如何开源节流，如何最大化发挥其公益作用，这都是管理者需要考虑的。作为基金会的管理者，应积极主动多渠道筹资，从被动地、零星地接受捐赠转变为主动地、有计划地、系统地开展筹款工作，使筹款工作走向规范化、专业化、系统化。拓宽捐资渠道，借助现代新媒体进行宣传，可以快速提高基金会的知名度，吸引更多爱心人士参与捐资。

（三）合理制定并实施管理制度，使管理更加透明公正

教育基金会是非营利的公益组织，内部管理十分重要。注重内部建设，责任细化，使管理会成员各司其职，使非营利组织步入自我管理、自我制约和专业化运营的发展轨道。合理的管理部门安排，可以让基金会运作更加井井有条。

古农农场商会教育基金会是一个以奖教为主、基金会金额数量大、动息不动本的组织，但管理不够细致明确，因此需要改进的方面是合理制定并实施管理制度，促使基金会步入自我管理、自我制约和专业化运营的发展轨道。

（四）创新体制机制，使公益教育项目更人性化

古农农场商会教育基金会属于乡镇教育基金会，且与当地学校有千丝万缕的关系。从本质来看，属于当地新兴的小型教育基金会；大额捐款均为古农农场企业家，且相应成为基金会的成员，不难发现这都是乡镇当地利益共同体；基金会规模不大，与当地乡镇干部有较多关联；资金项目有侧重奖励对象，但有些项目不够全面具体。因此基金会可以适当创新资金项目，走进当地教师队伍和学生群体，了解其真正所需，并开展多样化的创新性教育项目，与时俱进，让公益教育项目人性化，实现其公益意义。

五 结语

经过系统的调研之后,我们发现,乡镇教育事业处在欣欣向荣的阶段,当地教育基金会本着提高当地教育水平的初衷,实施各类因地制宜的公益教育项目,使得乡镇教育事业更上一层楼。奖教项目,能让教师有更好的社会保障福利,更加热爱教育职业,也使当地学校能吸引更多优秀人才。教育基金会汇集群众的爱心,开展有意义的、因地制宜的公益教育项目,使基金能为社会谋福利,能为当地师生谋福利。在一定程度上,有利于"乐善好施"精神得到弘扬,有利于当地教育水平的提高,有利于当地教育水平和文化水平的提高,有利于构建社会主义和谐社会。但基金会规模小,管理机构人员分工不全面,资金项目少,捐赠范围存在地域局限,影响力仅限于当地乡镇,知名度不高,这些都将是基金会未来要解决的问题。

附录1 长泰县古农农场商会教育基金章程(试行)

第一章 总则

第一条 本基金会定名为"长泰县古农农场商会教育基金会",简称"教育基金会"。

第二条 本基金为永久基金,不动本只取息。

第三条 本基金属古农农场商会管理的,用于教育事业的专款专用基金,内设独立账户,其管理及一切活动严格遵循本章程,接受政府有关部门、基金会理事会及社会的监督、稽核。

第四条 本基金会的住所设在古农农场商会会所,即天星陶瓷办公楼四楼。

第二章 基金来源及用途

第五条 基金来源于热衷教育事业的企业家、政府工作人员及社会人士捐款。

第六条 基金增值部分用途:

1. 奖教：重点用于奖励贡献突出的优秀教师，扶助爱岗敬业的贫困教师；
2. 奖学：奖励优秀中小学生，资助表现优秀的特困学生；
3. 财务人员的工资及办公费用；
4. 经本会理事会批准的有关教育事业的其他项目。

第三章　组织机构

第七条　本基金会由七名理事成员（十万元捐款以上）组成理事会，农场商会会长兼任基金会理事长，古农农场主要领导和分管教育领导任顾问。

本基金会理事会每届任期五年，任期届满连选可以连任。

第四章　运营与监督

第八条　资金筹集遵循自愿原则，严格捐赠手续。同时做好表彰和鸣谢工作。

第九条　本基金会在运作过程中，坚持合法、安全、有效的原则，以保证基金本金的保值增值。

第十条　本基金增值部分的使用，需根据学校的预算方案，农场分管领导同意，经理事会批准后方可实施。

第十一条　本基金的筹集、使用、管理情况，每年由理事会作出年度报告，接受审计部门审计和监督，通过后向社会公布。

第五章　附则

第十二条　本章程经2014年1月3日理事会表决通过。

第十三条　本章程的解释权属于理事会。

长泰县古农农场商会
2014年1月3日

附录2　古农农场商会教育基金会关于奖教方案

根据农场党委奖教方案，结合教育基金实际情况，为提高教育教学质量，争创一流学校，根据章程有关奖教规定，经理事会研究决定，制定以下奖教办法：

一　小学毕业会考奖励办法

1. 综合评比居全县同类学校第一名，奖励 50000 元。

2. 综合评比居全县同类学校第二名，奖励 40000 元。

3. 综合评比居全县同类学校第三名，奖励 30000 元。

4. 学科评比居全县同类学校第一名，每位科任老师按 10000 元基数进行奖励。其中班级学科总评分最高的科任教师给予奖励 10000 元，同学科的其他班级科任教师的总评分与之相比较，每少 1 分奖励金减少 500 元。

二　中考奖励办法

1. 综合评比位列漳州市第 1－20 名，奖励 100000 元。

2. 综合评比位列漳州市第 21－40 名，奖励 80000 元。

3. 综合评比位列漳州市第 41－60 名，奖励 70000 元。

4. 综合评比居全县同类学校第一名，奖励 60000 元。

5. 综合评比居全县同类学校第二名，奖励 50000 元。

6. 综合评比居全县同类学校第三名，奖励 40000 元。

7. 学科评比名列漳州市第 1－40 名或全县同类学校第一名，每位科任教师按 10000 元基数进行奖励。其中班级学科总评分最高的科任教师给予奖励 10000 元，同学科的其他班级科任教师的总评分与之相比较，每少 1 分奖励金减少 500 元。

三　获得县、市级以上教学比武学科竞赛

市级一等奖，奖励 1200 元；市级二等奖，奖励 1000 元；县级一等奖，奖励 1000 元。

四　取得市、县同类评比名次，选其一进行奖励，不重复奖励。

本奖教方案从 2014 年 1 月 1 日起开始实施。

长泰县古农农场商会

2014 年 9 月 1 日

附录3　第一届管理者的名单

古农农场商会
关于成立"古农农场商会教育基金会"理事会的决定

各位会员，各位机关、企事业单位、社会团体、社会各界热心人士：

我们商会自2013年8月30日开始筹备"古农农场商会教育基金会"以来，已得到各位意向捐款104.7万元，实际到账82万元。成立"基金会"条件已经成熟。为规范教育基金的运作和监管，增强社会各界捐款管理使用的公信力和透明度，经研究并报农场党委、场管委会批准，决定成立教育基金理事会，名单如下：

一　理事长

徐智心　古农农场商会会长　长泰县鸿泰塑胶工业有限公司总经理

二　副理事长

吴湘江　古农农场商会常务副会长　福建天星陶瓷有限公司董事长
陈立闽　古农农场商会副会长　福建立凯陶瓷有限公司董事长

三　理事

吴进艺　古农农场商会副会长　福建乐普陶板制造有限公司总经理
詹秋忆　古农农场商会副会长　福建神悦铸造有限公司董事长
郑　琪　山之灵生物科技有限公司总经理

四　顾问

杨英明　古农农场党委书记
林玉彬　古农农场场长
林建荣　古农农场宣传委员

长泰县古农农场商会
2013年10月16日

二
学校教育公益基金

教育公益基金的最终目的是让学生和老师受益，无论是发给学生的奖学金、助学金，还是发给教师的奖教金，都必须通过其所在学校提供的学习、教学或生活情况来确定。在颁发奖助经费时，也往往需要学校提供典礼场地。不过，并非所有的教育公益基金都是学校教育公益基金。本部分两篇调查报告的叙述对象，均属某一所学校独有，其经费也大多是由毕业校友捐助。学长、学姐取得成功之后不忘母校，捐资帮助学弟、学妹，感怀师恩、情深棠棣的教育公益理念代代传承。

福建省永安市第一中学教育基金会调查报告

戴靖雯

一 引言

教育是一项基础性事业，它的发展关系到国家的每一个行业，其水平决定了社会的发展水平。发展教育事业意义重大，不仅关系全体国民的个人素质，而且也关系国家的前途和命运。教育基金会奖优助困，促进了教育事业和公益事业的发展。

2018年暑期的学科基础实习，笔者在系科研创新团队老师的指导下，围绕"福建民间教育公益基金调查"这一主题开展调研活动。在大致考察了家乡教育基金会的总体情况后，笔者选择以"永安市第一中学教育基金会"为调研对象，进行了走访调查，之后以永安一中教育基金会微信公众号及永安一中官网上的信息为补充，撰写了这份调研报告。

二 永安市第一中学教育基金会所处社会环境与成立

（一）基金会所处社会环境

永安市为福建省三明市下辖的一个县级市，位于闽中偏西，东邻大田县，西靠连城县、清流县，南连漳平市、龙岩市，北接明溪县、三元区，总面积2942平方千米，总人口约35万人。永安市第一中学，前身为"省立永安中学"，创办于1938年秋，1962年被确立为省首批47所重点中学之一，1992年通过省"二级达标"验收，2003年2月被评为省一级达标学校。近年来，该校先后被授予"国家级绿色学校"、省"五一劳动奖状"先进单位、"福建省素质教育先进单位"、省"中学创优集体"、国家"九五"规划教研课题"先进实验学校"、"三明市科技示范校"等荣誉称号。

学校有优良的办学传统，历任领导和师生员工同心同德，励精图治，取得了累累硕果。建校以来，永安一中共培养了4万余名高、初中毕业生，其中有世界著名电化专家、中科院院士、原厦门大学校长田昭武，著名半导体专家、中科院院士郑有炓，世界液膜创始人、美国工程院院士黎念之，长征五号火箭箭体结构副主任设计师、清华大学优秀毕业生戴政，曾出任多国大使的国际问题专家薛谋洪，正心谷创新资本董事长林利军，以及热心捐资助学的企业家雷彪、黄铁安、温建怀、潘孝贞、庄镕等一大批杰出校友。正因为学校培养了众多优秀人才，所以才为永安一中教育基金会的设立奠定了基础。

（二）基金会的成立

"永安市第一中学教育基金会"于2009年4月29日注册，登记管理机关是福建省民政局，业务主管单位是三明市教育局，原始基金数额为人民币200万元。这是由永安一中校友发起的三明市第一个正式注册的非公募教育基金会，共设立了"金砺奖""金燕奖""金翔奖""金鼎奖""金教奖"5个奖优助困项目。

永安市第一中学教育基金会的成立，得到了国内外广大校友、乡友真诚无私的捐助，同时也得到了各级政府、主管部门及相关单位的大力支持。2009年5月28日，永安一中教育基金会成立大会在永安市人民政府举行，三明市以及永安市的领导和来自北京、广州、福州、厦门等永安一中校友会负责人以及在永安的校友等众多嘉宾与在校老师、学生代表两百余人，共同见证了这一重要时刻。截至2018年8月20日，基金会已经募集资金680余万元，每年的投资收益用于"济困、助学、奖优、奖教"。它的成立，功在当代，利在千秋。

三 永安市第一中学教育基金会的经费来源及增值方式

（一）经费来源

早在2009年2月21日，永安一中就举行了教育基金会筹备会议。会议指出，本校校友黄铁安先生在20世纪90年代就已经捐助了10万元作为基金会的本金，而且每年都拿出1万元，用于奖励永安一中的优秀生。筹备会上，与会代表纷纷当场认捐，包括：黄铁安50万元，庄镕20万元，潘孝贞、温建怀20万元，姚云峰10万元，张邦才10万元。

基金会成立后，进一步开通了募捐账户及电话，并向社会发出募捐倡议书，进行广泛募捐宣传。消息传出后，北京、上海、广州、厦门、永安等地校友积极参加为家乡教育捐资助学的公益活动，为家乡的孩子献上一份爱心。永安在京人士联络会在2009年4月18日提前召开乡友大会，把永安一中教育基金会的募捐工作作为大会的主要内容之一，发动在北京的校友、乡友积极捐赠，共募集捐款234.54万元。

2010年至2016年，永安市第一中学教育基金会的收入主要包括捐赠收入、投资收入和其他收入，无服务收入和政府补助收入（见图1）。

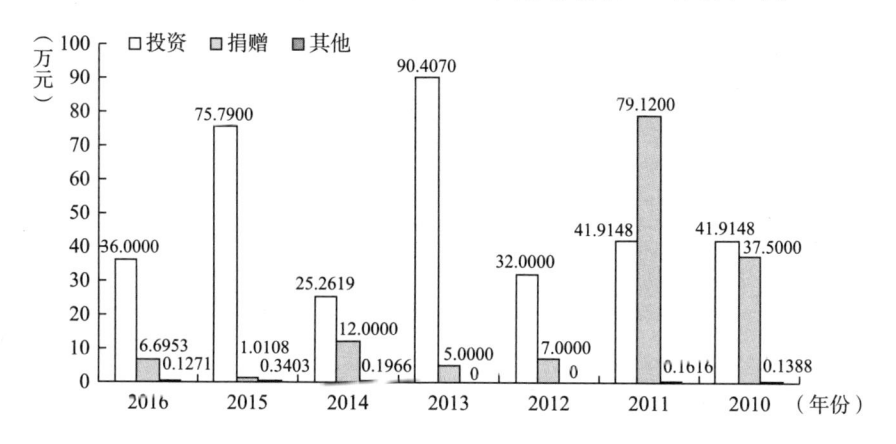

图1 永安一中教育基金会2010~2016年收入情况

资料来源：天眼查，https://m.tianyan cha.com/company/3088578360，最后访问时间：2019年4月。

由图1可知，2010年至2011年基金会的收入主要来源于投资和捐赠，并且2011年的捐赠收入远多于投资收入。2012年至2016年基金会的收入主要来源于投资，捐赠收入明显下降。

2018年正值永安一中80周年校庆，永安校友再次发起为母校捐款的活动。截至2018年11月27日，共收到了471笔捐款，共计1098余万元。其中较多的捐款主要有两项，一是2017年11月12日温建怀、潘孝贞捐赠的200万元奖教金；二是2018年1月25日雷彪捐赠的500万元，用于建造美钦楼。此外，雷彪还向永安市教育基金会捐款100万元。其余298万余元的校友捐款中，有130万余元是用于教育基金的，其余168万余元分别用于校庆活动、校舍修缮、教室装空调、教师衬衫、物理电学实验器材的更新与维修、图书馆购书等方面。兹谨列出2018年11月21日至23日之间为该基金会捐款的校友贤达捐款情况，以窥见该基金会接受校友捐资情况之一斑（见表1）。

表1　永安一中80周年校庆捐赠芳名榜（2018.11.21—2018.11.23）

姓名	捐款金额（元）	用途	捐款方式	届别	捐款时间
聂爱俏	200	教育基金	微信在线	1992	11月21日
游锟	200	教育基金	微信在线	2012	
潘自武	300	教育基金	微信在线	1983	
吴建勤	300	教育基金	微信在线		
李荣安	500	教育基金	微信在线	1983	
王成田	500	教育基金	微信在线	1983	
刘炯	666	教育基金	微信在线	1990	
孙学毅	1000	教育基金	微信在线		
郭少白	1000	教育基金	微信在线	1978	
俞绍才	2000	教室装空调	转账	1981	
邱小明	10000	物理电学实验器材更新与维修	微信在线	1986	
俞建荣	300	教育基金	微信在线		
邓顺桂	300	教室装空调	微信在线		
官秋群	300	教育基金	微信在线	1989届高三五班	

续表

姓名	捐款金额（元）	用途	捐款方式	届别	捐款时间
李万霞	500	教育基金	微信在线	1983	11月22日
黄有为	500	教育基金	微信在线	1983届1班	
张章生	500	教育基金	微信在线	1992	
冯学明	500	教育基金	微信在线		
郑华	500	教育基金	微信在线	1992	
罗上尧	501	教室装空调	微信在线	2000	
陈国翅	600	教育基金	微信在线	1983届1班	
郭奕明	1000	教育基金	微信在线	1992	
罗旌安	1000	教育基金	微信在线		
高三（5）班	7300	教室装空调	微信在线	1989	
吴长富	8000	教育基金	微信在线	1992	
初三（4）班	11300	教室装空调	微信在线	1986	
吴剑荣	188	教育基金	微信在线	1991	11月23日
王涛	300	教育基金	微信在线		
黄良裕	500	教育基金	微信在线	1992	
董殿亭	1000	教育基金	转账	1964	
林莉	2000	教育基金	微信在线	1992	
林坚				1998	
邱宏	3000	教育基金	微信在线	1989	
俞云辉	10000	教育基金	转账	1979	
苏文俊	10000	教育基金	微信在线	1989	
雷彪	1000000	教育基金	转账	1981	

资料来源：永安第一中学微信公众号。

从表1可以看出，从2018年11月21日至2018年11月23日的短短3天之中，永安市第一中学教育基金会共收到了35笔捐款，金额共计1076755元。其中，热心助学的企业家雷彪向基金会捐赠了100万元，占此3日内所有捐款总额的93%。在余下的76755元的捐款中，有45354元被直接存入教育基金账户，占余下总额的59%，其余捐款则分别被专项用于物理电学实验器材的更新与维修或为教室安装空调。捐赠者的年龄跨度较大，最长者为1964届校友，最幼者是2012届校友，时间跨越了48届。捐款者的捐款方式上,大多数校友采取了微信转账的形式完成捐赠,只有 4 名校友选择向基金会银行账户转账。

(二) 增值方式

永安一中教育基金会利用各种方式实现本金的增值,其中便包括向各种资金投资公司投资。其中,基金会主要以借贷分红的方式,将本金交付给永安市国投有限公司进行投资。从图 1 可以看出,永安市第一中学教育基金会仅 2010~2016 年的投资收入便已达到 340 多万元人民币。

基金会按照合法、安全、有效的原则实现基金的保值、增值,规定每年用于从事章程规定的公益事业支出,不得低于上一年基金余额的 8%;基金会工作人员工资福利和行政办公支出,不得超过当年总支出的 10%。不过,从后文可知,基金会并未向工作人员支付相应的工资、福利,每年的行政办公费用也都只占全部支出项目的极少比例。

四 永安市第一中学教育基金会的管理

(一) 理事会及其职能

永安一中教育基金会设理事会进行相应的管理工作,理事会由 5~25 名理事组成(见表2),理事每届任期为 5 年,任期届满,连选可以连任。对于理事的选举和罢免有以下规定:(1)第一届理事由业务主管单位、主要捐赠人、发起人分别提名并共同协商确定;(2)理事会换届改选时,由业务主管单位、理事会、主要捐赠人共同提名候选人并组织换届领导小组,组织全部候选人共同选举产生新一届理事;(3)罢免、增补理事应当经理事会表决通过,报业务主管单位审查同意;(4)理事的选举和罢免结果报登记管理机关备案;(5)具有近亲属关系的不能同时在理事会中任职。

根据《永安市第一中学教育基金会章程》,理事会是永安一中教育基金会的决策机构,其职权包括:(1)制定、修改章程;(2)选举、罢免理事长、副理事长、秘书长;(3)决定重大业务活动计划,包括资金的募集、管理和使用计划;(4)年度收支预算及决算审定;(5)制定内部管理制度;

（6）决定设立办事机构、分支机构、代表机构；（7）决定由秘书长提名的副秘书长和各机构主要负责人的聘任；（8）听取、审议秘书长的工作报告，检查秘书长的工作；（9）决定基金会的分立、合并或终止；（10）决定其他重大事项。

表2 永安一中教育基金会第二届理事会成员名单

届别	姓名	职务	简介
1980届	黄铁安	理事长	加拿大天柏浆纸公司北京办事处总经理
1980届	庄镕	常务副理事长	厦门金贸物流有限公司总经理
1989届	潘孝贞	常务副理事长	厦门金牌橱柜有限公司总经理
1997届	邓忠华	常务副理事长	永安宝华林实业发展有限公司总裁
1990届	王玉辉	常务副理事长	永安一中校长
1978届	沈华伟	副理事长	永安教师进修学校校长
1989届	黄建水	副理事长	广东百科律师事务所主任
1989届	姚云峰	副理事长	永安松峰贸易有限公司总经理
1990届	林利军	副理事长	汇添富基金管理公司总经理
1979届	杨真龙	副理事长	内蒙古乌拉特中旗博路能源有限公司董事长
1980届	吴华	副理事长	南非福建同乡总会常务理事
2008届	张琳	副理事长	闽光焦化有限公司总经理代表
1987届	张云峰	秘书长	永安一中副校长
1982届	卢正红	理事	广东华盈律师事务所主任
1986届	赖启胜	理事	商务部政策研究室处长
1986届	刘军	理事	厦门金熙实业有限公司总经理
1985届	鄢向阳	理事	意大利利雅路公司北京办事处经理
1987届	柯斌	理事	厦门鑫通福进出口有限公司总经理
1985届	刘柏先	理事	永安市川龙纺织有限公司董事长
1986届	冯维芳	理事	深圳市唯彩数码有限公司总经理
1998届	戴文林	理事	厦门睿创集团有限公司董事长
1989届	张云伟	理事	厦门康城工贸有限公司总经理
1986届	魏文春	理事	永安市新华百货有限公司董事长
1989届	邓传敬	理事	永安联丰典当有限公司总经理
1980届	赖德华	理事	永安三中高级教师

数据来源：永安一中教育基金会微信公众号。

从表2可以看出，永安市第一中学教育基金会的理事会主要由各商业公司的董事长、总经理组成，只有少部分理事为永安一中校长、副校长、同乡会理事及个别教师、律师或政府部门领导。

（二）监事会及其职能

永安一中基金会设监事会，包括监事长1人，监事2人（见表3）。监事会任期与理事会相同，期满可以连任。但理事、理事的近亲属和基金会财务人员不得任监事。监事的产生和罢免需要符合以下规定：（1）监事由主要捐赠人、业务主管单位分别选派；（2）登记管理机关根据工作需要选派；（3）监事的变更依照其产生程序。

监事的权利与义务包括：（1）依照章程规定的程序检查基金会财务和会计资料，监督理事会遵守法律和章程的情况；（2）列席理事会会议，有权向理事会提出质询和建议，并应当向登记管理机关、业务主管单位以及税务、会计主管部门反映情况；（3）应当遵守有关法律法规和基金会章程，忠实履行职责。

表3 永安一中教育基金会监事会监事名单

届别	姓名	职务	简介
1989届	温建怀	监事长	厦门金牌橱柜股份有限公司董事长
	詹文谦	监事	
	黄辉	监事	

数据来源：天眼查，https://m.tianyancha.com/company/3088578360，最后访问时间：2019年4月。

（三）永安一中教育基金会的监督机制

监事会是永安一中教育基金会监督机制中的重要一环。此外，基金会管理章程还规定，永安一中教育基金会开展公益资助项目，向社会公开所开展的公益资助项目种类以及申请、评审程序。捐赠人有权向本基金会查询捐赠财产的使用、管理情况，并提出意见和建议。对于捐赠人的查询，基金会及时如实答复。如基金会违反捐赠协议使用捐赠财产，捐赠人有权要求基金会遵守捐赠协议或者向人民法院申请撤销捐赠行为、解除捐赠协议。此外，基金会可以与受助人签订协议，约定资助方式、资助数额以及资金用途和使用方式，并有权对资助的使用情况进行监督。受助人未按协议约定使用资助或者有其他违反协议情形的，基金会有权解除资助协议。

永安一中教育基金会执行国家统一的会计制度，依法进行会计核算，建立健全内部会计监督制度，保证会计资料合法、真实、准确、完整，并接受税务、会计主管部门依法实施的税务监督和会计监督。同时，基金会配备具有专业资格的会计人员。会计不得兼出纳。会计人员调动工作或离职时，必须与接管人员办清交接手续。基金会每年1月1日至12月31日为业务及会计年度。每年3月31日前，理事会对下列事项进行审定：（1）上年度业务报告及经费收支决算；（2）本年度业务计划及经费收支预算；（3）财产清册。

永安一中教育基金会进行年检、换届、更换法定代表人以及清算时，会进行财务审计。按照《基金会管理条例》规定，接受登记管理机关组织的年度检查。并且在通过登记管理机关的年度检查后，将年度工作报告在登记管理机关指定的媒体上公布，接受社会公众的查询、监督。

五 永安市第一中学教育基金会的资助范围及其额度

（一）基金会的资助范围

依据《永安市第一中学教育基金会章程》，基金会所从事的教育公益活动主要有三类：（1）资助品学兼优且家庭经济困难的在校学生；（2）资助当年考上大学的品学兼优的贫困学生；（3）奖励在高考和各类学科竞赛中成绩特别突出的学生及其指导老师。

基金会共设立了"金砺奖""金燕奖""金翔奖""金鼎奖""金教奖"5个奖优助困项目。其中，"金砺奖"是奖励勤奋好学的贫困生；"金燕奖"是奖励高考中取得优异成绩的应届毕业生，文科、理科各取前10名；"金翔奖"是为择校生和高三补习生中的优秀学生设立的；"金鼎奖"是为在各类学科竞赛中成绩特别突出的学生设立的;"金教奖"是为在高考中取得优异成绩的班级教师和在全国中学生奥赛及青少年科技创新大赛获奖学生的指导教师设立的。此外,基金会还设立了中考优胜奖,奖励中考全市前20名的同学。

2010年设立了贫困生资助项目,从2010年新学年开始,每月对在校特困生提供资助。

2017年11月,两位1989届的优秀校友温建怀、潘孝贞以个人捐赠的方式,向永安一中教育基金会捐款200万元作为奖教金。奖教金由高考贡献奖、中考贡献奖和管理奖三个部分组成,分别奖励考上清华、北大的任课老师,高考本一上线数完成目标的班级任课老师,平行班本一上线数前3名的班级任课老师,高考平均分名列三明市前四名的学科老师等。

(二) 基金会的奖助学活动

奖学助困颁奖仪式,是对本年度品学兼优的贫困学生和在高考中成绩优异的学生及优秀教师进行颁奖(见表4)。

表4 永安一中教育基金会2009~2013年奖学助困颁奖情况

单位:万元

年份	总额	年份	总额
2009	11.40	2014	30.60
2010	27.10	2015	34.75
2011	27.00	2016	24.20
2012	30.70	2017	23.66
2013	37.00	2018	24.46

数据来源:同表3。

除每年度的奖学助困颁奖活动外,永安一中教育基金会的奖学活动还包括了中考优胜奖等几个项目。中考优胜奖是为奖励中考全市前20名的同学设立的,每人1000元(见表5)。

永安一中教育基金会的贫困生资助项目于2010年设立,每人每月给予300元的助学金,每学年以10个月计算,每人每年合计助学3000元。从

2010年到2017年，基金会已向200多名家庭经济困难的学生发放了大约70万元的助学金（见表6）。

表5　永安一中教育基金会2011~2017年奖学情况

单位：人，万元

年份	项目	人数	总额	备注
2011	中考优胜奖	20	2.00	
2012	中考优胜奖	20	2.00	
2013	中考优胜奖	20	2.00	
2014	中考优胜奖	23	2.30	
	优秀学生实践活动		4.77	
2016	中考优胜奖	22	2.20	
	组织优秀学生暑期参观活动		4.89	组织优秀学生暑期北京游学参观活动
2017	中考优胜奖	20	2.00	
	奖励优秀教师	54	4.80	首届卓越、功勋优秀教师表彰会
	优秀学生游学活动		4.59	组织优秀学生暑期山东游学活动
	机器人器材		5.34	购买二套机器人设备，用于学生参加青少年机器人比赛和平时训练

数据来源：同表3。

表6　永安一中教育基金会2010~2013年贫困生资助项目情况

单位：人，万元

年份	人数	总额	年份	人数	总额
2010	23	6.90	2014	30	9.00
2011	27	8.10	2015	30	9.00
2012	30	9.00	2016	31	9.30
2013	30	9.00	2017		9.15

数据来源：同表3。

2010年至2016年，永安一中教育基金会的支出主要为教育公益事业的支出和行政办公支出，没有向工作人员发放工资和年节福利。

从2010年至2016年，基金会的绝大部分支出都用于教育公益事业，行政办公支出只占总支出的 1% ~ 3.1%（见图 2）。

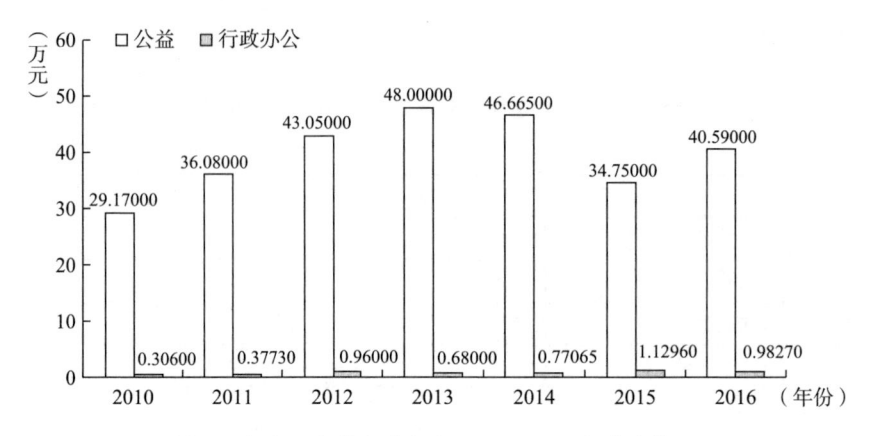

图 2　永安一中教育基金会 2010~2016 年支出情况

资料来源：同表 3。

六　永安市第一中学教育基金会的社会评价

社会各界对于永安市第一中学教育基金会的评价大多持赞赏和支持的态度，众多受助者都对此十分感恩，并正在通过自己的努力回报学校与社会。以下评价中，政府和基金管理人员的评价来自新闻稿，学生、受助者以及普通群众的评价则来自暑期里进行的走访调查。

在 2009 年 5 月 28 日举行的永安一中教育基金会成立大会上，时任三明市人民政府市长、现任福建省人大常委会秘书长的刘道崎表示："基金会的成立是非常有意义的，不仅在三明全市设立以中学为单位的教育基金工作中带了好头，而且有效帮助和支持了三明及永安市委市政府的教育工作，同时还为三明及永安实践科学发展观，构建和谐社会做出积极贡献。"

基金会理事长黄铁安在基金成立时表示："基金会的成立，只是万里长征走完第一步，这是一小步，也是一大步。争取在未来五年内，基金会在规模上和布局上有质的飞跃。"

接受笔者采访的多名永安一中学生表示："基金会的存在对于我们学生来说当然是一件非常好的事，一方面奖金鼓励同学们积极学习，学校里的学习氛围更好了；另一方面，基金会资助家庭贫困的学生，让他们有机会学习，这一部分学生学有所成后应该会更加心怀感激，去帮助其他有需要的人，所以我觉得这是一种爱的传递。"

曾经获得校基金会资助的同学表示："获得基金会的奖励是对我的努力的肯定，我感受到了一中校友对我们的关心和支持，这也将成为我继续努力求知的动力。希望我以后也能为母校和母校的学子尽一份力。"

普通群众认为，"一些成功的企业家作为一中的校友，为这个基金会捐了很多钱，用来资助贫困学生、奖励优秀学生，他们能饮水思源，回馈母校，支持母校的建设和发展，我觉得他们很有社会责任感。支持教育是一件非常重要和有意义的事"。

七 结语

"人心齐，泰山移！"尊师重教，捐资助学，是一项利在当代，功在千秋的善举，是一项崇高而伟大的事业，正因为有诸多热心校友的鼎力相助，永安一中教育基金会才能顺利成立并不断发展，为促进永安一中教育事业发展做出贡献。

永安一中教育基金会的成立使得永安的教育事业获得了社会各界人士更多的关注，社会各界人士以及更多的一中校友通过教育基金会这一平台表达了自己对教育事业的关注和支持。永安一中教育基金会为不断促进永安的教育事业向前发展持续贡献自己的力量。

附录　　　永安市第一中学教育基金会章程

第一章　总则

第一条　本基金会的名称是永安市第一中学教育基金会。

第二条　本基金会属于非公募基金会。

第三条　本基金会的宗旨：弘扬中华民族扶贫济困之传统，开展捐资助学活动，激励学生奋发向上，自强不息，促进我校教育事业的发展。

第四条　本基金会的原始基金数额为人民币贰佰万元，来源于历届校友和社会各界热心人士的捐助。

第五条　本基金会的登记管理机关是福建省民政局，业务主管单位是三明市教育局。

第六条　本基金会的住所永安市中山路919号。邮编：366000。

第二章　业务范围

第七条　本基金会公益活动的业务范围。

（一）资助品学兼优且家庭经济困难的在校学生；

（二）资助当年考上大学的品学兼优的贫困学生；

（三）奖励在高考和各类学科竞赛中成绩特别突出的学生。

第三章　组织机构、负责人

第八条　本基金会由5—25名理事组成理事会。

本基金会理事每届任期为5年，任期届满，连选可以连任。

第九条　理事的资格：

（一）拥护本基金会的章程；

（二）热心捐资助学活动；

（三）愿意为本基金会捐资。

第十条　理事的产生和罢免：

（一）第一届理事由业务主管单位、主要捐赠人、发起人分别提名并共同协商确定。

（二）理事会换届改选时，由业务主管单位、理事会、主要捐赠人共同提名候选人并组织换届领导小组，组织全部候选人共同选举产生新一届理事。

（三）罢免、增补理事应当经理事会表决通过，报业务主管单位审查同意。

（四）理事的选举和罢免结果报登记管理机关备案。

（五）具有近亲属关系的不能同时在理事会中任职。

第十一条　理事的权利和义务：

（一）参加本基金会的活动；

（二）有选举权和被选举权；

（三）有批评建议权和监督权；

（四）履行本基金会的各项义务。

第十二条 本基金会的决策机构是理事会。理事会行使下列职权：

（一）制定、修改章程；

（二）选举、罢免理事长、副理事长、秘书长；

（三）决定重大业务活动计划，包括资金的募集、管理和使用计划；

（四）年度收支预算及决算审定；

（五）制定内部管理制度；

（六）决定设立办事机构、分支机构、代表机构；

（七）决定由秘书长提名的副秘书长和各机构主要负责人的聘任；

（八）听取、审议秘书长的工作报告，检查秘书长的工作；

（九）决定基金会的分立、合并或终止；

（十）决定其他重大事项。

第十三条 理事会每年召开2次会议。理事会会议由理事长负责召集和主持。

有1/3理事提议，必须召开理事会会议。如理事长不能召集，提议理事可推选召集人。

召开理事会会议，理事长或召集人需提前5日通知全体理事、监事。

第十四条 理事会会议须有2/3以上理事出席方能召开；理事会决议须经出席理事过半数通过方为有效。

下列重要事项的决议，须经出席理事表决，2/3以上通过方为有效：

（一）章程的修改；

（二）选举或者罢免理事长、副理事长、秘书长；

（三）章程规定的重大募捐、投资活动；

（四）基金会的分立、合并。

第十五条 理事会会议应当制作会议记录。形成决议的，应当当场制作会议纪要，并由出席理事审阅、签名。理事会决议违反法律、法规或章程规定，致使基金会遭受损失的，参与决议的理事应承担责任。但经证明在表决时反对并记载于会议记录的，该理事可免除责任。

第十六条　本基金会设监事1名。监事任期与理事任期相同，期满可以连任。

第十七条　理事、理事的近亲属和基金会财会人员不得任监事。

第十八条　监事的产生和罢免：

（一）监事由主要捐赠人、业务主管单位分别选派；

（二）登记管理机关根据工作需要选派；

（三）监事的变更依照其产生程序。

第十九条　监事的权利和义务：

监事依照章程规定的程序检查基金会财务和会计资料，监督理事会遵守法律和章程的情况。

监事列席理事会会议，有权向理事会提出质询和建议，并应当向登记管理机关、业务主管单位以及税务、会计主管部门反映情况。

监事应当遵守有关法律法规和基金会章程，忠实履行职责。

第二十条　在本基金会领取报酬的理事不得超过理事总人数的1/3。监事和未在基金会担任专职工作的理事不得从基金会获取报酬。

第二十一条　本基金会理事遇有个人利益与基金会利益关联时，不得参与相关事宜的决策；基金会理事、监事及其近亲属不得与基金会有任何交易行为。

第二十二条　理事会设理事长、副理事长和秘书长，从理事中选举产生。

第二十三条　本基金会理事长、副理事长、秘书长必须符合以下条件：

（一）在本基金会业务领域内有较大影响；

（二）理事长、副理事长、秘书长最高任职年龄不超过70周岁，秘书长为专职；

（三）身体健康，能坚持正常工作；

（四）具有完全民事行为能力。

第二十四条　有下列情形之一的人员，不能担任本基金会的理事长、副理事长、秘书长：

（一）属于现职国家工作人员的；

（二）因犯罪被判处管制、拘役或者有期徒刑，刑期执行完毕之日起未逾5年的；

（三）因犯罪被判处剥夺政治权利正在执行期间或者曾经被判处剥夺政治权利的；

（四）曾在因违法被撤销登记的基金会担任理事长、副理事长或者秘书长，且对该基金会的违法行为负有个人责任，自该基金会被撤销之日起未逾5年的。

第二十五条 担任本基金会理事长、副理事长或者秘书长的香港居民、澳门居民、台湾居民以及外国人，每年在中国内地居留时间不得少于3个月。

第二十六条 本基金会的理事长、副理事长、秘书长每届任期5年，连任不超过两届。因特殊情况需超届连任的，须经理事会特殊程序表决通过，报业务主管单位审查并经登记管理机关批准同意后，方可任职。

第二十七条 本基金会理事长为基金会法定代表人。本基金会法定代表人不兼任其他组织的法定代表人。

本基金会法定代表人应当由中国内地居民担任。[本款适用于公募基金会和原始基金来自中国内地的非公募基金会。]

本基金会法定代表人在任期间，基金会发生违反《基金会管理条例》和本章程的行为，法定代表人应当承担相关责任。因法定代表人失职，导致基金会发生违法行为或基金会财产损失的，法定代表人应当承担个人责任。

第二十八条 本基金会理事长行使下列职权：

（一）召集和主持理事会会议；

（二）检查理事会决议的落实情况；

（三）代表基金会签署重要文件；

（四）提议聘任或解聘副秘书长以及财务负责人，由理事会决定；

（五）提议聘任或解聘各机构主要负责人，由理事会决定；

（六）决定各机构专职工作人员聘用；

（七）章程和理事会赋予的其他职权。

本基金会副理事长、秘书长在理事长领导下开展工作，秘书长行使下列职权：

（一）主持开展日常工作，组织实施理事会决议；

（二）组织实施基金会年度公益活动计划；

（三）拟订资金的筹集、管理和使用计划；

（四）拟订基金会的内部管理规章制度，报理事会审批；

（五）协调各机构开展工作。

第四章　财产的管理和使用

第二十九条　本基金会为非公募基金会，本基金会的收入来源于：

（一）校友捐助；

（二）社会热心人士捐助；

（三）投资收益。

第三十条　本基金会接受捐赠，应当遵守法律法规，符合章程规定的宗旨和公益活动的业务范围。

第三十一条　本基金会的财产及其他收入受法律保护，任何单位、个人不得侵占、私分、挪用。

第三十二条　本基金会根据章程规定的宗旨和公益活动的业务范围使用财产；捐赠协议明确了具体使用方式的捐赠，根据捐赠协议的约定使用。

接受捐赠的物资无法用于符合本基金会宗旨的用途时，基金会可以依法拍卖或者变卖，所得收入用于捐赠目的。

第三十三条　本基金会财产主要用于：

（一）资助品学兼优的在校贫困学生；

（二）资助品学兼优考上大学的贫困学生；

（三）奖励当年高考成绩特别突出的学生；

（四）奖励在学科竞赛中成绩特别优异的学生。

第三十四条　本基金会的重大募捐、投资活动是指：

（一）将基金以借贷分红的方式投资永安市国投有限公司；

（二）其他合法投资。

第三十五条 本基金会按照合法、安全、有效的原则实现基金的保值、增值。

第三十六条 本基金会每年用于从事章程规定的公益事业支出，不得低于上一年基金余额的8%。

本基金会工作人员工资福利和行政办公支出不超过当年总支出的10%。

第三十七条 本基金会开展公益资助项目，应当向社会公开所开展的公益资助项目种类以及申请、评审程序。

第三十八条 捐赠人有权向本基金会查询捐赠财产的使用、管理情况，并提出意见和建议。对于捐赠人的查询，基金会应当及时如实答复。

本基金会违反捐赠协议使用捐赠财产的，捐赠人有权要求基金会遵守捐赠协议或者向人民法院申请撤销捐赠行为、解除捐赠协议。

第三十九条 本基金会可以与受助人签订协议，约定资助方式、资助数额以及资金用途和使用方式。

本基金会有权对资助的使用情况进行监督。受助人未按协议约定使用资助或者有其他违反协议情形的，本基金会有权解除资助协议。

第四十条 本基金会应当执行国家统一的会计制度，依法进行会计核算、建立健全内部会计监督制度，保证会计资料合法、真实、准确、完整。

本基金会接受税务、会计主管部门依法实施的税务监督和会计监督。

第四十一条 本基金会配备具有专业资格的会计人员。会计不得兼出纳。会计人员调动工作或离职时，必须与接管人员办清交接手续。

第四十二条 本基金会每年1月1日至12月31日为业务及会计年度，每年3月31日前，理事会对下列事项进行审定：

（一）上年度业务报告及经费收支决算；

（二）本年度业务计划及经费收支预算；

（三）财产清册。

第四十三条 本基金会进行年检、换届、更换法定代表人以及清算，应当进行财务审计。

第四十四条 本基金会按照《基金会管理条例》规定接受登记管理机关组织的年度检查。

第四十五条　本基金会通过登记管理机关的年度检查后，将年度工作报告在登记管理机关指定的媒体上公布，接受社会公众的查询、监督。

第五章　终止和剩余财产处理

第四十六条　本基金会有以下情形之一，应当终止：

（一）完成章程规定的宗旨的；

（二）无法按照章程规定的宗旨继续从事公益活动的；

（三）基金会发生分立、合并的。

第四十七条　本基金会终止，应在理事会表决通过后15日内，报业务主管单位审查同意。经业务主管单位审查同意后15日内，向登记管理机关申请注销登记。

第四十八条　本基金会办理注销登记前，应当在登记管理机关、业务主管单位的指导下成立清算组织，完成清算工作。

本基金会应当自清算结束之日起15日内向登记管理机关办理注销登记；在清算期间不开展清算以外的活动。

第四十九条　本基金会注销后的剩余财产，应当在业务主管单位和登记管理机关的监督下，通过以下方式用于公益目的：

（一）捐赠给永安一中用于办学。

（二）无法按照上述方式处理的，由登记管理机关组织捐赠给与本基金会性质、宗旨相同的社会公益组织，并向社会公告。

第六章　章程修改

第五十条　本章程的修改，须经理事会表决通过后15日内，报业务主管单位审查同意。经业务主管单位审查同意后，报登记管理机关核准。

第七章　附则

第五十一条　本章程定于2009年3月21日由理事会表决通过。

第五十二条　本章程的解释权属于理事会。

第五十三条　本章程自登记管理机关核准之日起生效。

福建省仙游县第一中学教育基金调查报告

何丹丹

一 引言

在现代教育事业的发展中,教育公益基金所发挥的作用是不可忽视的。一方面它帮助了家庭经济困难的学生顺利入学,另一方面它还营造了尊师重教、"比学赶超"的良好氛围,在一定程度上优化了教师的执教环境与学生的学习环境。

2018年暑假期间,笔者在历史学系科研创新团队教师的指导下,围绕"福建民间教育公益基金调查"这一主题进行学科基础实习,并选择以笔者家乡所在地福建省莆田市仙游县第一中学的各类教育基金为调研对象。通过在仙游县第一中学官网、仙游县教育局官网、仙游县人民政府官网等相关网站查阅资料,并个案采访基金知情人及该校学生等调查方式,了解该基金的基本情况。本调研报告主要介绍了仙游县第一中学教育基金的概况、管理、助学方式及其社会评价,并在附录中摘抄了仙游县第一中学官网中的部分学校规章。

二 仙游县第一中学及其教育公益基金的构成

(一)基金所处社会环境

仙游县地处福建省东南沿海中部,紧挨秀屿港,县域东西宽49公里,南北长63.4公里。仙游县总人口约为116.4万,县域总面积1835平方公里,占莆田市的44%。仙游县辖1个街道、12个镇、5个乡,分别为:鲤城街道、鲤南镇、榜头镇、枫亭镇、郊尾镇、度尾镇、大济镇、龙华镇、赖店镇、盖尾镇、钟山镇、游洋镇、园庄镇、西苑乡、石苍乡、社硎乡、书峰乡、菜溪乡。①

仙游县第一中学现有初、高中85个教学班，其中初中36个，高中49个，学生人数达4366人；教职员工312人，其中特级教师4人，高级教师93人，省、市、县学科带头人和骨干教师50多人。②

学校校友众多，英才辈出，许多校友成为各界精英、国之栋梁。著名的科学家、将军、作家、企业家及党政领导人等校友2000多人，其中享受国务院政府特殊津贴专家200多人。

因为这些骄人的办学成绩，学校获得福建省一级达标中学、全国绿色学校、省优雅校园、省素质教育工作先进学校、省青少年科技教育示范学校、省普通高中新课程实验样本校、省现代教育技术实验学校、省海外华文教育基地、省语言文字规范化示范学校、全国防震减灾科普示范学校、省知识产权试点学校、省五一劳动奖状单位、省第十一、十二届文明学校等荣誉称号。③

（二）基金经费的大致构成

仙游县第一中学教育公益基金的经费来源较为多样。据仙游一中官网发布的2016年招生简章，学校设立的教育基金主要有：省十二届人大代表、莆田武夷房地产开发有限公司董事长林建平先生设立的教育基金，每年20万元；省十一届人大代表、厦门森宝集团董事长林庆麟先生设立的教育基金，每年20万元；北京仙游商会常务副会长、北京中友联盟石化有限公司董事长丁明先生设立的教育基金，每年7.5万元；驻北京仙游籍流动党员设立的助学金，每年7.5万元；1952届校友林新灯先生设立的"林新灯教育基金会"，每年5万元；1987届校友设立的10万元助学基金；莆田市金石

---

① 《仙游概况》，仙游县人民政府官网，http://www.xianyou.gov.cn/xygk/。
② 《仙游一中简介》，仙游第一中学官网，http://www.fjxyyz.com/ptyz_news_show-156.html，最后访问日期：2018年9月9日。
③ 同上。

山助学服务中心设立的助学金，每年 14 万元；云里风文学奖、综合奖，每年 3 万元。① 据此，2016 年，仙游县第一中学各类教育公益基金可用于奖教、奖学、助学的经费有 87 万元。

据了解，以上教育公益基金中，由仙游县第一中学的老校友、马来西亚华文作协主席陈春德先生原设的云里风文学奖和云里风综合奖，2016 年因陈先生年事已高，交由祖籍仙游县榜头镇的马来西亚"侨二代"吴明璋接棒，奖学金更名"云里风·明璋金石文学奖"，以继续激励支持母校的文学爱好者，促进校园文学交流和学校教育发展。② 莆田市金石山助学服务中心，乃 1978 级校友黄开平等 2010 年创设，以资助仙游县第一中学家庭经济困难且品学兼优的学生，勉励母校学子勤奋学习，提高综合素质。③

近年来，仙游县第一中学教育公益基金的规模不断扩大。据仙游县广播电视台的报道，在仙游一中 2018 年秋季开学典礼上，热心校友和爱心企业家、爱心企业现场为仙游一中捐赠了 390 万元的奖教奖学金。④ 其中，市人大代表、莆田川盛轮胎有限公司捐赠奖教奖学基金，每年 20 万元，5 年合计 100 万元；县人大代表、仙游一中校友林建华捐赠奖教奖学基金，每年 20 万元，5 年合计 100 万元，奖励优秀毕业生和优秀教师，此外，他在 2018 年林建华奖学奖教基金颁奖典礼现场表示，对今后仙游县第一中学考上清华、北大的学生，他还将额外奖励每人 5 万元，以激励学子们奋勇争先；省人大代表、三福古典家具有限公司董事长黄福华捐赠奖教奖学基金，每年 10 万元，5 年合计 50 万元；仙游一中的福州校友会会长、福州嘉凯电力工程有限公司总经理杨锋一次性捐赠 50 万元；中国人寿保险股份有限公司仙游县支公司捐赠奖教奖学基金，每年 10 万元，5 年合计 50 万元；省人大代表、福建万鑫金属制品有限公司董事长张维林一次性捐赠 20 万元；九

---

① 《2016 年招生简章》，仙游第一中学官网，http://www.fjxyyz.com/ptyz_news_show 534.html，最后访问日期：2018 年 9 月 9 日。
② 《莆田侨乡时报》，http://www.0594xyw.com/news-47798.html，最后访问日期：2018 年 12 月 12 日。
③ 陈国孟：《爱心助学》，福建侨报数字报刊平台，最后访问日期：2018 年 10 月 12 日。
④ 搜狐网教育频道转载仙游广播电视台文章，http://www.sohu.com/a/253422858_748372，最后访问日期：2018 年 10 月 12 日。

仙溪水电开发总公司一次性捐赠 20 万元。①

三　仙游县第一中学教育公益基金的管理

仙游县第一中学有多个由不同捐资主体设立的教育公益基金,其设立的初衷各不一致。总体来看,各项公益基金大都是定期支付捐资,因此学校似乎不需要承担基金的管理、增值职责,故而目前尚无统一的基金管理章程。笔者只能从仙游县一中的学校规章中了解基金管理的部分情况。

(一) 学校的行政机构

根据仙游县第一中学官网的信息,仙游县第一中学的行政机构设立校长 1 名,书记 1 名,副校长 5 名,副书记 1 名,校工会主席 1 名,校团委书记 1 名,设办公室、教务处、教研室、政教处、总务处和保卫处主任各 1 名等。② 每年根据需要召开针对学生和教师的表彰和奖励会议,由校内相关行政机构进行奖教、奖学和助学对象的评选和审核。如由校长召集主持的校务会议,校党委书记、副书记、副校长、纪委书记、校长办公室正副主任、政教处正副主任、教务处正副主任、教研室正副主任、总务处正副主任出席会议,工会、团委、女工委负责人列席会议。其中关于研究学生和教师工作的议题的会议,会对校级先进集体和先进个人名单进行审批,决定对学生和教职工的奖励等。③

(二) 学校规章中的相关内容

从仙游县第一中学官网的信息来看,在基金财务监管方面,学校实行校务、党务公开,接受物价、审计等政府部门的检查和监督,接受社会、

---

① 彭丽程:《开学第一天,仙游一中火了! 校长表示:不负社会各界对学校的厚望!》,《仙游今报》2018 年 9 月 7 日,http://www.sohu.com/a/252608829_250844。
② 《仙游一中行政机构》,http://www.fjxyyz.com/ptyz-news-show-163.html,最后访问日期:2018 年 9 月 9 日。
③ 《仙游一中学校管理制度汇编》,http://www.fjxyyz.com/ptyz_news_show-582.html,最后访问日期:2018 年 9 月 9 日。

家长、教职工、学生的监督，听取他们的意见，规范管理。

以校务公开制度为例，校务公开的内容包括：第一，上级单位及学校的表彰奖励、批评、通报；第二，"三好学生""优秀学生干部""先进班级集体"等评选结果；第三，为学生捐款帮困、慈善募捐以及上缴情况；第四，教职工的奖励办法。

在校务公开制度中，校长为实行校务公开、民主管理第一责任人。校务公开领导小组负责领导、组织、实施学校开展校务公开工作；校务公开工作小组要分工负责、具体实施校务公开的各项工作，校务公开监督小组负责对校务公开工作的监督，各处室公开材料在公布之前，须提交校务公开工作小组审核，确定公开的范围，且各项公开材料应一式三份，一份存于本处室、一份张贴在公开栏、一份交办公室存档。

除此之外，校务公开制度还规定：设置校务公开意见箱、校长信箱，收集教职工及学生家长、社会各界人士对学校教育教学工作、校园建设、师德师风建设等建议和意见，放在固定位置，由专人定时开启、收集、汇总；建立学校接待日制度和举报电话，由学校办公室负责，随时接待教工、家长的个人来访，倾听他们对学校工作的建议和意见，及时进行思想情感交流与沟通，解决他们的实际问题，并及时向校长反映汇报并在校务会上通报，做到对教职工、家长群众反映的事"事事有交代，件件有着落"①。

四　仙游县第一中学教育公益基金的奖助学活动

根据仙游县第一中学官网2017年底所发布的《仙游一中学校管理制度汇编》，仙游县第一中学教育基金主要用于助学、奖学和奖教三部分，以资助家庭经济困难的学生，奖励表现优秀的学生和教学成绩突出的教师。

奖教方面，各基金会的具体奖励标准目前尚不清楚。

助学和奖学方面，基金会有多种奖助标准，根据所奖励的类别不同而有所区分，比如期中（末）考试成绩优秀者，中考成绩优秀者，获县级以

---

① 《仙游一中学校管理制度汇编》，http://www.fjxyyz.com/ptyz_news_show-582.html，最后访问日期：2018年9月9日。

上表彰者，见义勇为者。总之，凡是表现优秀的学生，都有机会获得奖励；而家庭经济困难的学生则有机会获得助学金。

各基金会的奖教活动未见相关报道，部分助学、奖学活动情况如下。

2010年至2014年，莆田市金石山助学服务中心连续举办五届助学金颁发仪式，每年资助30名贫困学生，每人资助3000元。其资助对象为高一、高二、高三的贫困学子30名。除此之外，莆田市金石山助学服务中心为了帮助和激励更多勤奋好学的优秀学生，从2012年起，每年资助高考考入本一学校的贫困学子8名。这5年，莆田市金石山助学服务中心已累计发放助学金158万元，资助仙游县第一中学贫困学子166人次，为这些寒门学子圆梦助力。①

2017年9月18日，仙游县第一中学第21届"云里风·明璋金石文学奖"颁奖大会宣布，文学奖奖金由原来的每年3万元增加到5万元。本届获奖同学分高中、初中两组，每组设三等奖12名，二等奖10名，一等奖8名，特等奖1名。②

2018年，林建华先生奖励20名优秀毕业生，其中理科类优秀毕业生13名，文科类优秀毕业生5名，体艺类优秀毕业生2名。③ 同年8月21日，仙游一中举行颁奖仪式，厦门、福州校友会分别奖励考上清华大学的林晨丰1万元。④

除了这些专门针对仙游县一中设立的教育公益基金，仙游县一中的同学还能享受其他面向全市或全省颁发的奖学金。如2017年8月，许阿琼奖学委员会公布了2017年度获奖名单，莆田市共有105名品学兼优的应届毕业生因在高考中取得优异成绩而获奖励，其中仙游县第一中学有9名同学获奖。许阿琼奖学委员会创立于1986年，是面向莆田市学子发放奖学金的教

---

① 陈国孟：《爱心助学》，福建侨报数字报刊平台，最后访问日期：2018年10月12日。
② 彭丽程：《侨胞又给力啦！仙游一中这个奖项奖金由原来的每年3万增加到5万元！》，https://m.sohu.com/a/194105327_250844，最后访问日期：2018年10月12日。
③ 彭丽程：《颁奖！仙游一中一校友捐百万元激励学弟学妹！考仙游今报上清华北大者，另奖5万元！》，https://m.sohu.com/a/248831049_250844，最后访问日期：2018年9月9日。
④ 彭丽程：《激励学子考上清华北大！仙游一中2018考上清华的林晨丰同学，再获热心校友奖励！》，https://m.sohu.com/a/249920256_250844，最后访问日期：2018年10月12日。

育公益基金，也是莆田市第一家奖学机构。①

五 仙游县第一中学教育公益基金的社会评价

从笔者的访谈及历年相关网络资讯来看，社会各界对仙游县第一中学各类教育公益基金的评价大多持赞赏态度。

仙游县一中校长黄桂福表示，各界爱心人士的关心关怀，不仅给学校带来了物质上的帮助，也给师生的心灵带来了莫大的慰藉。他鼓励全体师生铁心拼搏，锐意进取，努力将学校的各项工作做得更好，不负社会各界对学校的厚望。②

受助者对帮助表示由衷的感激和深深的谢意，并纷纷表示会不忘初心，并以捐赠人为榜样，将这份回报母校的爱心传递下去，不辜负老师和家长的期望，努力学习，力争取得好成绩，为父母争光，为仙游县第一中学争光。

受访民众认为，基金的捐赠者们是助学的活雷锋，基金减轻了经济困难学生的压力，也增加了学生学习的动力。受访民众希望仙游县一中的同学们都能努力学习，热爱家乡。

六 结语

多年来，仙游县第一中学教育公益基金的捐资者们一直十分关注和支持学校的发展，热心关心学校学子的成长、成才。仙游县第一中学的各项教育公益基金通过奖教、奖学、助学活动，传递了人间温暖，赢得了社会好评，同时也进一步激发了教师、学生们的教学和学习热情，促进了"尊师重教""励志向学"的良好风尚的传承。

---

① 彭丽程：《个个名牌大学！仙游14名拔尖高中毕业生获许阿琼奖学金！》https://m.sohu.com/a/161510239_250844，最后访问日期：2018年9月9日。
② 彭丽程：《开学第一天，仙游一中火了！校长表示：不负社会各界对学校的厚望！》，https://m.sohu.com/a/252608829_250844，最后访问日期：2018年10月12日。

附录　　仙游一中学校管理制度汇编（节选）

五　奖励与处分

1. 对德、智、体、美等全面发展或在思想品德、学业成绩、体育锻炼及参加社会服务等方面表现突出的学生，学校给予表彰和奖励。

表彰和奖励的主要方面有：

（1）期中（末）考成绩；

（2）参加县级以上学科竞赛、运动会、艺术活动获奖的；

（3）参加社会综合活动、见义勇为等表现突出的行为。

表彰和奖励的经费来源主要有：

（1）学校公用经费；

（2）校友设立的各种奖学基金。

2. 对学生的表彰、奖励，按相应的规定及程序评定，并把学生的表彰情况真实完整地记入学校档案和学生本人档案。

二十六　校务公开制度

校务公开是学校的一项重要制度，是实行民主管理、民主监督的重大举措。为了更好地调动全体教职工的工作积极性，促进学校的稳定发展和教育现代化的深入实施，保证校务公开的质量，切实有效地发挥其应有的作用，特制定以下制度。

1. 指导思想

以"三个代表"重要思想为指导，认真贯彻落实党和国家关于推进民主政治建设、建设社会主义政治文明的精神，以科学机制为目标，实施校务公开工作。切实保障教职工知情建议权，协商共决权，检查监督权，创设良好育人环境，促进学校健康发展。

2. 校务公开工作职责

（1）校长为实行校务公开、民主管理第一责任人；工会要主动配合党政做好校务公开的具体组织协调工作；校务公开领导小组负责领导、组织、实施学校开展校务公开工作；校务公开工作小组要分工负责、具体实施校务公开的各项工作，校务公开监督小组负责对校务公开工作的监督。

（2）各处室公开材料在公布之前，须提交校务公开工作小组审核，确定公开的范围。

（3）各项公开材料应一式三份、一份存于本处室，一份张贴在公开栏、一份交办公室存档。

3. 校务公开原则

依法治校，民主公开；因地制宜，注重实效；突出重点，实事求是；周密健全，积极稳妥。

4. 校务公开内容

（1）学校的办学方向与发展目标的实施方案，近、远期发展规划。

（2）校长工作报告，学校办学思想，重大改革方案，师资队伍建设，教育教学质量。

（3）涉及教职工合法权益的有关改革意见、重要规章制度、奖罚条例。

（4）党风廉政建设执行情况。

（5）上级单位及学校的表彰奖励、批评、通报。

（6）财务收入、预决算情况，福利发放情况。

（7）学校基本建设，校园环境改造，校园建设资金使用情况。

（8）教职工工资晋升，职称评定，评优评先，教职工岗位工作职责，教育教学考核结果。

（9）教师职业道德规范，师德师风建设。

（10）教职工聘任实施方案、聘任结果及奖励办法。

（11）"三好学生""优秀学生干部""先进班级集体"等评选结果。

（12）学生的学杂费及其他收费项目标准的执行，为学生捐款帮困，学杂费减免情况，慈善募捐以及上缴情况。

（13）民主评议领导，党政干部廉洁自律情况，干部的选拔任用。

（14）各种财务收支情况。

（15）招生情况。

（16）学校认为需要公开的其他事项。

公开内容由工作小组拟定，由专人负责收集和整理材料进行公布。

5. 校务公开形式

（1）各类会议

①由学校工会负责、定期召开教代会。由校长向教代会报告学校工作计划、工作总结、重大决策、办学思路、改革方案等内容，提交教代会讨论审议，并向全体教职工传达教代会精神。

②在校务会或行政扩大会上，及时传达上级指示精神，通报主要工作，布置安排近期工作，学校管理情况。

③教职工大会。学习上级有关文件精神，公布有关学校改革成效、财务收支、内部情况，征求解答教工疑惑以及校务公开的情况。

④家长委员会和家长大会。宣讲国家政策法规，收费项目、标准，学校发展方向和教育教学质量，学校取得的成绩及面临的困难，学生校内外教育配合协助的要求。

⑤党员大会。加强政治理论的学习，通报学校教育教学情况，党员干部民主评议结果，公布党内事务。

（2）对内对外公告栏

在校园相对集中、显要位置，设置校务公开栏。主要公开学校工作目标、任务和学校重大事项，最新工作动态，收费项目标准，学校财务收支情况，教师职业道德规范，师德师风建设以及面向全体、适应大众的有关事项。通过设置室外公开栏、家长会、师生会、广播、宣传品等渠道。

（3）教职工、学生家长来信来访

①设置校务公开意见箱、校长信箱，收集教职工及学生家长、社会各界人士对学校教育教学工作、校园建设、师德师风建设等建议和意见，放在固定位置，由专人定时开启、收集、汇总。

②建立学校接待日制度和举报电话。由学校办公室负责，随时接待教工、家长的个人来访，倾听他们对学校工作的建议和意见，及时进行思想情感交流与沟通，解决他们的实际问题，并及时向校长反映汇报并在校务会上通报，做到对教职工、家长群众反映的事"事事有交代，件件有着落"。

6. 校务公开的检查要求和监督机制

（1）有关"校务公开"制度和工作机制运转正常，真实可信。

（2）学校领导班子以人为本，依法治校，讲究公开及时和规范，党政领导无违反有关民主管理、民主监督方面的上访或信访。

（3）广大教职工的积极性和创造性得到进一步发挥，有良好校风、师风、教风，促进了学校教育工作。

（4）教职工合法权益得到保障，及时处理群众对公开工作的内容和形式提出的意见，做好调查、处理和反馈工作。

（5）定期征求教职工、家长和学生对学校校务公开工作的意见。

（6）学校党委纪律检查委员会要发挥重要作用。

（7）接受上级有关部门对校务公开工作的检查与督导。接受党组织的监督，接受教职工以及教代会和工会的民主监督，接受社会监督。

三 华侨教育公益基金

福建是我国海外华人华侨人数仅次于广东的省份，其中尤以闽南和闽东地区为多。华人华侨虽然在海外生活、创业，但却一直心系家乡、感念桑梓。在历尽艰辛创业成功后，不忘捐资支持家乡教育，关爱家乡人才成长。他们对家乡的无私大爱，也感染了子女、亲朋，使得他们捐设的教育公益基金会不断发展壮大，薪火相传，福泽无穷。

福建省泉州市民间教育公益基金调查报告

蔡雅琪　蔡少婷

一　引言

　　泉州是著名的侨乡和台湾同胞主要祖籍地，华侨的数量众多。这些华侨大多是早期到东南亚、东亚、欧美国家从事贸易的商人、"契约劳工"、移民等的后裔。泉州经济的发展，一定程度上也得益于数量众多的华侨和海外同胞。他们不仅支持了泉州的经济建设，而且设立了一些教育公益基金，为泉州教育事业的发展贡献力量。

　　2018年暑期学科基础实习，我们结成调查小组，将调研对象确定为晋江市侨声中学和南安市水头镇商会的教育基金。它们都属于非公募性基金会。我们通过实地调查，访问身边的公益基金受益者，搜集网络资料，进行归纳整理，完成了本篇调研报告。

二　晋江市侨声中学教育发展基金会

（一）晋江市侨声中学教育发展基金会概况

　　晋江市侨声中学位于中国伞都——"仁和故里"晋江市东石镇区北端，北临岱峰南天古刹，东邻文化圣地古檗山庄，西接东石古寨龙江吟社，南与金门岛隔海相望。原址是被称为"乞丐营将军地"的郑成功水师营地的古榕村。1954年由马来西亚"太平仁和公所"及东石侨联酝酿倡办，各地侨亲及东石群众合力兴建，1956年秋建成招生。现占地206亩，建筑面积7.98万平方米，在校师生近3800人，是福建省一级达标中学、省文明学校。学校秉承"仁和、成功"校魂和"勤、诚、礼、爱"校训精神,贯彻"以人为本,和谐自主,全面发展"办学理念,致力于建设"质量高、个性扬、特色明"可持续发展的闽南侨乡名校乃至福建省知名的优质农村完全中学。[1]

近年来,学校坚持现代教养"十个一"(即一颗爱国爱校心、一身文明气度、一股合作精神、一口流利普通话、一手规范好字、一门突出学科、一个外语工具、一副健康身心、一种艺术爱好、一项技术能力)和"珍爱生命,学会做人,自主学习,终身发展"的育人理念,以培养"懂得感恩,有国际视野和现代教养的合格公民"为己任,培育出了5万多名合格人才。

晋江市侨声中学教育发展基金会正式成立于2008年。此前,侨声中学已有多个教育公益基金。侨声中学教育发展基金会成立后,此前捐设多个奖教、奖学、助学教育基金均被纳入其中。基金会的建设宗旨是遵纪守法,接受自愿捐赠,为振兴侨声中学教育事业、培养人才贡献力量。该基金会扶持家庭经济困难的学生入学,资助特困教师,奖励优秀教师、教育工作者、优秀学生,参与改善学校办学条件。每年除了高考奖,还有会考奖、中考奖、教师荣誉奖、教师科研奖等诸多奖教、奖学奖项。考入清华、北大的侨声学子,每生将被奖励30万元;高考总分位居全市前列或考入十大名校的,也给予重奖。侨声中学教育发展基金会除包含多个奖教奖学基金外,还包括2006年成立的蔡石码蔡芙蓉伉俪助学基金会,即2016年成立的福建嘉耀外来工子女助学基金会的前身。2015年成立了蔡长谈家族助学基金会,蔡长谈家族多年来一直关心东石镇教育事业,截至2017年底,已累计在东石镇发放助学资金总额超200万元,资助的贫困学子1300多人次。

至2019年4月,侨声中学教育发展基金会包含的基金已增加到20个,其中2016年成立的福建嘉耀外来工子女助学基金会的前身是2006年成立的蔡石码蔡芙蓉伉俪助学基金会。详见表1。

---

[1] 《福建省晋江市侨声中学简介》,晋江市侨声中学官网,http://www.qszx.org/Company.aspx?m=0,访问日期:2019年5月11日。

表 1 侨声中学基金会所含教育基金一览

基金会名称	成立时间（年）	用途
黄种乾家族教育基金	1996	奖教奖学
黄呈辉家族教育基金	2006	奖教奖学
黄书镇家族教育基金	2006	奖教奖学
许书藏家族教育基金	2006	奖教奖学
蔡良平蔡月明伉俪教育基金	2006	奖教奖学
吴传劳家族教育基金	2006	奖教奖学
蔡文初家族教育基金	2006	奖教奖学
蔡尤转家族教育基金	2006	奖教奖学
黄文集陈解忧伉俪教育基金	2009	奖教奖学
香港校友会教育基金	不详	奖教奖学
蔡长谈家族助学基金	2015	助学
旅非土书侯施珊娜伉俪教育基金	2016	奖教奖学
张百苏家族教育基金	2016	奖教奖学
蔡长质家族教育基金	2016	奖教奖学
蔡龙眼家族教育基金	2016	奖教奖学
福建嘉耀外来工子女助学基金	2016	助学
孙良忍家族教育基金	2016	奖教奖学
王有志家族教育基金	2016	不详
许书彬家族教育基金	2016	奖教奖学
陈金暖许小清伉俪教育基金	2016	奖教奖学

从表 1 可以看出，晋江市侨声中学教育发展基金会所包含的 20 个教育公益基金，大多均为奖教、奖学而设，其捐助者则多为原籍为泉州晋江的华人华侨。他们怀揣着爱国爱乡的拳拳之心，为发展家乡教育事业，帮助培养一代又一代的晋江杰出人才，踊跃捐资，慷慨解囊。

为了让侨声中学的同学时刻铭记华人华侨的拳拳爱国之心和诚挚的爱乡情怀，侨声中学还上报福建省人民政府、泉州市人民政府，并以政府的名义，在校园内各处竖立石碑，题写碑记，叙述和讴歌华人华侨对家乡教育的无私奉献，表达家乡学子对捐赠人的无比感激。如 2006 年 8 月黄呈辉先生捐资为侨声中学设立黄呈辉家族教育基金，泉州市人民政府为其立碑：

"黄呈辉先生，泉籍旅居菲律宾侨胞。先生身居海外，心系故里，不吝解囊兴办公益事业。造福于国家社会。为彰显其功德，垂范后世，谨勒石以志之。"同年9月福建省人民政府为其立碑："黄呈辉先生，祖籍晋江，旅居菲律宾，情系桑梓，慷慨捐资兴办公益事业。为颂扬功德，特立此碑。"2006年8月许健康先生捐资设立教育基金，泉州市人民政府为其立碑："许健康先生，泉籍旅居澳门同胞。先生身居海外，心系故里，不吝解囊兴办公益事业。造福于国家社会。为彰显其功德，垂范后世，谨勒石以志之。"同年9月福建省人民政府为其立碑："许健康先生，祖籍晋江，旅居澳门，情系桑梓，慷慨捐资兴办公益事业。为颂扬功德，特立此碑。"

（二）晋江市侨声中学教育发展基金会年度财务情况

据报道，早在2010年以前，侨声中学已接受各界人士的捐款将近6000万元，截至2017年，基金会每年的收入已有近1700万元人民币。表2、表3为根据"企查查"提供的数据所制成的侨声中学教育发展基金会2010~2016年的财务状况，以便明了基金会相关年份的收入与支出情形。

1. 晋江市侨声中学教育发展基金会2010~2016年的财政收入情况

晋江市侨声中学教育发展基金会2010~2016年的年度总收入主要由捐赠收入和其他收入构成（见表2）。

表2 侨声中学教育发展基金会2010~2016年收入情况

单位：元

年份	净资产	收入		
		年度总收入	捐赠总收入	其他收入
2010	157191.47	4818730.47	4812812.08	5918.39
2011	479215.72	2937697.37	2921449.33	16248.04
2012	4837533.80	9558779.98	9528015.57	30764.41
2013	10938382.59	15532999.79	15354626.52	178373.27
2014	13997467.00	7976736.04	7095698.29	881046.75
2015				
2016	14162252.18	62721690.00	62326823.42	394866.58

续表

年份	净资产	收入		
		年度总收入	捐赠总收入	其他收入
合计	44572042.76	103546633.65	102039425.21	1507217.44
年平均	7428673.79	17257772.28	17006570.87	251202.91

数据来源：企查查。

由表2可以看出，从2010年到2016年，晋江市侨声中学教育发展基金会的收入较为稳定，每年都超过了200万元，7年总收入超过1亿元，平均收入达到1700万余元。其收入来源主要为捐赠收入，其他类型收入所占比例较小，2010年甚至只有5000多元来自其他途径的收入。

2. 晋江市侨声中学教育发展基金2010~2016年支出情况

晋江市侨声中学教育发展基金会2010~2016年的年度总支出主要由公益事业支出、行政办公支出和其他支出组成（见表3）。

表3　侨声中学教育发展基金会2010~2016年支出情况

单位：元

年份	支出			
	年度总支出	公益事业支出	行政办公支出	其他支出
2010	7344147.00	7344147.00	0	0
2011	2606573.12	2581028.12	25545.00	0
2012	5198584.40	5150154.40	48430.00	0
2013	8867380.33	6574181.37	68896.00	2224302.96
2014	7139524.78	6467009.20	540450.67	132064.91
2015				
2016	60714227.83	60465558.01	247279.42	1390.40
合计	91870437.46	88582078.10	930601.09	2357758.27
年平均	15311739.58	14763679.68	155100.18	392959.71

数据来源：企查查。

从表3可以看出，2010年至2016年，晋江市侨声中学教育发展基金会支出的所有钱款中，数额最大的是公益事业支出，也就是用于奖学、奖教和助学的经费，平均每年为1476万余元。相对来说，基金会的行政办公支出很少，每年平均为 15 万元左右，2010 年的行政办公支出甚至只有 0 元。从表 3 我们还可以看出，该基金会年度总支出、行政办公支出和其他支出均精确到小数点后两位，即精确到每一分钱，这体现了基金会管理者对财务工作的耐心、细致，体现出管理者对捐赠善款的尊重和谨慎。

值得注意的是，不管是表 2 所体现的基金会收入情况，还是表 3 所体现的基金会支出情况，2016 年的相关收入和支出尤其是捐赠收入和公益事业支出都远高于其他年份。这是因为 2016 年为侨声中学的 60 周年华诞，海内外学子兴高采烈、情绪高涨，捐赠更多。该年侨声中学还新增了 9 个基金会，除此之外还有众多同学会的捐资助力校庆。如：初中 1979 届同学会捐资 5 万元，助建学生宿舍 1 间，捐资 1 万元给侨声中学退休教师协会；初中 1976 届即高中 1978 届同学会捐资 10 万元，助建教室 1 间；初中 1991 届 3 班同学会出资 10 万元，助建教室 1 间；高中 1981 届粤港澳同学会出资 10 万元，助建教室 1 间；等等。

3. 晋江市侨声中学教育发展基金会 2010～2017 年公益事业支出情况

晋江市侨声中学教育发展基金会 2010～2017 年的公益事业支出主要由奖教奖学支出、助学支出和学校建设支出组成。详见表 4。

表 4　侨声中学教育发展基金会 2010～2017 年公益事业支出情况

单位：万元

年份	奖教奖学支出	助学支出	学校建设支出
2010	70.27	18.87	不详
2011	73.68	33.45	不详
2012	75.62	不详	16.00
2013	77.51	21.20	32.00
2014	不详	28.40	不详
2015	56.01	不详	不详
2016	91.20	14.25	55.19
2017	135.30	29.50	75.26

注：由作者根据侨声中学官博、企查查、天眼查等相关数据统计整理。

从表 4 可以看出，近 8 年以来，侨声中学教育发展基金会在教育公益方面的支出里面,经费最大的支出项目是奖教奖学支出,每年均超过了50%。值得指出的是,除了向学校师生发放奖学、奖教、助学经费,各华人华侨教育基金还为学校捐建了多处教育设施。如吴传劳家族教育基金为侨声中学捐赠了仁和广场,陈明金家族教育基金为学校捐建了怀情楼。

(三) 晋江市侨声中学教育发展基金会的颁奖活动

侨声中学教育发展基金会是由20个各自独立的教育基金共同组成的,但并非每一个基金每一年都单独举行颁奖仪式。除少数助学基金外,奖学、奖教经费都由校方统一以侨声中学教育发展基金会颁奖大会的名义颁发。2008年,颁发奖教奖学金等45.43万元;2009年颁发奖教奖学金等93.43万元,投入学校建设资金194.04万元。现将2010~2017年奖学奖教和2010~2019年助学活动情形统计如下。

1. 晋江市侨声中学教育发展基金会的奖学活动

晋江市侨声中学教育发展基金会的奖学活动主要对本校初中优秀毕业生及外校初中优秀毕业生升学本校高中部进行奖励。其中三科总分居原毕业学校前5名的学生每生加奖1万元,三科总分居原毕业学校前6~10名的学生每生奖励0.8万元。2010~2017年,侨声中学教育发展基金会共向344名优秀学子颁发了181.6万元奖学金,平均每人次获得约5279元奖学金。详见表5。

表5 侨声中学教育发展基金会2010~2017年奖学情况

年份	人次	金额(万元)
2010	61	21.3
2011	59	26.2
2012	19	8.3
2013	36	15.4
2014	36	16.9
2015	35	17.5
2016	44	33.4
2017	54	42.6
合计	344	181.6

2. 晋江市侨声中学教育发展基金会的助学活动

晋江市侨声中学教育发展基金会的助学活动,其具体资助操作程序为:每年秋季由学校党支部及高中部政教处联合组织对贫困生进行调查摸底,初步确定贫困生名单后,报助学基金执行人初审,然后安排专人对贫困生进行家访,确定贫困生的贫困情况,分成两等次给予补助。第一等每人发给助学金2500元,第二等每人发给1500元。2010~2019年,侨声中学教育发展基金会共向723人次发放了大约160万元的助学金。详见表6。

表6 侨声中学教育发展基金会2010~2019年助学情况

年份	具体时间	人次	金额(万元)
2010~2011	不详	87	17.95
2011~2012	不详	72	15.50
2012~2013	不详	96	21.20
2013~2014	1月5日	85	19.40
2014~2015	2月1日	66	17.50
2015~2016	1月17日	59	14.25
2016~2017	1月2日	135	29.50
2017~2018	12月23日	61	不详
2018~2019	3月15日	62	12.40

3. 晋江市侨声中学教育发展基金会奖教活动

晋江市侨声中学教育发展基金会的奖教活动主要是对担任侨声中学中考、高考、会考班级班主任及任课教师以及指导学生参加竞赛等方面取得优秀成绩者进行奖励。2010~2017年,侨声中学教育发展基金会共向1606人次教师发放了486.93万元的奖教金,平均每年奖励201人,平均每人约奖励3000元。详见表7。

表7 侨声中学教育发展基金会2010~2017年助学情况

年份	具体时间	人次	金额(万元)
2010	不详	322	49.42
2011	不详	133	47.48

续表

年份	具体时间	人次	金额（万元）
2012	10月27日	236	67.32
2013	10月19日	173	62.11
2014	不详	216	54.63
2015	10月17日	132	56.00
2016	不详	103	57.80
2017	10月18日	291	92.17
合计		1606	486.93

4. 晋江市侨声中学教育发展基金会其他活动

晋江市侨声中学教育发展基金会除了基本的奖学、助学、奖教活动外，还根据学校的发展需求，支持参与学校建设，并根据具体情况进行助教活动。如学校原有三幢教学楼为砖混结构，不符合抗震要求，2013年，经学校研究决定拆除重建，因教室紧张，需建设临时彩板教室13间，费用共计32万元。2014年，慰问病困教师1人次，支出5000元。2016年，对晋江市侨声中学在征地过程中遇到的征地困难户等进行资金扶助，支出55.19万元。根据以上不完全数据统计，至2017年底，侨声中学共收到教育公益捐款近9000万元，支出7000余万元。如此大量的捐赠，显然给予了侨声中学强有力的经费支持和精神鼓励。

（四）积极评价

近年来，侨声中学教育发展基金会迅速壮大，受到学校管理层和普通师生的积极评价。

侨声中学校董会执行董事长黄文集表示，除了中高考奖励外，教育发展基金还将全力支持学校师资队伍建设、硬件建设、对外交流合作、教师科研、竞赛等。他承诺："校董会、校友总会将全力支持学校发展，奖励只是一种鼓舞，更希望全体老师悉心培育英才，树好侨声品牌。"

侨声中学校长王海墘相信，重赏之下必有勇士，重赏激励士气。这种重赏不仅是奖励尖子生，更有对学校全面发展的扶持。就拿功能教室建设来说，在校董会、校友总会的支持下，学校投入近300万元，新建成了物理奥赛实验室、机器人工作室、3D 打印室等 20 多个功能教室，有力地推动了学生创新教育的开展。

侨声中学高中教师吴顺平说："我们高三教师都有一个高考奖励，也有一些其他的学科奖励，比如指导学生或者是个人参赛获奖，申请课题搞研究等也都有奖励，这极大地鼓舞了我们教师的士气。"

高三年级的陈同学全面了解学校的奖助政策后颇为振奋。他是一名"新晋江人"，刻苦努力，成绩优异。陈同学说："我家经济条件不好，这几年学校的助学金给了我很大的帮助，让我能无忧地学习。我希望在高考中取得理想成绩，为母校争光。"

三　南安市水头镇商会教育公益活动

南安市水头镇商会成立于 1993 年，首届商会会长为郑清琦先生，第二届会长为王金转先生。2015 年 3 月，黄明经先生当选为第三届商会会长。至 2018 年 12 月 12 日，水头镇商会已拥有 238 家会员单位，涉及房地产、金融、建筑、装饰、石材、五金和广告多种行业，并积极参与公益、慈善及文体事业。

教育公益活动是南安市水头镇商会从事的重要项目。商会于 2015 年 3 月 4 日向水头镇教育发展基金捐赠 100 万元，会长黄明经个人捐赠 50 万元。次年黄会长又捐赠 30 万元建南星中学大门。

水头镇商会用于慈善公益的资金主要来源于商会会员和理事自行捐款，以及水头镇各村落村民的捐赠。水头镇商会的教育公益主要是对水头镇各中小学的贫困生和表现优异的学生和教师给予金钱上的资助和奖励，金额几百至上千元不等，如"大学生培优计划"和"扶持品学兼优贫困生行动"；此外，水头镇商会也实施其他形式的教育资助，如支持南星中学复评一级达标中学。

（一）大学生培优计划

为培养青年学生争先创优、积极进取的精神，以及发挥榜样的引领作用，营造水头镇积极向上的氛围。水头镇商会在2017年年会上制订了"大学生培优计划"，决定自2018年起，向水头镇考进全国20强大学及厦门大学的应届大学优秀新生奖励5000元。该计划旨在激励水头镇的学生努力学习，帮助更多的学生成长成才。

水头镇区域以水头镇商会划分的9个片区为主，包括：蟠龙片（下店、龙风）、仁福片（康店、劳光、仁福、曾庄）、五里桥片（巷内、埕边、水头居委会、水头村、星安社区）、奎峰片（山前、后房、江崎、时代新城、世纪新城）、朴里片（朴一、朴二、朴三）、成功片（西锦、南侨、肖厝）、新营片（新营、朴山、后坑）、文斗片（曾岭、文斗、呈美、星辉）、大盈片（大盈、上林、邦吟）（见表8）。9个片区各占1个名额（如当年该片区无符合条件的应届大学优秀新生，则该片区当年的名额暂空）。

奖励条件：应届大学优秀新生须为水头镇本地户籍；由水头镇商会划分的9个片区推荐或自行报名，凭全国20强大学或厦门大学录取通知书，选出应届大学优秀新生。

20强大学是指北京大学、清华大学、浙江大学、复旦大学、中国人民大学、上海交通大学、武汉大学、南京大学、中山大学、吉林大学、华中科技大学、四川大学、天津大学、南开大学、西安交通大学、中国科学技术大学、中南大学、哈尔滨工业大学、北京师范大学、山东大学。

根据培优计划要求，每年获得奖励的应届大学优秀新生须持大学录取通知书参加奖励大会，并拍照留念。

表8　培优计划各片区负责人

各片区名称	负责人
蟠龙片（下店、龙风）	黄明经　蔡小楷
仁福片（康店、劳光、仁福、曾庄）	曾昭活
五里桥片（巷内、埕边、水头居委会、水头村、星安社区）	王少芳　吴杭雄
奎峰片（山前、后房、江崎、时代新城、世纪新城）	王栋梁　吴文托
朴里片（朴一、朴二、朴三）	吕少友
成功片（西锦、南侨、肖厝）	李坤源

续表

各片区名称	负责人
新营片（新营、朴山、后坑）、文斗片（曾岭、文斗、呈美、星辉）	李诚专　黄小龙
大盈片（大盈、上林、邦吟）	林少峰

水头镇商会的大学生培优计划于2018年第一次实施，同年8月23日举行表彰仪式，共有8位大学生受到表彰。表彰仪式参与者分别有会长黄明经，常务副会长李妙莲、吴勤棱、洪继宗，办公室人员陈培芳、吕雪英、黄楠楠，以及获奖学生和部分学生家长。获奖学生每人奖励5000元，共计40000元。

（二）资助贫困学生

2016年水头镇商会开展了一系列的助学活动。1月28日，水头镇商会吕少友等14位会员每位捐6000元，共计8.4万元，资助28位贫困学生，每生3000元。水头镇商会王少芳等75位会员共筹集7.5万元，在"六一"儿童节为贫困家庭儿童发放扶助金和书包，共捐出人民币4万元、花费书包购买费6000元，剩余善款择机用于助学等公益活动。响应精准扶贫号召，由水头镇政府统一安排，商会认捐扶助两位二女户大学生，每位大学生每年5000元，四年共计4万元。10月26日，水头镇商会在向阳乡郭田村开展帮扶活动，共资助18名学生。其中小学6人，每人800元；初中4人，每人1000元；高中4人，每人1500元；大学4人，每人2000元，共计2.28万元。

2018年5月底，水头镇商会展开"扶持品学兼优贫困生行动"，以品学兼优、家境贫寒的初、高中生为资助对象，旨在向困难初、高中生提供经济援助，帮助他们实现个人梦想，传播社会正能量。水头镇商会"扶持品学兼优贫困生行动"资助了南星中学、新营中学、水头中学、南侨中学、龙凤中学5所中学共33名品学兼优的贫困生，每生3000元，总计发放助学金9.9万元。

此外，2018年12月19日，水头镇商会为劳光村18名贫困学生发放助学金18000元。当天现场为劳光小学一到六年级共12名小学生各发放1000元助学金，另外6名中学生共计6000元的助学金由劳光村委会代领转交。

(三) 奖教活动

2017年1月11日，水头镇商会奖励南星中学、水头中学、新营中学、龙风中学、南侨中学、水头中心小学和劳光小学的16位优秀教师，每人3000元，共48000元。其中商会支付27000元，其余21000元由商会会员捐助。

2018年1月26日，水头镇商会为南星中学、水头中学、新营中学、龙风中学和南侨中学的10位教师颁发奖金。

水头镇商会在2019年1月24日为南星中学、水头中学、新营中学、南侨中学和龙风中学的20位奋斗在一线的优秀教育工作者颁发了奖金和感谢信。

除了以上活动，商会出资分别为水头中学、新营中学、龙风中学、南侨中学、水头中心小学和南安市第三实验小学6所中小学的20位教师订阅了2019年的《泉州晚报》和《海丝商报》，进一步丰富人民教师的精神文化生活，感谢他们为水头镇教育事业做出的贡献。

(四) 其他教育公益活动

2016年9月，水头镇遭遇了"莫兰蒂"强台风灾害，校舍遭遇不同程度的损毁。水头镇商会周晓遵等50位会员共捐助5.6万元的爱心款，用于扶助劳光小学综合楼基建，并向优秀教师颁发奖教金。

为支持南星中学"福建省一级达标高中"的复评工作，也为提高南星中学的办学品质与办学效益，进一步满足广大群众对于优质教育的需求，水头镇商会在2019年1月24日召开大会，由黄明经会长向南星中学校长尤春生捐赠30万元，作为支持南星中学争创"福建省一级达标高中"的复评资金。水头镇镇长蔡清安为商会颁发了"情系教育 造福千秋"牌匾。南安市工商联副主席李景志现场为19位个人及3对贤伉俪颁发捐赠证书。

四 结语

泉州的民间教育公益基金会大多都是本地优秀企业家或者海外华侨组

织成立的。这些教育公益基金会致力于资助贫困学生，帮助他们更好地完成学业；向优秀学子发放奖学金，鼓励青年学子发奋读书。这样双管齐下，为泉州地区培养了更多人才，为区域经济的发展做出了相当大的贡献。

当然，在调查过程中，我们也发现了一些问题。比如，这两个基金会都没有完善的章程，基金会的财务也不是很透明。但无论如何，公益基金对于我们社会的发展还是起着十分重要的作用。目前在我国有限的经济力量条件下办学，只靠国家的投资是不够的，教育经费不足的问题不是短时期能够解决的，而教育公益基金的出现正好可以部分弥补我国教育经费不足的短板。教育公益基金会的设立和成长壮大促进了各级各类教育的发展，改善了办学条件，调动了教师和学生的积极性，提高了教学质量，为教育事业的发展注入了新的活力。

福建省安溪县刘鸿基教育基金会调查报告

张丽涓

一 引言

少年强则国强,少年独立则国独立,少年自由则国自由,少年进步则国进步!教育,是民族少年成长道路上不可或缺的一个环节。当今世界,教育丰富我们的人生,推动时代的进步。可如今仍有因温饱问题不能读书的学生,而教育公益基金便是通过无偿资助的方式,促进社会的学科、文化教育事业和社会福利救助等公益性事业的发展,这也使更多的学生得以重拾笔杆,写出自己人生辉煌的篇章。

中华文化中向来有"尊师重教""耕读传家""乐善好施"的优良传统,而福建省则有"爱国爱乡、海纳百川、乐善好施、敢拼会赢"这一"福建精神"。近些年来,福建各地的教育公益事业普遍兴起。为了使我们更加了解"福建精神",并将之发扬光大,笔者在家乡泉州市安溪县展开了关于当代教育公益基金的调查。笔者首先通过网上检索,初步掌握了刘鸿基教育基金会的简要信息。然后通过电话联络,与受访者即基金会的叶老师约定了采访时间,并将事先整理好的一份采访问卷发送到他的邮箱。之后,在叶老师的细心帮助下,笔者完成了此次调研,并撰写了调研报告。

二 刘鸿基教育基金会的设立

"宿雨一番蔬甲嫩,春山几焙茗旗香。"安溪是中国乌龙茶之乡,也是中国名茶铁观音的发源地。安溪县古称清溪,位于福建省东南沿海,厦、漳、泉闽南金三角西北部,隶属泉州市。东接南安市,西连华安县,南毗同安区,北邻永春县,西南与长泰县接壤,西北与漳平市交界。全县总面积3057.28平方千米,辖24个乡镇460个村居,人口108万,有汉族、畲族等多个民族,通行普通话与闽南语。刘鸿基教育基金会面向安溪县所有符合其要求的学子提供奖、助学金。

刘鸿基教育基金会,系安溪县旅居新加坡侨亲林锥女士为纪念其先夫刘鸿基先生而独资设立的。刘鸿基先生和林锥女士夫妇早年旅居海外,热心家乡公益事业,尤其关心家乡教育事业。1949年前,他们就曾捐资兴建了家乡的魁美学校。1991年又捐资增添安溪一中教学设备,并捐资建设魁美学校和案山学校新校舍。从1996年开始,他们共捐资了260多万元在安溪一中设立奖学基金,每年奖励高考前十名的优秀高中毕业生。同时在魁美学校和鹤前小学设立教育基金,增建鹤前小学教学楼和设立安溪刘鸿基教育基金会,每年资助200名贫困学生。

2000年,刘鸿基先生不幸病逝。林锥女士为继续发扬刘鸿基先生热爱家乡教育事业的精神,决定自2001年起,每年拿出5万元人民币,用于资助品学兼优且家庭经济困难的中小学学生。至2008年9月24日,基金会完成了各项审批程序,福建省民政厅发布了编号为"闽民管〔2008〕316号"的文件,宣告刘鸿基教育基金会正式成立。

三 刘鸿基教育基金会的目标设定

刘鸿基教育基金会创立之初,共有200万元人民币的本金,其基本目的和宗旨即在于弘扬尊师重教精神,促进安溪教育事业发展,使莘莘学子得到一定的帮助,因而面向全县符合条件的学子提供奖助学金。同时,由于刘鸿基先生和林锥女士的祖籍地是在安溪县蓬莱镇,因此对家乡的魁美小学和鹤前小学的发展也格外关注。为使基金的各项奖学、奖教、助学经费的发放不受银行存款利息和货币增值、贬值等因素的影响,2005年9月5日,林锥女士再次捐出巨资,在安溪凤城镇龙湖街兴建"刘鸿基教育基金会大厦",以收取租金,用于奖学、助学、奖教等教育公益项目。目前,该基金大厦已被租赁出去,用于酒店经营。经讨论决定,刘鸿基教育基金会大厦所获取的租金收入主要遵循表1的分配方案,用于安溪县各类学校的奖学、助学、奖教以及基金会大厦的日常运行与维修。

表1 刘鸿基教育基金会大厦租金收益分配方案

学校或教育机构	经费开支类别	分配比例
安溪县教育局	助学、奖教	55%
安溪县一中	奖学、助学	25%
蓬莱镇魁美学校	助学、奖教	5%
蓬莱镇鹤前小学	助学、奖教	5%
刘鸿基教育基金会大厦	日常运行与维修费	10%

以上5项经费开支,其使用方法各不相同。如安溪县教育局将所分配到的每年55%的大厦租金用作助学、奖教经费,其中助学金占10万元,用于资助安溪县所有学校中品学兼优且家境较为困难的学生。其中高中生100名,每人奖励500元;初中生100名,每人奖励300元;小学生100名,每人奖励200元。具体分配方案见表2。

四 刘鸿基教育基金会的管理

(一) 内部管理

刘鸿基教育基金会设立理事会,负责基金会的管理事务。理事会设理事长、副理事长、秘书长各1人,理事、监事各2人,均由安溪县教育局退休或在职干部担任或兼任。理事会实行任期制,每5年一任。自2008年正式成立以来,刘鸿基教育基金会已经有了两届理事会人员,其具体构成见表3、表4。

表 2　安溪县刘鸿基教育基金会助学名额分配方案

单位：个

校名	名额 高中	名额 初中	校名	名额 小学
安一中	10		凤城中心小学	1
铭选中学	10		城厢中心小学	4
蓝溪中学	10	3	参内中心小学	2
俊民中学	10	3	魁斗中心小学	2
崇德中学	5	3	金谷中心小学	3
安五中		2	蓬莱中心小学	4
安六中	10		湖头中心小学	5
安七中		2	湖上中心小学	2
安八中	10	3	白濑中心小学	1
安九中		2	剑斗中心小学	4
安十中		1	感德中心小学	5
安十一中	5	3	桃舟中心小学	1
安十二中		3	福田中心小学	1
龙涓中学		2	长坑中心小学	4
安十四中		2	兰田中心小学	2
安溪职校		2	祥华中心小学	3
龙门中学	5	4	官桥中心小学	5
培文高学	5	1	龙门中心小学	5
安十七中		2	虎邱中心小学	3
安十九中		1	大坪中心小学	1
沼涛中学	10	3	龙涓中心小学	5
凤城中学	10	5	西坪中心小学	5
金火中学		5	尚卿中心小学	3
城厢中学		3	芦田中心小学	2
墩坂中学		1	实验小学	3
光德中学		2	沼涛实小	3
长泰中学		1	第三实小	3
参内中学		3	逸夫实小	2
梧桐中学		3	第五小学	1
温泉中学		1	第六小学	1
东溪中学		1	第七小学	1

续表

校名	名额 高中	名额 初中	校名	名额 小学
陈利职校		1	第九小学	1
东方中学		3	第十小学	3
慈山学校		2	第十一小学	1
前进中学		2	第十二小学	2
湖上中学		1	特教学校	1
白濑中学		1	东溪附小	1
由义中学		1	梧桐附小	1
霞春中学		1	官中附小	1
桃舟中学		1	萍州附小	1
玉湖中学		1	培师附小	1
兰田中学		2		
聪明中学		1		
丰田中学		1		
官桥中学		2		
江水中学		2		
虞宗中学		1		
金榜中学		1		
罗岩中学		1		
崇文中学		2		
举溪中学		2		
庄山中学		1		
西坪中学		2		
科名中学		1		
合计	100	100		100

表3 刘鸿基教育基金会第一届理事会成员名单

姓名	性别	出生年月	工作单位及职务	基金会职务
傅国华	男	1945.10	安溪县教育局退休干部	理事长
陈清辉	男	1963.04	安溪县教育局干部	副理事长
陈文西	男	1945.04	安溪县教育局退休干部	秘书长
傅孙枢	男	1948.01	泉州市教育局退休干部	理事
余海雄	男	1978.03	安溪县教育局干部	理事

续表

姓名	性别	出生年月	工作单位及职务	基金会职务
易民地	男	1944.10	安溪县教育局退休干部	监事
徐卫红	女	1968.05	安溪县教育局退休干部	监事

表4 刘鸿基教育基金会第二届理事会成员名单

姓名	性别	出生年月	工作单位及职务	基金会职务
傅国华	男	1945.10	安溪县教育局退休干部	理事长
陈清辉	男	1963.04	安溪县教育局干部	副理事长
陈文西	男	1945.04	安溪县教育局退休干部	秘书长
陈进春	男	1953.10	安溪县教育局退休干部	理事
余海雄	男	1978.03	安溪县教育局干部	理事
易民地	男	1944.10	安溪县教育局退休干部	监事
徐卫红	女	1968.05	安溪县教育局退休干部	监事

(二) 外部监管

刘鸿基教育基金会按社团登记名称到银行开立账户。基金会的收入和支出，均按章程规定，实行专款专用。理事会成员中的监事负有对基金会进行自我监督的责任，政府相关审计部门也会对基金会进行监督审查，每年执行年检。刘鸿基教育基金会对其每年奖学、助学以及奖教的人数和金额，都向公众进行公开告示。基金会所实行的财务公开制度，体现了公益基金会对教育公平和公正的追求，实现其促进安溪教育事业发展的根本宗旨。

五 刘鸿基教育基金会的社会评价

政府部门表示，刘鸿基教育基金会的建立无疑给家庭经济困难的学生提供了切实的帮助。早在1999年和2002年，为彰扬刘鸿基先生和林锥女士夫妇、家族对本县教育事业的重大贡献，政府两次授予其金质奖章、荣誉证书和"乐育英才"牌匾。对教育有帮助的公益事业，政府也十分重视。政府表示将和教育公益基金组织共同合作，尽自己最大的力量来帮助学生，助力中国教育事业的发展。

安溪一中校长傅鸿彬表示，这些年来本校学生在高考中屡获佳绩，离不开刘鸿基、林锥夫妇的鼓励。其爱国爱乡、乐育英才的精神，持续鞭策着我们克服困难、不懈奋斗，取得新成果。面对当前教育集团跨越式发展的新形势，傅鸿彬深切呼吁广大师生把"点燃激情、成就梦想、竭忠尽智、为校争光"作为共同的行动纲领，不忘初心，砥砺前行；也寄语获奖的同学，常怀感恩之心，长存感激之情，用实际行动来回报刘鸿基、林锥夫妇等爱心人士的义善之举。

接受本次访问的叶老师表示，作为刘鸿基教育基金会的管理办事人员，个人认为教育基金带给他人的帮助是有目共睹的，它促进了安溪教育事业的发展，有利于社会风气的改进，也使越来越多的人愿意投身于这项公益事业。刘鸿基教育基金虽然是中国千万种教育公益基金中很少的一份，却也使得很多人受益。

曾获得刘鸿基教育基金会奖学、助学帮助的同学表示："古人云，'施恩勿念，受惠不忘'，对于我们家庭贫困的学生来说，刘鸿基教育基金所给予的帮助，无疑是雪中送炭，不仅缓解了家庭经济困难，也让我们立志好好学习，待到学业有成，必将倾心报答社会。同时也感谢社会上有那么多的好心人士的帮助。"

普通民众认为，现在社会上有很多慈善机构帮助家庭困难的人，刘鸿基教育基金会就是其中一员，它让我们看到世间温情，也让我们想要贡献自己的一份力量。

六　结语

通过本次学科基础实习，笔者了解到有很多侨亲甚至社会人士，都在有力地支持教育公益事业的发展，刘鸿基、林锥夫妇虽身居海外，但心系桑梓，他们创立的教育基金会不仅宣传了尊师重教的传统文化，也一定程度上促进了安溪教育事业的发展，彰显了"福建精神"乐善好施、敢拼会赢的优良品格。人心凝聚成一股力，我们就能不断进步，确认自己远行的目标，遇到任何困难总能凭借乘风破浪之势驶向成功的彼岸。这也鼓舞了众多学子更加努力学习，将生活上的艰苦化为学习的动力。笔者认为，或许每个人物质上得到的只是微薄的帮助，但更多的是对自身的一种鼓励和肯定。作为新一代的青年，我们应当用知识充实自己，用知识促进社会发展。

需要指出的是，在此次调研过程中，笔者也发现，当前社会普通民众也存在对这一教育公益基金了解、认识不足的问题。普通老百姓较少有机会接触到教育公益基金，受社会主义公有制观念的影响，人们往往将公益、慈善事业归类为政府的救济行为，没有意识到社会公益组织在社会发展中起到的独特作用。笔者认为，社会公益事业的发展首先需要营造良好的社会氛围，更需要公众公益意识和社会公益价值观的支撑。笔者也期待，以刘鸿基教育基金会为代表的各类公益基金组织能更多地起到引领作用，带动社会公益事业的全面发展。

附录　　安溪县刘鸿基教育基金会章程（草案）

旅居新加坡侨亲刘鸿基、林锥夫妇，热心家乡教育事业，曾先后捐巨资修建魁美学校、重建鹤前小学校舍，并相继在安溪一中、魁美学校、鹤前小学设立奖学奖教基金。公元二零零一年，林锥女士为纪念先夫刘鸿基先生，乐捐壹拾伍万美元在安溪县设立刘鸿基教育基金会，以每年之利息资助小学、初中各100名优秀的贫困学生。为使上述各项基金的发放不受利率波动的影响，林锥女士又捐巨资在安溪凤城镇龙湖街兴建刘鸿基教育基金会大厦，作为教育基金会永久基业，以收取租金，作为奖学助学奖教基金。为切实贯彻基金会之宗旨，特设立本会并制定本章程。

第一条　名称

本会名称为"安溪县刘鸿基教育基金会"。

第二条　资金来源及用途

刘鸿基教育基金会大厦出租，收取租金用于奖学、助学和奖教。

第三条　资金管理

1. 刘鸿基教育基金大厦竣工验收后，报送各级有关部门审批，并办理社团登记手续。

2. 按社团登记名称到银行开立账户。刘鸿基教育基金会管理，按章程规定专款专用，每年接受理事会和审计部门监督审查。

3. 租金收入分配方案：根据捐资者意愿，每年租金分配的百分比例如下：百分之二十五作为安溪一中的奖学助学基金；百分之五十五作为县教育局的助学和奖教基金；百分之五作为蓬莱魁美学校奖学助学奖教基金；百分之五作为蓬莱鹤前小学奖学助学奖教基金、如果魁美学校和鹤前小学合并，两校基金归合并后学校。百分之十作为刘鸿基教育基金会大厦维修费。

安溪一中、魁美学校和鹤前小学的奖助基金于每年二月份发放。

4. 每年应将该会资金收支明细向海外捐资人或直系亲属作书面汇报，并倾听海外捐资者对开支的意见和建议。

第四条　理事会组织机构

1. 为确保本基金会章程实施，确保资金审批、发放工作，特设理事会，组成名单如下：

顾问：陈灿辉（安溪县人民政府县长）

　　　林金作（中共安溪县委常委、教育工委书记）

　　　林夏水（中国社会科学院哲学研究所研究员、博士生导师）

　　　郑梦集（安溪县关工委主任）

名誉理事长：林锥　刘水兴

理事长：龚培毓（安溪县人民政府副县长）

副理事长：陈剑宾（安溪县教育局局长）

理事：王中华（安溪县教育局副局长）

　　　王佳敏（安溪县教育局副局长）

　　　陈清辉（安溪县教育局计财股负责人）

　　　黄玮凌（安溪县教育局组织人事股负责人）

　　　陈际郁（安溪县教育局初幼教股股长）

　　　赖加团（安溪县教育局中教股负责人）

　　　易民地（安溪县教育系统关工委）

余海雄（安溪县教育基金会干部）

注：为使基金会工作不因理事会成员的职务变更而受影响，理事在理事会中的职位均为相应的现任各级县领导。

2. 理事会每年至少召开两次会议。第一次在年初，根据章程，提出资金使用方案；第二次在年终，汇报资金使用情况。

3. 会址设在县教育局。

第五条 奖助办法

百分之五十五租金作为教育局助学奖教基金，其中助学金占壹拾万元（高中、初中、小学各资助100名优秀的贫困学生，每年每人资助金额：高中500元，初中300元，小学200元），其余部分用作教育局的奖教基金，具体奖励办法由县教育局制定章程。

对中、小学生确系家庭贫困而品学兼优者可向所在中、小学校提出申请，由所在学校审核后，送交安溪县刘鸿基教育基金会审批，并优先照顾贫困山区的女生。

安溪一中、魁美学校、鹤前小学的奖学奖教助学办法由各学校根据具体情况制定，奖助方案及每年奖助情况报送安溪县刘鸿基教育基金会备案。

第六条 大厦维修费的管理与使用

1. 百分之十租金作为大厦的维修费，由刘鸿基教育基金会管理。

2. 大厦的日常维修由承租方负责。

3. 大厦的设备更新或大型维修，费用预算须报送理事会批准。

4. 维修费用的报支由理事会指定有资质人员负责审核验收，并报理事长签报。

5. 维修费不得挪作他用。维修费每年使用及结转情况须在理事会年终会议上汇报。

第七条 附则

本章程未尽事宜，由理事会解释、补充、修订。

安溪县刘鸿基教育基金会
二〇〇七年三月

福建省邵武市庄采芳·庄重文奖学金调查报告

官婷婷

一 引言

在科教兴国战略的大背景下,人们对于教育的思考也越来越多。现在学生的培养不仅仅停留在学校的日常学习中,还有其他各个方面对于兴趣爱好等的投资。事实也证明,如今家长在孩子兴趣爱好等方面的投资已经占据了其教育总投资的很大一部分。当然,家长在儿女教育方面遇到的问题绝不仅如此。学区房的房价是那么遥不可及,教育资源的争夺是那么激烈……这一系列社会现象都在向我们传递着一个信息:教育是社会更加密切关注的问题。同时,各种教育基金和奖学金的设立也在为教育事业保驾护航。越来越多的团体和个人注重对于教育的投资,设立了各项教育基金和奖学金机构。

2018年暑假期间,笔者在系科研创新团队老师的指导下,以福建民间教育公益基金调查为主题,开展暑期学科基金实践活动。根据主题总体要求,笔者选择以家乡所在地福建邵武市的普通高中学生多年来受惠的教育公益基金——"庄采芳·庄重文奖学金"为调研对象。在完成了网上资料查找的初期准备工作之后,笔者进而集中对邵武市相关学校学生、老师以及基金会管理人员进行调研采访,力图说明福建"庄采芳·庄重文奖学金"的构成、资助形式、获奖条件,并尝试分析其对邵武市所具有的社会影响等。

二 "庄采芳·庄重文奖学金"的设立

(一) 邵武市社会、教育环境

福建省邵武市是位于闽北的一座小城，属南平市管辖，面积2860平方公里，辖19个乡镇（街道），人口30.8万。[①] 2014年全市幼儿园110所，在园幼儿9885人；小学27所，教学点49个，在校生17085人；中学21所，在校生13163人；职业中专、九年一贯制学校、特殊教育学校各1所，在校生1772人；成教中心、进修学校各1所。在职教职工3125人（含局机关、成教中心、进修学校、文技校等），其中本科及以上学历1854人，专科学历980人，中专及以下学历291人；专业技术人员中高级职称394人，中级职称1966人，初级职称704人。[②]

由于地理位置和交通条件等客观原因，邵武市经济发展水平略显滞后，其教育经费的来源除了政府财政拨款之外，也一直有待于各界人士的鼎力支持。其中，"庄采芳·庄重文奖学金"教育公益基金便给予了邵武市学子相当大的支持和鼓舞。"庄采芳·庄重文奖学金"是邵武学子所能获得的一项重要奖学金，自其创设以来，邵武学子便喜讯频传，教育公益效果明显。

(二) 奖学金的设立与更名

"庄采芳·庄重文奖学金"，原名"庄采芳奖学金"，是1988年香港爱国人士庄重文博士以父亲庄采芳的名义，由福建省政府批准在福建省设立的。庄重文博士是福建惠安人，是香港庄士集团创始人。他早年就读于集美航海水产学校，从小受陈嘉庚先生教诲，励志创业，报效社会。1946年庄重文博士移居香港创办实业。经过70余年的发展，香港庄士集团目前拥

[①] 《邵武概况》，邵武市人民政府官网，2019年2月1日发布，http://www.shaowu.gov.cn/cms/html/swsrmzf/2019-02-01/966533280.html。
[②] 《邵武年鉴（2015）》，群众出版社，2015，第163页。

有百家子公司，资产总值超过百亿港元，在香港经济中占有重要的一席之地。

爱国爱乡、重文兴教，是庄氏家族的优良传统。改革开放初期开始，香港庄士集团即先后在北京、福建设立了"庄重文文学奖""庄采芳奖学金""庄重文优秀校长奖"等多个奖项，在厦门大学、集美大学捐建教学楼，在泉州捐建"泉港庄重文实验小学"，投资建设福建"曙光工程"等，为促进家乡福建的教育事业发展做出了卓越贡献。

1993年，庄重文博士逝世后，其子女庄绍绥、庄秀霞、庄秀娥、庄秀纯等继承了父亲的遗愿，努力将"庄采芳奖学金"延续下来。为了纪念庄重文先生，从2008年第21届奖学金开始，决定将"庄采芳奖学金"更名为"庄采芳·庄重文奖学金"。发展到今天，该奖学金已成为福建持续时间最长、覆盖面最大、影响最为深远的学生奖项之一。"庄采芳·庄重文奖学金"积极促进了福建省中等教育水平的提高，并在海内外产生了良好的影响。

三 "庄采芳·庄重文奖学金"历年奖学情况

"庄采芳·庄重文奖学金"是由福建省教育厅、福建省国际文化经济交流中心组织实施的，每年约奖励200名优秀学子。获奖学生是在学校和各地教育行政部门推荐、评选和公示的基础上，经审核后产生的，必须是每年在全省评定的普通高中应届毕业生中品学兼优的学生。同等条件下，优先推荐在高中阶段获得过全国奥林匹克五学科竞赛省级一等奖及以上的学生。上一年度获国际奥林匹克学科竞赛奖牌的，"奖学金"组委会将另设特别奖。

（一）历年奖励优秀学生人数

据"福州新闻网"等相关报道整理，1988年至2018年度"庄采芳·庄重文奖学金"的奖励学生人数与金额的具体情况见表1。

表 1 "庄采芳·庄重文奖学金"历年获奖学生人数与奖学金数额

单位：人，元

届次	年份	人数	奖金	小计
第一届	1988	195	1000	195000
第二届	1989	248	1000	248000
第三届	1990	199	1000	199000
第四届	1991	196	1000	196000
第五届	1992	200	1000	200000
第六届	1993	196	1000	196000
第七届	1994	200	1000	200000
第八届	1995	198	1000	198000
第九届	1996	197	1000	197000
第十届	1997	197	1000	197000
第十一届	1998	199	1000	199000
第十二届	1999	200	1000	200000
第十三届	2000	200	1000	200000
第十四届	2001	197	1000	197000
第十五届	2002	200	1000	200000
第十六届	2003	200	1000	200000
第十七届	2004	199	1000	199000
第十八届	2005	200	1000	200000
第十九届	2006	200	1000	200000
第二十届	2007	201	1000	201000
第二十一届	2008	202	1000	202000
第二十二届	2009	201	1000	201000
第二十三届	2010	201	1000	201000
第二十四届	2011	204	1000	204000
第二十五届	2012	201	1000	201000
第二十六届	2013	200	1000	200000
第二十七届	2014	200	2000	400000
第二十八届	2015	200	2000	400000
第二十九届	2016	200	2000	400000
第三十届	2017	199	2000	398000
第三十一届	2018	201	2000	402000
小计		6231		7231000

据表1统计,自1988~2018年,"庄采芳·庄重文奖学金"已颁发31届,累计奖励福建省普通中学6231名品学兼优的学生。不过,据福建省教育厅官网报道,截至2017年第三十届颁奖大会,该奖学金所资助的学生人数共有6560名。[1] 加上2018年获奖的201名,合计31届共奖励了6761名学生。

(二) 奖励对象的地域名额分配

"庄采芳·庄重文奖学金"的奖励对象是福建省普通高中应届毕业生中品学兼优的学生,拟每年奖励200名。在名额分配上,原则上按各设区市高中的在校生比例规定分配名额。据网络检索,自2012年度以来,该基金会每年拟奖励的福建优秀学子的地域名额分配基本固定,部分年份存在细微差别。计划奖励优秀学生的人数是200名,不过奖励过程中也会视实际情况进行调整。详见表2。

表2 "庄采芳·庄重文奖学金"福建全省名额分布

地区	2012年	2013年	2014年	2015年	2016年	2017年	2018年
福州市	26	29	27	27	27	27	26
厦门市	10	11	11	11	11	13	13
莆田市	17	17	17	17	17	17	17
三明市	13	13	13	13	13	13	13
泉州市	33	30	30	30	30	31	31
漳州市	20	21	23	23	23	24	24
南平市	13	13	14	14	14	14	14
龙岩市	14	13	13	13	13	13	13
宁德市	17	16	15	15	15	13	13
平潭综合实验区	3	3	3	3	3	2	2
惠安县	10	10	10	10	10	10	10
泉港区	10	10	10	10	10	8	10

---

[1] 《"庄采芳·庄重文奖学金"累计奖励6560名福建学生》,福建省教育厅官网,http://jyt.fujian.gov.cn/jyyw/jyt/201805/t20180523_3454749.htm,2018年5月23日。

续表

地区	2012 年	2013 年	2014 年	2015 年	2016 年	2017 年	2018 年
集美中学	5	4	4	5	4	4	4
省直中学（福州一中、师大附中各 5 名）	10	10	10	10	10	10	10
小计	201	200	200	201	200	199	200

其中，2017 年，来自福州一中的董克凡获第 28 届国际信息学奥林匹克竞赛银牌，被颁发特别奖。2018 年，来自福州一中的钟知闲获第 29 届国际信息学奥林匹克竞赛金牌，被颁发特别奖。

四 "庄采芳·庄重文奖学金"对邵武市带来的社会影响

"庄采芳·庄重文奖学金"设立 30 多年来，对福建全省教育产生了积极的促进作用。尽管各地、各校每年获得该奖学金的学子并不算多，但它的公益助学精神使邵武市各界更加深刻意识到教育的重要性，并引起了深刻的反思。它还让获得资助的同学明白，教育对于个人而言不仅是丰富学识，更体现为能够帮助其他人实现受教育的心愿。与此同时，社会监督也确保奖学金的落实。老师、学生家长以及校友等社会人士关心奖学金的流向以及发放情况，确保奖学金真正发放给每一个勤奋、优秀的学子。也期待这些学子将来同样为社会做出贡献。

在"庄采芳·庄重文奖学金"的带动下，邵武市各校校友也纷纷积极支持各自母校教育的发展。如邵武四中 1987 届校友、广东邵武商会会长、著名企业家郑永忠先生便于 2002 年捐资设立了"87 南湖协和基金"，下设"87 南湖生活助学金""87 南湖期中考奖学金""87 南湖高考金榜奖学金"三个子基金，每年召开奖学大会，奖励邵武四中的优秀学子。2015 年 8 月 31 日，邵武四中在协和楼会议室举行了第十三届"87 南湖高考金榜奖学金"发放仪式，郑永忠先生为 11 位 2015 届应届优秀高考学子颁发了 2000～5000 元不等的奖学金。座谈会上，郑永忠先生认真聆听了学弟学妹们的学习汇报后，与大伙分享了自己的创业历程和成长体验，并热忱欢迎母校学子暑期到他的公司进行社会实践。邵武四中的校领导也殷切寄语 2015 届高考学子要"常怀感恩之心，永葆进取之志，常思做人之道"，学习郑永忠先生十多年如一日对母校的关心，希望获奖学子们能围绕获奖经历撰写一篇回忆母校的文章，录制一段祝福母校的手机视频，学校将在门户网站上集中刊载。学校还将制作历届四中高考状元表彰墙，以此奖先促后，激励前行。据悉，自 2002 年以来，郑永忠先生已向母校邵武四中累计捐助奖助学经费逾百万元，并于 2015 年捐款 20 万元设立了"87 南湖协和奖教金"，专项表彰母校教育教学业绩突出的优秀教师。

又如邵武市大竹镇设立了"希望之星"奖学金。2016 年，为了鼓励和激励更多的学子奋发向上，在新的学习阶段继续取得优异成绩，邵武市大竹镇设立了"希望之星"奖学金，用于奖励考取本一院校的高考毕业生和考取邵武一中的中考毕业生，奖金分别为 1000 元和 500 元。同年 8 月 20 日，在"希望之星"奖学金发放仪式上，12 名学生现场领取"希望之星"奖学金。2017 年 8 月 28 日下午，大竹镇举行第二届"希望之星"奖学金发放仪式，近 40 名学生和家长参加仪式，共表彰在中高考中取得佳绩的优秀学子 27 人，其中考取大学本一批次 8 人，考取邵武一中 19 人。2018 年 8 月 19 日上午，大竹镇举办第三届"希望之星"奖学金发放仪式，为大竹镇考取本一批次高校的高考毕业生和考上邵武一中的中考毕业生颁发奖学金，鼓励他们继续努力，好好学习。社会力量奖学成为大竹镇奖学活动的新亮点，如 2017 年度第二届"希望之星"奖学活动便得到了厦门市赟笃新市区工程监理有限公司南平分公司、上海祥浦建设工程监理咨询有限责任公司光泽分公司两家爱心企业的大力支持。

五　结语

如今乡镇对教育越来越重视。通过对邵武四中和邵武一中的部分师生的采访，笔者了解到师生们对于教育基金的设立和奖学金的发放都带着感激的心情，同时也期盼越来越多的人关注教育事业。

"庄采芳·庄重文奖学金"使得邵武市更加注重对教育的投入。据数据显示，邵武市对于教育的财政支出近年来一直呈现上升趋势，并在未来会持续上升。与此同时，邵武学子也在此激励下，更加砥砺前行，奋发图强，推动着邵武教育水平的不断提高。

附录1 "庄采芳·庄重文奖学金"2018年获奖学生名单

姓名	性别	所属学校	姓名	性别	所属学校
特别奖（1名）					
钟知闲	男	福州一中，第29届国际信息学奥林匹克竞赛金牌获得者			
福州市（26名）					
林文莹	女	福州高级中学	朱泽远	男	福州三中
林恬田	女	福州高级中学	潘俊多	女	福州三中
何宏毅	男	福清一中	余 越	男	连江一中
林宇灿	男	福州八中	陈志伟	男	连江尚德中学
李南竹	男	福州十一中	黄子森	男	闽清一中
曹哲骁	男	福州格致中学	欧阳新源	男	长乐一中
闫书弈	男	福州三中	何志宏	男	福清华侨中学
方泓杰	男	福州三中	耿桐菲	女	福州外国语学校
苏 展	男	福州三中	陈奇琦	女	福州外国语学校
罗立阳	男	福州三中	林 璟	男	屏东中学
黄泽诚	男	福州三中	张原瀚	男	屏东中学
张钧尧	男	福州三中	张子琪	男	屏东中学
尹子宜	女	福州三中	林善晋	男	福州教育学院附中
厦门市（17名，含集美中学4名）					
胡文芯	女	厦门六中	张 洋	男	厦门集美中学
林 键	男	厦门六中	熊云帆	男	厦门一中
洪铭锐	男	同安一中	何嘉炜	男	厦门一中
陈家祺	男	同安一中	卢伊豪	男	厦门一中
刘亦晗	女	同安一中	梁圣通	男	厦门双十中学
陈泱宇	男	厦门集美中学	张 宏	男	厦门双十中学
吴煦晖	男	厦门集美中学	李思扬	男	厦门双十中学

续表

吴啸南	男	厦门集美中学	高涵之	男	厦门外国语学校
黄翘楚	男	厦门外国语学校			
漳州市（24名）					
张 力	男	漳州一中	叶佳川	男	龙海一中
张小凤	女	漳州一中	杨冠文	男	漳浦一中
游震邦	男	厦大附属实验中学	黄秀香	女	漳浦一中
谢仲铭	男	厦大附属实验中学	吴育鹏	男	云霄一中
张自强	男	漳州三中	林昀和	男	诏安一中
石智超	男	漳州实验中学	林炜强	男	东山一中
洪少聪	男	漳州立人学校	简昊浴	男	南靖一中
卢江楠	男	漳州正兴学校	邹 晋	女	华安一中
黄锟泳	男	漳州市龙文中学	杨 健	男	长泰一中
黄雅贞	女	漳州市芗城中学	吴浩宇	男	平和正兴学校
林益贤	男	漳州外国语学校	罗宇涵	男	平和一中
郭宇韬	男	龙海一中	方雁行	男	厦门双十中学漳州校区
泉州市（51名，含惠安县10名、泉港区10名）					
黄剑锋	男	泉州一中	秦 政	男	惠安三中
杜润秋	男	泉州市培元中学	庄 恒	男	惠安三中
黎善达	男	泉州五中	卢炜君	男	惠安嘉惠中学
黄晨楠	女	泉州五中	洪靖涵	女	南安一中
陈思尧	男	泉州七中	陈天元	男	南安一中
黄卓尔	女	泉州七中	洪辉龙	男	南安一中
黄煜贞	男	泉州市城东中学	王 诺	男	南安一中
陈海森	男	泉州十一中	柯锦辉	男	南安国光中学
谢晴芳	女	惠南中学	戴加佳	女	南安侨光中学
马艺婷	女	泉港一中	丁泓馨	女	晋江一中
林俊铭	男	泉港一中	黄亦陈	女	晋江市养正中学
张诗婷	女	泉港一中	尹浩霖	男	晋江市季延中学
邱俊尹	男	泉港一中	蔚 皓	男	晋江市侨声中学
柯灵灵	女	泉港一中	吴彩虹	女	晋江市英林中学
朱龙隆	男	泉港一中	李伟权	男	晋江二中
房书铭	男	泉港二中	洪伟鸿	男	石狮一中

续表

施龙杰	男	泉港二中	廖晓治	女	安溪一中
钟怡晴	女	泉港二中	许晓雯	女	安溪一中
唐彩霞	女	泉港五中	陈梓婷	女	安溪一中
郑若凡	女	惠安一中	吴偌菲	女	安溪六中
周滢滢	女	惠安一中	林钦溧	男	安溪恒兴中学
朱晗钰	女	惠安一中	林熠伟	男	永春一中
庄玮艺	女	惠安荷山中学	廖子璇	女	永春美岭中学
王倩倩	女	惠安荷山中学	江德扬	男	德化一中
吴诗玲	女	惠安高级中学	王莹莹	女	德化一中
陈怡勇	男	惠安高级中学			
		莆田市（17 名）			
陈昶侃	男	莆田一中	周伯静	女	莆田四中
陈祎泓	男	莆田一中	林怡婷	女	莆田八中
洪昕	男	莆田一中	梁棋淇	女	莆田五中
黄韫飞	男	莆田一中	李绍铭	男	莆田六中
柯雅蕾	女	莆田一中	张斌	男	莆田十中
林毓菁	女	莆田一中	林晨丰	男	仙游一中
张君豪	男	莆田一中	肖靖杰	男	仙游一中
林鸿翔	男	莆田二中	温知寒	女	仙游一中
叶苗	女	莆田二中			
		三明市（13 名）			
李瑜凯	男	三明一中	林秉烽	男	三明二中
陈磊	男	三明一中	涂培玮	男	大田一中
冯晟	男	三明一中	林还	男	永安一中
黄泊舰	男	三明一中	官勋楷	男	沙县一中
曾一帆	男	三明一中	林家梁	男	尤溪一中
陈琰	男	三明一中	邱可玥	女	宁化一中
武博文	男	三明二中			
		南平市（14 名）			
刘若灵	女	南平一中	陈俊鹏	男	建瓯一中
陈良康	男	南平一中	肖澈	男	顺昌一中
陈俊涛	男	南平高级中学	张隽珩	男	浦城一中

续表

陈 杰	男	南平高级中学	高心成	男	光泽一中
陈胤翀	男	建阳一中	吴一迪	男	光泽一中
邱语韬	男	邵武一中	兰跃锐	男	松溪一中
李周畅	男	武夷山一中	何语笛	男	政和一中
龙岩市（13 名）					
张 驰	男	龙岩一中	黎龙明	男	上杭二中
张 桐	男	龙岩一中	吴 凡	女	武平一中
饶龙斌	男	龙岩二中	谢凌峰	男	长汀一中
魏孟镐	男	龙岩高级中学	黄嘉豪	男	长汀二中
王政林	男	永定一中	曹奕辉	男	连城一中
吴茂林	男	龙岩市永定城关中学	陈荣钊	男	漳平一中
张清发	男	上杭一中			
宁德市（13 名）					
胡雨桐	女	宁德一中	陈义龙	男	寿宁一中
尤锦炜	男	宁德高级中学	刘灵榕	女	周宁一中
缪诗泓	女	宁德市民族中学	王文龙	女	屏南一中
冯泽泽	男	福安一中	丁怡文	女	福鼎一中
毕 立	男	福安二中	吴南楠	男	柘荣一中
张 静	女	古田一中	李星华	男	霞浦一中
陈孝劲	男	宁德五中			
平潭综合实验区（2 名）					
欧立炜	男	平潭一中	林郭健	男	平潭城关中学
省直中学（10 名）					
胡尔东	男	福州一中	史代璟	男	福建师大附中
雷梓阳	男	福州一中	林泽熙	男	福建师大附中
杨昊翔	男	福州一中	黄 越	男	福建师大附中
陈蔚骏	男	福州一中	叶子琰	男	福建师大附中
陈恒宇	男	福州一中	王正刚	男	福建师大附中

附录 2　邵武市大竹镇"希望之星"奖学金 2017 年度通知与申报表

中共大竹镇委员会　大竹镇人民政府
关于开展 2017 年"希望之星"奖学活动的通知

各村：

为选树榜样，加大教育资金投入，进一步激发我镇广大学子勤奋好学的进取心和回报社会的感恩情，营造重教奖学的良好氛围。经镇党委、政府研究，决定开展 2017 年大竹镇第二届"希望之星"奖学活动，并举办奖学金发放仪式，现将有关事项通知如下：

一　奖学对象

2017 年应届中、高考毕业生。

二　奖学标准

1. 考录邵武一中（高中部），给予每人一次性奖学金 500 元；

2. 考录本一院校，给予每人一次性奖学金 1000 元。

三　申报要求

1. 奖学对象户籍所在地为大竹镇；

2. 各村按要求于 2017 年 8 月 15 日前上报申报表（详见附件），逾期视为放弃。申报表纸质版一式一份加盖公章，电子版发送镇政府邮箱：swdzdzb@126.com，联系人：马剑芳，联系电话：6799066。

四　仪式时间、地点

1. 具体时间待定，会期半天。

2. 地点：镇政府五楼会议室。

五　仪式议程

1. 学生代表发言；

2. 发放奖学金；

3. 镇领导讲话。

六　注意事项

1. 出于安全考虑，邀请一名家长陪同获奖学生一同参加奖学金发放仪式；

  2. 请参加仪式人员提前 15 分钟到场。

  附件：2017 年大竹镇奖学金申报表

中共大竹镇委员会 大竹镇人民政府
2017 年 7 月 24 日

2017 年大竹镇奖学金申报表

姓名		性别		出生年月	
考试成绩		录取学校及专业			
家庭基本情况					
所属村委会意见	（盖章） 年　月　日					
大竹镇党委、政府意见	（盖章） 年　月　日				
备注					

说明：1. 本一奖学对象需附高校录取通知书复印件；

   2. 本一奖学对象应在"考试成绩"栏填写高考成绩并注明文/理科。

四
家族教育公益基金

家族文化是中国传统社会文化的核心内容之一。自宋代范仲淹捐设范氏义庄赈恤家族鳏寡贫寒、资助家族优秀子弟，从而开庶民家族公益之先河，历代以家族为单位的公益基金便日渐遍及全国各地，而教育公益则是其中必不可少的重要一环。本部分收入的8篇家族类教育公益基金调研报告，其规模小者仅惠及一村之族人，规模大者遍及一县之同族子孙。它们虽或继承传统之方法，或创立当代之新规，但共同之处则都是以家族之力量，奖优秀之学子，为国家和社会培养未来栋梁，充分体现了"家是最小国，国是千万家"的家国情怀。

福建省平和县曾氏家庙奖学金调查报告

陈欣蕾

一 引言

平和县位于福建省漳州市西南部,有"八县通衢"之称。明正德十三年(1518),时任都察院左都御史的大儒王阳明奏请朝廷,取"寇平而人和"之意,在今九峰镇建立县制,获得明朝廷的批准。

2018年7月,笔者和同组的10名同学一道,跟随毛晓阳老师踏上了平和之旅,开展主题为"福建民间教育公益基金调查"的学科基金实习活动。此次调研的地点是平和县九峰镇,调研主题围绕九峰镇的教育公益基金展开。作为一座人杰地灵、民风淳朴,汇聚了潮汕和闽南文化的中国历史文化名镇,九峰素有兴学重教、尊师敬贤的优良传统。从平和建县至科举制废除,这方物华天宝、钟灵毓秀之地孕育出了许多优秀人才,总计考中了60多名进士(其中状元、榜眼各1名),290多名举人。在物质条件相对优越的现代,为了鼓励勤奋刻苦的曾氏学子,平和九峰曾氏家庙于2011年开始设立奖学金,至今已连续8年举行颁奖大会,共计奖励了71名平和曾氏学子(其中6名考上清华、北大),颁发奖学金114100元。为进一步了解情况,2018年7月15日,我们在2015级学姐曾舒栾的引荐下,专程拜访了曾氏家庙理事会。曾氏家庙理事会前会长曾庆兴,现任会长曾一东,副会长曾庆生、曾文辉,秘书长曾雄,副秘书长曾太乙等在曾氏家庙雍睦堂接待了调研小组。曾太乙副秘书长就曾氏家庙公益基金的历史和现状进行了主讲发言,其他理事会成员也分别发言,共同回答了调研小组提出的有关曾氏家庙教育基金的各类问题。

二 曾氏家庙教育公益基金的历史渊源

从曾太乙先生口中我们得知,在曾氏家庙奖学金设立之前,在曾氏族谱所记载的有关曾氏祖先的传志中,便有多位先辈捐资助学的事迹。如三世祖八少男宗琼公之妻——巾帼英模八婆太张氏,便是其中的典型代表。八婆太在嫁入曾家后,不幸中年丧子。虽然没有子嗣可以为她养老送终,但她为人晓明大义,将自己辛苦积攒的1/3家产即59石田立为"书田",捐给曾氏宗族刚毅公派下的六房子孙,作为给那些苦读者的奖励。这一家族公益资产对曾氏后人影响颇大,曾氏五公后人中共有3人考中进士,21人考中举人,他们都曾受益于八婆太的"书田"。为了感恩八婆太,曾氏后人为其建造"崇文庙",每年清明祭祀供奉。

清代的志闻公、次卿公、伯流公等也是曾氏家族捐资助学的典型代表。康熙五十一年(1712),九峰曾氏四房三世祖志闻公陆续捐资,为家族子弟设立举科路费银和书田,遗泽后裔。乾隆年间(1736~1796),二房十世祖次卿公从大峰经里田分别抽出8石田租谷,作为九和书院的膏火田和课考奖赏之资。二房十二世祖伯流公则捐助每年可收24石田租谷的田产,作为九和书院的膏火,培养斯文。

曾氏家族对曾氏优秀子孙的奖励从古代延续到今天,成为家族数百年连绵不绝的优良传统。2011年曾氏家庙理事会成立后,正式宣布设立"平和曾氏家庙奖学基金",并制定了"平和曾氏家庙奖学金章程",对奖学金的相关事项有了一个较为系统的规定。从"平和曾氏家庙奖学金章程"所揭示的宗旨,"为传承先祖立书田,励教育,兴学重教,特设立奖学金,奖励平和曾氏后裔品学兼优、追求进取的学子"[①],也可以发现这种历史传承的清晰印迹。

---

① 平和曾氏家庙理事会:《平和曾氏家庙资料汇编3》,2016,第53页。

三　曾氏家庙奖学金的管理

平和县九峰曾氏家族历来重视家族历史文献的整理和汇编工作。该家族一直坚持编纂族谱，记录家族人口发展和优秀族人的基本情况。如今曾氏家族也与时俱进，除了继续编纂、出版家族族谱，他们还致力于整理、编纂其他家族史料。如从 2010 年 8 月开始，曾氏家庙理事会开始整理编纂"家庙资料汇编"。在 2016 年编纂出版的《平和曾氏家庙资料汇编 3》中，便收录了"平和曾氏家庙奖学金章程"及 2011～2016 年九峰曾氏 5 次发放奖学金的相关报道。

（一）平和曾氏家庙奖学金的规定

1. 设立奖学金的宗旨

曾氏家庙颁发奖学金的目的单纯直接，不求回报，以"为传承先祖立书田，励教育，兴学重教，特设立奖学金，奖励平和曾氏后裔品学兼优、追求进取的学子。使之成为对家族、对国家有益的人才"为宗旨。

2. 奖学金经费的来源

奖学金经费主要有两大来源，一是平和曾氏家庙基金的部分利息；二是来自热心公益人士以及宗贤的捐募。其中，曾氏家庙基金的重要来源是家庙功德龛的龛位收入。

"平和曾氏家庙雍睦堂龛位及家庙倡议有关事项决议"中写道："平和曾氏家庙议定：对家庙多次捐资，捐资数额累计达到 4 万元者（要扣除之前入主的捐资实额 4 万元者），可配享功德龛。平和曾氏家庙鼓励宗亲捐款，为先祖入功德龛，为本人入主功德龛长生位。"同时，为了鼓励曾氏宗亲慷慨捐资，家庙倡议给予捐资者各种形式的表彰和荣誉，《乐捐平和曾氏家庙基金功德无量》中对此作出了详细的说明："平和曾氏家庙倡议：为平和曾氏家庙祭祖基金、奖学基金捐资者，家庙将给予各种形式的表彰和荣誉。凡捐人民币四万元以上者，聘为本会永久名誉会长；凡捐人民币一万元以上者，聘为本会名誉会长，新编《平和曾氏家庙资料汇编》书中将刊登其6寸全家福彩照留芳，并赠送三本资料汇编；凡捐人民币六千元以上者，聘为本会名誉副会长，新编《平和曾氏家庙资料汇编》书中将刊登其经营业务广告半页，并赠送二本资料汇编；凡捐人民币一千元以上者，新编《平和曾氏家庙资料汇编》书中将刊登其2寸个人彩照留芳，并赠送一本资料汇编；凡捐人民币一百元以上者，名字列入新编《平和曾氏家庙资料汇编》书中捐资芳名榜，并赠送一本资料汇编。"

通过这种奖劝方式，平和曾氏家庙收到了各界热心公益人士及宗贤的捐资，至2016年，家庙基金共计约63万元人民币。

3. 奖励对象及金额

"平和曾氏家庙奖学金章程"中明确了奖励的对象是小学毕业以及初中毕业统考乡、镇级前三名的平和曾氏学生（含私立学校），高考大学县级文科、理科前三名的平和曾氏学生和考上清华、北大的平和曾氏学生。主要奖励的地方在九峰、秀峰、长乐乡、小溪、广东云浮市、永定下洋镇等地。

奖学金的数额根据奖励对象的不同而有所不同。小学毕业生前三名的奖励金额分别为：1000元、800元、600元；初中毕业生前三名的奖励金额分别为：1200元、1000元、800元；高考文、理科生第一名奖励2000元，第二名1800元，第三名1600元；考上清华、北大的学生每人奖励12000元（见表1）。

表1 曾氏家庙奖学金发放额度

类别	等级	额度（元）
小学毕业生	全乡镇第一名	1000
	全乡镇第二名	800
	全乡镇第三名	600
初中毕业生	全乡镇第一名	1200
	全乡镇第二名	1000
	全乡镇第三名	800
高考文理科	全县第一名	2000
	全县第二名	1800
	全县第三名	1600
考上清华、北大	每人12000	

4. 奖学金名额的产生

奖学金名额的产生是有相关依据的。每年小学毕业生获奖名单是由乡、镇中心小学校长、教务长、班主任将本年度小学毕业统考成绩位列本乡镇前3名的曾氏学生，经中心学校证实，书面报送平和曾氏家庙理事会；初中毕业生获奖名单，由乡、镇中学校长、教务长、班主任将本年度初中毕业统考成绩本乡镇前3名的曾氏学生，经学校证实，书面报送平和曾氏家庙理事会；高中毕业生获奖名单，由乡、镇中学校长、教务长、班主任将高考成绩名列本县前3名的曾氏学生，经县教育局（或招生办）证实，书面报送平和曾氏家庙理事会；考上清华、北大的平和曾氏学生，凭录取通知书复印件报送平和曾氏家庙理事会。

5. 奖学金的颁发

平和曾氏家庙设立奖学金委员会，负责策划、筹募、审查、管理、调整、分配、颁发工作。若委员出缺，则实行补选办法。并规定了奖学金每年颁发一次，时间为每年的8月份，地点在平和曾氏家庙雍睦堂。从2011年起，每年的获奖人员名单都会张榜公示，奖学金颁发活动的照片也都在装裱后悬挂于雍睦堂的墙上。

（二）平和曾氏家庙资金与财务的管理

关于曾氏家庙如何管理资金以及规范财务行为，曾太乙先生向我们做出了说明。

1. 资金管理制度

在基金的管理方面，首先，建立曾氏家庙资金专项账户，实行专人专管。规定现金必须存入专项账户。家庙理事会开展对外联谊等活动及动用较大笔资金维修家庙时，必须经九峰曾氏家庙常务理事会研究决定。其次，任何人任何情况下都不能动用平和曾氏家庙基金的本金。基金存息所得利息将本着节俭、廉正的原则作为家庙祭祖、奖学及其他支出使用。家庙每年应对资金的使用进行规划和预算，做到开源节流。每年年终，当年结余的资金应返回基金账户，作为基金的本金继续运作生息。基金本金所获利息的开支主要包括：每年春、秋两祭费用；曾氏家庙管理人员工资；电费、水费；会议费；对外联谊接待费；曾氏家庙修理费；以及其他重要活动经费。

2. 财务管理制度

（1）票据管理：采用三联专用收款收据，会计专管，领出本数、份数须办理领取手续，收据一联存于出纳，二联交给交款人（捐资者），三联交会计入账。

（2）费用支出须经手人、证明人签名，会长审批，然后报销出账。

（3）现金出纳须建立收、支、存流水账，做到账款相符。

（4）切实做到民主管理，账目公开，每年财务情况向理事会公布。

（5）会计、出纳各司其职，不能混兼，离职时必须与交接人办清交换手续。

（6）本会因公出差办事旅差费、住宿费和生活费补贴规定如下：①车旅费：到达办事目的地往返的实际车船费；②住宿费：在外住宿应住普通房，不住高档房；③生活费：生活以饭菜吃饱为主，不吃酒席。

四 曾氏家庙历年财务收支及奖学金颁发情况

曾氏家庙奖学基金附设于曾氏家庙基金之中，并未设立独立的奖学金基金账户。因此，考察曾氏家庙基金整体的财务收支情况，可以帮助我们了解曾氏家庙对家庙奖学基金的投入情况，从而反映其重视程度。

（一）曾氏家庙财务收支情况

2016年编纂的《平和曾氏家庙资料汇编3》中收录了6篇题为《曾氏家庙财务公布》的文件，反映了从2010－2015年曾氏家庙的财务收支情况。笔者经过采访，进一步掌握了曾氏家庙2016年以来的相关财务收支情况。以下为曾氏家庙2010年7月9日至2019年1月15日的财政收支情况（见表2）。

2010年7月9日～2010年12月21日，曾氏家庙财务收入合计为540317.48元，支出合计为210389.50元，结余为329927.98元。

2010年12月22日~2012年1月3日，曾氏家庙财务收入合计为77943.80元，支出合计为50741.40元（包括春祭支出17180.9元及秋祭支出33560.5元），结余为357130.38元。

2012年1月4日~2013年1月26日，曾氏家庙财务收入合计为84572元，支出合计为41288.50元（包括春祭支出5107元、秋祭支出21303元及其他支出14878.5元），结余为400413.88元。

2013年1月27日~2014年1月15日，曾氏家庙财务收入合计为84123.65元，支出合计为47614.10元（包括春祭支出5409元、秋祭支出5490.10元及其他支出36715元），结余为436923.43元。

2014年1月16日~2015年1月25日，曾氏家庙财务收入合计为108876.50元，支出合计为54231.50元（包括春祭支出5509元、秋祭支出3702.50元及其他支出45020元），结余为492168.43元。

2015年1月26日~2015年6月21日，曾氏家庙财务收入合计为191452.00元，支出合计为96497.00元，结余为587123.43元。

2015年6月22日~2015年9月3日，曾氏家庙财务收入为109900元，支出合计为58990元，结余为638033.43元。

2015年9月4日~2016年1月18日，曾氏家庙财务收入为119562元，支出合计为20950元（包括秋祭支出4579元及其他支出16371元），结余为736645.43元。

2016年1月19日~2017年1月8日，曾氏家庙财务收入合计为130780元，支出合计为111036元（包括春祭支出4673元、秋祭支出4877元及其他支出101486元），结余为756389.43元。

2017年1月9日~2018年1月20日，曾氏家庙财务收入合计为86660元，支出合计为55905元（包括春祭支出5606元、秋祭支出4265元及其他支出46034元），结余为787144.43元。

2018年1月21日~2019年1月15日，曾氏家庙财务收入合计为185430元，支出合计为59208元（春祭支出5598元、秋祭支出4766元及其他支出48844元），结余为913366.43元。

表 2　曾氏家庙历年财务收支情况

单位：元

时段	收入	支出	结余
2010.7.9–2010.12.21	540317.48	210389.50	329927.98
2010.12.22–2012.1.3	77943.80	50741.40	357130.38
2012.1.4–2013.1.26	84572	41288.50	400413.88
2013.1.27–2014.1.15	84123.65	47614.10	436923.43
2014.1.16–2015.1.25	108876.50	54231.50	492168.43
2015.1.26–2015.6.21	191452.00	96497.00	587123.43
2015.6.22–2015.9.3	109900	58990	638033.43
2015.9.4–2016.1.18	119562	20950	736645.43
2016.1.19–2017.1.8	130780	111036	756389.43
2017.1.9–2018.1.20	86660	55905	787144.43
2018.1.21–2019.1.15	185430	59208	913366.43

为了进一步了解曾氏家庙的财务收支的细节情况，现以 2017 年 1 月 8 日~2018 年 1 月 20 日大约一年的收支为例，将其详细项目列举如表 3、表 4。

表 3　曾氏家庙 2017 年财务收入情况

单位：单，元

类别	数量	数额
镇老年福利会2017年度利息	1	70000
入主收入	5	11800
潮州曾氏联谊会捐资	1	1800
宗亲捐资	3	900
出售汇编册	3	660
租金收入	1	1500
合计	14	86660

从表 3 可以看出，基金会本金的利息增值和爱心人士的捐款是曾氏家庙基金最为重要的收入来源。另外，曾氏家庙理事会也积极通过出售《平和曾氏家庙资料汇编》及租金收入等方式，尽可能多渠道增加收入。正是通

过理事会成员年复一年精打细算、积少成多、集腋成裘，才能让家庙基金在坚持完成诸多睦族恳亲、春秋祭祀、家庙维修、奖学颁发等重大事务的基础上，从 2010 年的 32 万多元的本金扩充到 90 多万元。

表 4　曾氏家庙 2017 年度财务支出情况

大类	细类	数量（单）	数额（元）	小计（元）	占比（%）
春祭	祭祖整理坟墓	3	1350	5606	10
	祭祖礼生红包	2	340		
	五牲、红粿等祭品	8	1264		
	糖果、水果等	2	771		
	纸、柜子、烛	2	81		
	伙食开支	1	1800		
秋祭	道士、点主礼生红包	2	820	4265	7.6
	糖果、水果等	4	723		
	五牲、糖、饭菜等	8	1222		
	秋祭伙食费	1	1500		
其他	召开会议、车费、补贴费用	7	3730	12434	22.2
	送花圈柜仪	3	900		
	清理祖祠屋面工资及购红布等费用	14	1288		
	春节、祭拜礼品	3	273		
	打字、复印、照相	3	1084		
	潮州曾氏联谊会宗亲联谊餐费	2	1275		
	参加永定抚市、漳浦等庆典礼金	5	3884		
2017 年度奖学金		1	18600	18600	33.3
管庙工资		12	15000	15000	26.8
合计		83	55905	55905	100

从表 4 可以看出，2017 年度曾氏家庙的财务支出共有 83 单，总支出为 55905 元。其中，春祭、秋祭等睦族恳亲活动所涉及的支出细目最多，所涉及的事务也最为繁杂。而 2017 年度颁发的奖学金则占了本年

度财务支出的 1/3，体现了家族教育公益活动在曾氏家族事务中受到了极大的重视。

（二）曾氏家庙历年奖学金颁发情况

曾氏家庙自 2011 年以来，已连续 8 年举办奖学金颁奖仪式，共奖励 71 名平和曾氏学子，颁发奖学金总额 114100 元。其中 2011 年奖励学生 5 人，颁发奖学金共 7100 元；2012 年奖励学生 12 人，颁发奖学金共 10000 元；2013 年奖励学生 10 人，颁发奖学金共 5900 元；2014 年奖励学生 9 人，颁发奖学金共 23900 元；2015 年奖励学生 7 人，颁发奖学金共 28800 元；2016 年奖励学生 10 人，颁发奖学金共 9600 元；2017 年奖励学生 8 人，颁发奖学金共 18600 元；2018 年奖励学生 10 人，颁发奖学金共 10200 元。

表 5　平和曾氏家庙教育基金历年颁发奖学金

年份	奖励人数（人）	奖学金总额（元）
2011	5	7100
2012	12	10000
2013	10	5900
2014	9	23900
2015	7	28800
2016	10	9600
2017	8	18600
2018	10	10200

结合表 4、表 5 我们可以看出，2017 年支出的 18600 元并非曾氏家庙教育基金历年来最高的奖学经费支出，如 2014、2015 年度颁发的奖学金总额均超过了 20000 元，其中 2015 年已经接近了 30000 元。结合表 2、表 5，我们也可以发现，除了个别年份（2016 年度为 8.6%），历年来曾氏家庙为奖励本族优秀学子而支出的经费所占全年支出的比例均超过了 10%，其中 2012 年度为 24.2%，而 2014 年更是占到了 44.1%。

五　曾氏家庙奖学金的社会影响及存在问题

（一）社会影响

平和曾氏家庙奖学金对九峰镇，甚至是平和及周边地区都产生了深远的影响。

首先，家庙奖学金弘扬了曾氏家族崇学重教、乐善好施的精神。古有曾氏祖先八婆太、志闻公等人设立书田，奖励教育，今有家庙设立奖学金弘扬祖德，传承先祖精神。家庙奖学金作为连通古今曾氏子孙的桥梁，让更多人了解到曾氏家族的历史，感受到他们对家乡的热爱，对宗族的贡献。

其次，家庙奖学金不断激励着曾氏子孙克服万难，勤奋学习。曾太乙先生是这样评价家庙奖学金的："奖学金不同于助学金，奖学金针对的是出类拔萃的人群，它的主要功能是激励学子。曾氏家庙这一做法是以一个相对严格的方式激励教育曾氏子孙，让他们不断上进。"由此可见，奖学金对曾氏学子来说不单是一份荣耀，更是一种激励，激励他们突破艰难险阻，在求学之路上不断完善自身，营造良好的文化氛围，将尚学的精神传递给下一代。

最后，奖学金的设立扩大了平和曾氏家庙在平和县，乃至闽南地区的影响。例如 2013 年 9 月《闽南日报》刊登了题为"平和曾氏家庙奖学金激励'后生'"的摄影报道，在平和网上能够查找到有关家庙奖学金的最新动态等。通过借助现代网络媒体的力量，曾氏家庙被越来越多人熟知，相信在不久的将来，曾氏家庙能得到更好的发展。

（二）存在问题

曾氏家庙奖学金活动从 2011 年至今已有 8 年，取得了不俗的成绩，带来了很好的社会影响。不过，在其不断完善的过程中，笔者认为其依然具有一些可以改进的地方。

一是家庙举办的其他活动耗资相对过大。在家庙基金总额一定的情况下，其他活动耗资越大，奖学金的经费就越少。如果曾氏家庙重视家族教育，那就应该尽力削减其他方面的开支，增加奖学金的金额。

二是家庙有设立贫困生基金以及奖励优秀教师的想法，但由于经费的限制，目前无法实现。扶困助学、尊师重教历来是中国传统宗族公益的一项优良传统，对于帮助族人实现人生理想、促进家族内部和谐，具有积极的促进作用。

三是从"平和曾氏家庙奖学金章程"来看，家庙奖学金的奖励对象较为局限，完全按照文化课成绩排名的高低来进行奖励。在提倡素质教育和全面发展的今天，家庙应综合考量学生的各方面素质，设立一些专门的奖励项目，鼓励曾氏子孙的全面发展。当然，目前没有设立这些奖项是因为经费有限，期待曾氏家庙奖学金能在日后弥补这一缺憾。

四是有关平和曾氏家庙资金与财务管理制度。平和曾氏家庙的基金监督由内部监督和外部监督构成。内部监督是由会长进行监督，包括监督会计及出纳的账目，对账款进行审批。外部监督是家庙定期财务公开，接受相关社会人士的监督，并且将重要收据的其中一联交给捐款者。这样的监管体制相对简单，这就要求监管人员高度的自律，保证自身的廉洁性。由于家庙目前基金规模较小，所以这种监管方式仍然适用，但在今后的不断发展中，为了保证家庙的基金能用到实处，还应建立专门的监督机构进行监管。

六 结语

在访谈过程中，有同学问及接受奖学金的学子是否有回报曾氏家庙时，曾太乙先生的回答让人动容。他表示："曾氏家庙颁发奖学金的目的其实很单纯，只是想要给那些刻苦学习的孩子们一点鼓励，希望他们能再接再厉，变得更加优秀，成为社会的栋梁。"

曾氏家庙所颁发的奖学金，数额虽然不大，但却一直坚持至今。捐资者不求学子们的回报，"那个是当时给我颁发奖学金的爷爷"这样一句偶尔在路上听到的耳语已经让他们心满意足。

此次平和之旅让笔者感受到了不一样的地方文化，着实受益匪浅。虽然曾氏家庙教育公益基金的发展仍存在可以改进的地方,但相信在家庙理事会和社会各界捐资助学的爱心人士的共同努力下,曾氏家庙的奖学活动能够成为一种良好的传统传承下去。当然,不仅在平和,中国许多地区都存在类似曾氏家庙这样的组织机构,通过设立教育公益基金来关心和激励年轻一代,只是这些基金尚未得到应有的社会关注。希望今后能有更多学者对该领域进行研究,希望更多的社会人士为地方教育公益基金的发展贡献力量。

福建省漳州市平和县曾氏家庙和厦门市瑶头村两地教育基金对比调查报告

叶燕红

一 引言

百年大计，教育为本。教育是立国之本，是民族兴旺的标记。一个国家有没有发展潜力看的是教育，一个国家富不富强看的也是教育。地方设立教育公益基金是重视教育的体现，旨在鼓励当地学子勤奋好学、孜孜不倦。

2018年暑期，笔者在系科研创新团队教师的带领下，与同组其他10位同学一道，赴漳州市平和县九峰镇，进行"平和县曾氏家庙教育公益基金"的示范性调研，该调研同时为笔者大学阶段的学科基础实践的内容。在2018年7月15日到达平和县九峰镇曾氏家庙进行实地考察、访谈之前，笔者先在网上查阅了平和县九峰镇曾氏家庙的基本情况，之后与本组师生一道，在曾氏家庙雍睦堂和家庙理事会多位成员进行座谈，对曾氏家庙教育公益基金的相关活动内容进行了调研。曾氏家庙会长、秘书长等向我们做了详细介绍并热情款待，我们收获颇多，心怀感恩，满载而归。

根据此次田野调查中累积的经验，笔者在回到家乡厦门市同安区瑶头村之后，随即开始寻访身边的教育公益基金，得知本村也有一个称为"瑶头村教育促进会"的组织，每年均于瑶江大元殿中举办奖学金发放仪式。在父亲的陪同下，笔者来到村委会，询问教育促进会会长林前庭先生，了解瑶头村教育促进会的历史和发展情况。由于采访当日正值村基层群众性自治组织换届选举，负责人都较为忙碌，笔者仅采访到大概信息。不过，笔者依然真诚感激负责人能够忙中抽空，为晚辈答疑解惑。采访结束后，笔者对调研材料进行整理，梳理两处教育基金的设立情况，对其进行比较，以深入了解两地教育公益建设和文化的异同。

二 两地教育公益基金的历史渊源比较

曾氏家庙位于漳州市平和县九峰镇中心西大街，背靠平和县古文庙，面向大尖山，坐南向北，始建于明朝中叶，历代亦有重修。平和曾氏家庙是平和曾氏族人供奉祖先的场所，庙中供奉先祖神位，依时祭祀。曾氏开派祖为宗圣公曾子，后世尊奉其为"宗圣"，从山东的沂水河畔，千里迢迢，辗转迁徙到八闽大地。在中国传统社会中，宗族向来扮演着重要的角色，同宗之人，互相帮衬，守望相助，促进家族的繁荣和昌盛。祖坟、祖庙、族谱、祖产和祭祀活动，是宗族的重要标志，它维系宗族的认同，凝聚宗族的力量。而家庙教育公益基金的创立，可以促使宗族子弟光耀门楣、光宗耀祖。

曾氏家庙理事会副秘书长曾太乙先生向我们介绍，曾氏家庙教育公益基金的设立是有源头的。早在明朝时期，高风亮节的八婆太"愿将粒积租税五十九石，立为书田"，并把1/3的家产捐做教育公益基金。受益于她重教毓贤的23位文武举人，感其贤惠，念其情义，遂于桥头尾落成"崇文家庙"，供后世子孙世代谒拜。清代的志闻公重宗祖，励教育，立功德，在中湖宗祠设立科举路费银，设立书田遗泽后裔。次卿公在乾隆年间从自家的大峰经里⑪抽出8石租谷的⑫产，作为九和书院膏火田，并将其"交绅董收为考课奖赏之资"。

今天的曾氏家庙教育公益基金和其先祖的捐助行为一脉相承，是对先祖兴学重教的传承。家庙雍睦堂里有一张明清两朝的家族科举金榜题名表，记载该家族在明朝有5位举人，在清朝则有36位举人，反映此地人杰地灵，文化氛围浓厚。

瑶江大元殿位于厦门市同安区祥平街道瑶头村宫顶里，主祀北极玄天上帝。原名延福堂，始建于元，重修于明永乐年间，清朝续有修缮。村里的大型活动包括每年奖学金颁奖大会都在此殿举行。据说，清乾隆二十八年（1763）癸未科武科会试、殿试，村人叶时茂先后高中会元、探花，历任二等护卫、游击、参将、副将等职。他为官廉洁奉公，领军纪律严明，生平乐善好施，乐育英才。在他的影响下，瑶头村创办乐大书房、中书房、下书房三处书塾，免费供贫困子弟读书，曾培养出 2 名进士、5 名举人，成为古同安美谈。乡亲们没有忘记这位曾经给他们带来荣耀的人物，村里保留了经过整修的武探花第。

民国年间，瑶头村后巷人林德耀先生，早年就读燕京大学，参加过五四运动，回乡后热心筹备学校，发展教育。在他的影响下，后巷仅大学生就有数十名之多，这在当时是难能可贵的。

笔者采访的教育促进会会长林前庭先生指出，以前村里经济文化落后，大多数农民不重视子女教育。后来经济变好了，文化也搞上去了，为了弥补古同安县没有出过状元的遗憾，引导年轻一辈重视知识，鼓励读书人拔得头筹、耀祖荣宗，经瑶头村党支部、村委发出倡议，瑶头村在 2007 年设立了"瑶头村教育促进会"。

平和县曾氏家庙历史上就有善人为读书人提供物质支持，"三百年状元匾，好家风在传扬"，后人继往开来，再接再厉；而同安区瑶头村虽然不像平和县曾氏家族那样人才辈出，但后人仍对学习热情满满，创立教育基金为读书人支持鼓劲，皆体现了对教育的重视。

三　两地教育公益基金的设立目的对比

2018 年 8 月 24 日上午，平和曾氏家庙在九峰镇曾氏家庙雍睦堂举行了第八届奖学金颁奖仪式，为来自九峰镇和崎岭乡的 10 名曾氏学子颁发奖学金共 10200 元。曾氏家庙雍睦堂座无虚席，济济一堂，人人脸上洋溢着节日里的笑容。

曾氏族人的快乐，源于一种清澈纯净、毫无私欲的公益目的。平和县曾氏家庙秘书长曾雄说道，我们基金的设立是不求回报的，这是没有前提的奖，单纯地为鼓励孩子们努力学习，营造一种良好的学习氛围。曾雄还向我们提到他的哥哥曾莹，他生性勤奋、谦和，热心家乡公益事业，先后捐资97万元修建九峰中学教学楼、下北小学教学楼以及发放奖学、奖教资金，并且对曾氏家庙教育公益基金慷慨捐资，贡献最大。曾莹有次走在乡间路上，遇到曾受助过的学子，此学子向曾莹热情地打了招呼，说："我上次拿过曾氏家庙教育奖学金，很高兴，谢谢您！"短短一句感谢话在曾莹心头萦绕，拂之不去，他回家后立刻向弟弟曾雄分享了自己的喜悦。平和县曾氏家庙举行春秋祭祀，传承孝道；设立奖学金，励志树人。此地人才辈出，人杰地灵，家庙对曾氏裔孙的影响，诚如雨露滋润，历久弥新。

2018年第九届"瑶头村教育促进会"奖学金颁奖大会于2018年8月19日在瑶头村瑶江大元殿召开，本次大会为16名优秀学子颁奖，颁发金额共计26400元。学子代表上台发言感谢瑶头村对莘莘学子的培育资助，他们会坚定信念，奋勇拼搏。瑶头村教育促进会会长告诉我教育基金设立的目的是："通过发放奖学金的方式，使我村广大学子感受到家乡人民的关怀和殷切期盼，并鼓励教育他们继续勤奋学习、发奋图强，百尺竿头更进一步，成为国家的栋梁之材，将来报效祖国，饮水思源，成为家乡的骄傲。同时形成比学赶超的良好氛围，借此为全村营造刻苦学习、尊重知识的良好气氛。"

在采访中，两地基金负责人都提到有的学子在领到奖学金后会把一部分奖金捐入殿里的功德箱中，累积公德，求得吉利。曾氏家庙和瑶头村的教育基金设立目的是一样的，即鼓励本宗族或本村的学子励志成才，营造良好学习氛围。

四　两地教育基金的管理运作对比

（一）基金的经费管理

平和县曾氏家庙奖学金于2011年创办，奖励标准见表1。几年来，教育基金从最初的13万元逐渐增至73万元，资金主要存在老年会里，民间投资是基金保值增值的重要途径。资金来源主要是功德龛和宗亲的捐赠，也包括其他企业家、贤达人士的捐赠。出生于九峰镇下北村的香港企业家曾莹先生,是县里的著名人物,他热衷于公益事业,不仅为平和曾氏家庙奖学金捐资 85000 元,还捐资维修宗祠家庙。

表 1 曾氏家庙奖学金奖励标准

类别\奖金\名次	第一名	第二名	第三名
初考	1000 元	800 元	600 元
中考	1200 元	1000 元	800 元
高考	2000 元	1800 元	1600 元
考上清华、北大	每人 12000 元		

以下是曾氏家庙奖学金 2011 年创立以来的历年奖励人数和发放金额。

2011 年,奖励小学毕业统考、初中毕业统考获乡、镇级前三名的平和曾氏学生 4 人,高考考生 1 人(考上清华大学),发放金额 7100 元。

2012 年,奖励 12 人(初考、中考和高考取得优异成绩的平和曾氏学生),发放金额 10000 元。

2013 年,奖励 10 人,发放金额 5900 元。

2014 年,奖励 9 人,发放金额 23900 元。

2015 年,奖励 7 人,发放金额 28800 元。

2016 年,奖励 10 人,发放金额 9600 元。

2017 年,奖励 8 人,发放金额 18600 元。

2018 年,奖励 10 人,发放金额 10200 元。

据悉,平和县曾氏家庙奖学金颁奖仪式从 2011 年开始至今,已连续 8 年举行,共奖励 71 名平和曾氏学子,其中 6 名考上清华、北大,共颁发奖学金 114100 元。

瑶头村教育促进会于 2007 年创立,在成立时资金总额是 425000 元。为玄天上帝"添油香"是促进会资金的重要来源之一。在闽南文化地区,"玄天上帝"信仰非常盛行,瑶头村瑶江大元殿则是人们崇祀玄天上帝的重要庙宇。除了大陆香客,台湾省的信仰者也经常来此进香,每年都迎来众多的信徒,有许多善士布施功德。此外,村里善心企业家也积极参与捐助,成为瑶头村教育促进会资金的另一个重要来源。2010 年 5 月，银豪饲料厂向促进会捐资 5 万元，据说这是目前最高的单笔捐款。

根据会长林前庭提供的部分奖学金支出数据，笔者大致整理出奖学金颁发标准（见表 2）。2007～2009 年，研究生奖励 2000 元，本一学生 3200 元，本二学生 1600 元，考上重点高中奖励 1000 元；2010 年高考考生不分文理，按成绩高低排列，一、二名 2000 元，三、四名 1800 元，五、六名 1600，第七名至第十名 1000 元，第十一名以后 800 元；2011～2018 年，研究生奖励 1000 元，高考考生文理分开颁奖，第一名 5000 元，第二名 1800 元，第三名 1600 元，第四名以后奖励 1000 元，考上重点高中奖励 600 元。

表 2　瑶头村教育促进会历年奖励学生人数、金额

年份 \ 类别	中考 人数	中考 金额	高考 人数	高考 金额	研究生 人数	研究生 金额	共计
2007	4 人	4000 元	8 人	19200 元	无	无	23200 元
2008	6 人	6000 元	7 人	15400 元①	2 人	4000 元	25400 元
2009	4 人	4000 元	13 人	38800 元②	无	无	42800 元
2010	11 人	15600 元	无	无	无	无	15600 元
2015	8 人	4800 元	11 人	12400 元	2 人	2000 元	19200 元
2018	3 人	1800 元	11 人	22600 元③	2 人	2000 元	26400 元

注：表中注"无"的，只是瑶头村教育促进会提供的账单没有相关信息，并不表明当年无此奖励。

瑶头村教育促进会连续举行了 12 年，至今共颁发奖学金近 24 万元。至 2018 年底，教育促进会账户的经费余额为 28 万余元。

企业家善心捐赠是两地教育基金的重要资金来源，还有社会上的成功人士衣锦还乡，为家乡教育事业发展添砖加瓦。把基金存入老年会增值，是曾氏家庙教育公益基金管理的一大特色。两处教育公益基金均向成绩优秀的中考生、高考生颁发奖学金，这是它们的相同之处。区别在于，曾氏

---

① 包含一个"本二线特殊奖"，即没上本二线被本二学校录取，奖励 1000 元。
② 包括两个"本二线特殊奖"。
③ 其中文科排名第五名学子原本应该奖励 1000 元，因家庭特别困难升至 1800 元。

家庙教育基金（会）不奖励研究生及以上优秀学子，而瑶头村教育促进会则将小学毕业生排除于奖励范围之外。

在访谈过程中，两地基金会负责人都提到会逐渐提高奖励额度，并且扩大奖励对象，贫困生将会是两处基金会的主要扶持对象，以减轻贫困家庭学子的上学负担。

（二）基金的管理机构

平和县曾氏家庙教育公益基金设立奖学金委员会，包括3名顾问，分别由政府分管教育领导、平和二中校长、九峰中心小学校长担任；另有负责人3名、财务人员3名、委员13名。各委员分别负责策划、筹募、审查、管理、调整、分配、颁发工作。如委员出缺，实行补选。

瑶头村教育促进会的内部管理人员设有：会长、副会长、秘书长、监事长，由民主选举产生，3年一届。

瑶头村教育促进会奖励对象仅为瑶头村村民，包括林、叶、陈等多姓氏的村民子弟均有可能获得其奖学金鼓励。而曾氏家庙教育公益基金面向的区域较为广阔，范围含有九峰镇、崎岭乡、秀峰乡、长乐乡、小溪镇，甚至是广东云浮市、永定下洋镇同姓同源的学子（但必须与平和县曾氏家族是近亲），其基金内部管理人员相比于瑶头村教育促进会更多，管理模式也更完善。

（三）基金的颁奖仪式

平和县曾氏家庙教育公益基金的奖励对象是初考、中考和高考取得优异成绩的平和曾氏学子，其中考上清华、北大的会有额外奖励，如之前第四届颁奖会上，为庆祝九峰镇黄田村曾某考上北京大学，平和曾氏家庙举行了一次热闹的游村庆祝仪式。家庙同时举行祭祖仪式，由县政府领导、各地校长、优秀学生家长依次发言，家庙发给优秀学子红包、奖牌和《平和曾氏家庙资料汇编》，并于会后在雍睦堂拍照留念。经过这些年的发展，曾氏家庙教育公益基金的管理越来越完善。副秘书长曾太乙在交谈中还很自豪地提及，周边朱姓教育基金的负责人，曾经多次到曾氏家庙学习教育基金会的管理经验。

笔者曾参加过2016年第七届"瑶头村教育促进会"奖学金颁奖大会，得到了一张奖状和一个红包，至今仍印象深刻，心怀感激。颁奖大会前一周，教育促进会工作人员会在瑶头村卫生所和菜市场这种村里热闹处或人员密集地张贴红榜，告知村民举行奖学金颁奖大会的日期。之后，秘书长到受奖者家里走访，或通过电话联系或邻里相告，使大家周知大会事项。通知到位后，学子携父母前往瑶头村瑶江大元殿参加颁奖仪式。会上还邀请村主任、区教育部门相关人士、基金会主要负责人等上台讲话，恭贺学子取得优良成绩，鼓励其再接再厉，其后优秀学子代表和家长上台发表感言，最后在瑶江大元殿前合影留念。

曾氏家庙和瑶头村教育促进会的颁奖流程较为相似，而曾氏家庙对于成绩更为优秀的学子，采取了独特的庆祝方式——绕城游行，全村一起热闹恭贺。

五　结语

本次的田野调查，笔者深切了解到两地村民对教育、人才的重视。教育公益基金的发展，激励了当地莘莘学子，带动了当地善心企业家投资助学，回报社会，营造了浓厚的学习氛围。当然，两地的教育基金同样存在一些问题，如教育资金来源途径较少，平和县有的获奖者到曾氏家庙路途遥远、路费较贵等。随着时间流逝、经验累积，两地的教育基金都在不断完善，现今的曾氏家庙正在筹划贫困生助学金，瑶头村教育促进会在完善教育章程。两地教育基金会都意在鼓励优秀学子继续前行，不断努力。

福建省漳浦县黄埔村教育基金会调查报告

朱惠煌

一 引言

从广义上说，基金是指因某种目的而设立的具有一定规模的资金。基金的类型有很多种，而为促进教育发展而设立的基金，就是教育基金。近年来，随着教育的不断发展，中国各省纷纷成立了诸多类型的教育基金会，有力地促进了我国当前教育事业的发展。结合中国现阶段的基本国情，建立基金管理制度、多渠道集资办教育是一个相当长时间的任务，是深化教育改革的重要内容，也是促进教育发展的重要条件。

2017年暑假期间，在本系教育公益文化研究团队教师的指导下，利用完成学科基础实习的机会，笔者选择了"当代福建民间教育公益基金"这一主题进行相关调研。这是因为，就在2016年，笔者所在的村庄——漳浦县霞美镇黄埔村刚刚成立了一个教育基金会。作为同一调研选题的成员，笔者与同班的郑颖枚同学进行了交流，决定两人一起组成调研小分队，对黄埔村的教育基金会进行合作调研。我们首先通过网上查阅资料，大致了解了黄埔村的基本情况，为概述和理解黄埔村基金会建立粗略的坐标系。接下来，我们根据事先拟定的访谈提纲，依次采访了基金会的会长和财务管理人员，向其询问有关基金会建立与管理的具体情况。最后，我们找到该村村民和受助者进行面对面访谈。为扩大访谈范围，我们还制作了调查问卷，邀请部分村民进行问卷调查。调研访谈的过程中，我们没有忘记与基金标志物及访谈人物拍照留念。

二 基金会的建立与目的

(一) 黄埔村基本情况

黄埔村是福建省漳州市漳浦县霞美镇的一个行政村,位于霞美镇的西部,东邻白石村,西与杜浔镇过洋村交界,南邻前岭村,北邻五社村。黄埔村分为黄厝路社和笼仔埔社两个部分,黄埔村的村名,即是 1944 年从这两个社的社名中各取一字组合而成。目前,黄埔村的人口规模大约为 1450 人,其中黄厝路社主要为蔡姓聚居地,有祠堂一座,蔡姓人口超过黄埔村总人口的 50%;笼仔埔社主要有朱、洪二姓,朱姓有祠堂一座。

黄埔村有一所小学,名为黄埔小学。1990 年,经全体村民协商,在黄厝路和笼仔埔两社之间建造了新校舍,校园面积约 4000 平方米,校舍建筑面积约 520 平方米。全校共有 6 个班,每个年级 1 个班,有教师 10 人,学生 160 余人。

(二) 黄埔村教育基金会的建立

2016 年六一国际儿童节前夕,村里的一个家长跟校长提出为学校的小学生们做点公益的想法,表示自己愿意出 1000 元为他们购买校服。而作为黄埔小学校长的林寸香灵光一闪,提出建立黄埔村教育基金会来促进黄埔小学教育的发展和鼓励本村孩子刻苦学习的建议。林校长认为,建立教育基金会,一来可以向学习优秀的孩子们颁发奖学金,从而起到激励孩子们好好学习、营造良好学习氛围的积极作用;二来可以给教学质量高的教师们颁发奖教金以提高教师们的教学积极性和教学质量,更好地促进黄埔村教育的发展。

建立黄埔村教育基金会的倡议一经发出,便获得了全体村民的一致赞同,大家纷纷表示愿意给予全力支持。林寸香校长与村干部和部分家长合作,一方面着手进行基金会的筹资计划,另一方面则开始制定基金会的管理章程。2016 年 6 月 1 日晚上,召集黄埔村村委会、黄埔村社政、黄埔村老人协会、社会各界爱心人士代表在黄埔小学召开了会议。会议上,大家用推选的方式,确定了基金会的成员后,进行了"黄埔村教育基金会"的成立大会。在大家的欢笑与期待中,黄埔村教育基金会正式宣告成立。

(三) 黄埔村教育基金会建立的目的

会议上,大家一致认为,创办黄埔村教育基金会,可以起到多种作用:一是可以通过给学习优秀的学生和教学质量高的教师颁发奖金的方式来激励学生们好好学习,提高教师教学质量,从而在村里营造一种良好的学习氛围。二是可以给黄埔小学的孩子们买校服,或者给六一儿童节等节日办活动。三是可以为学校的基础设施建设提供资金等。总而言之,黄埔村教育基金会的设立,不仅能丰富孩子们的校园生活、提高孩子们的学习积极性,同时也能改善办学条件,调动教师的工作积极性,提高教学质量,还将起到减轻学生家庭负担的作用。

三 基金会的组织管理

(一) 理事会人员组成

黄埔村教育基金会是由家长会发起,黄埔村村委会、黄埔村社政、黄埔村老人协会、社会各界爱心人士共同参与建立的。每一届的黄埔村社政大头家必须兼任黄埔村教育基金会总理事,年年传承。

黄埔村教育基金会设立管理理事会,其成员首先由村民从家长中推选出来,再经选举确定人选。2016年基金会初步成立时,议定理事会选举9人组成,其人员构成包括会长1人,副会长2人,财务1人,理事5人。之所以是9人,其寓意是长长久久,希望黄埔村教育基金会一直传承下去。会长主要负责组织开展捐赠活动,副会长主要负责保管和收发基金,财务负责人主要负责做好相应的台账工作,理事和所有基金会会员负责协调负责人组织活动。基金会管理者的轮值年限尚未最后商定,目前暂定为5年换届一次。

2016年6月黄埔村教育基金会建立之初,理事会组成情况如表1。

表 1　黄埔村教育基金会首届理事会成员

职务	人数	姓名
会长	1	朱阳其
副会长	2	蔡志阳，朱添坤
财务	1	蔡必泉
理事	5	何淑煌，朱添泉，蔡必泉，朱建华，洪进涛

2019年3月，黄埔村教育基金会理事会成员有所变动，其中会长1人、副会长2人保持不变，其中一名副会长兼任会计，理事则由5人增加到7人，总人数增加为10人。具体情况如表2。

表 2　黄埔村教育基金会第二届理事会成员

职务	人数	姓名
会长	1	蔡志阳
副会长	2	何淑煌、朱添坤（兼任会计）
理事	7	蔡必泉（兼任财务）、蔡永教（兼任策划）、林培邻（兼任法律顾问）、蔡韩伟、朱添泉、朱永加、朱跃和

（二）监管防弊机制

为了保证基金会的正常运行，黄埔村教育基金会设立了颇具创新、行之有效的监管防弊机制。

首先，黄埔村教育基金会的基金存入农村信用社，拥有银行专用账号，基金会所有捐款收入均可以通过银行账号直接捐入基金会，而不必经过个人之手，从而有效地杜绝了财务人员中饱私囊的弊端。全体捐款人均可向财务负责人查询捐款资金的使用和管理情况。对于查询和疑义，财务负责人应当如实答复。

其次，基金会的基金做到专款专用，本着公平、公正、公开的原则，根据期末统考的成绩和教绩予以奖励。每笔支出都必须由会长签名同意后，财务方可付款，其他人不得挪用一分一毫。本基金会全体参与人员拥有对基金会资金的使用监督权。黄埔村教育基金会实行年度账目公开制度，要求每年正月十五元宵节时，必须把本年度所有的捐赠名单及金额、奖励名单及金额在庙会张榜公示。

再次，黄埔村教育基金会建立了手机微信群，基金会每年的捐资收入、奖项支出以及资金详细项目，只要一有更新，都必须在基金微信群予以公示，通过微信群进行监督防弊。截至2019年4月，"黄埔村教育基金会爱心传递群"的群友已经有170人。这种充分利用网络便利的监督方式，是基金会在当代社会的一种创新，值得全社会公益基金组织效仿。

通过以上三项监督措施，黄埔村教育基金会将自身的一切行为完全公开于全体村民眼前，让黄埔村的每一位村民以及社会各界爱心人士都能对教育基金会进行监督。

四　基金会的经费来源与使用情况

（一）基金会的经费来源

黄埔村教育基金会的本金是由黄埔村以及社会各界爱心人士本着"自愿、有爱、互助、进步"的原则共同捐资筹集的。基金会章程规定，基金会全体管理人员均有向社会各界倡议捐款的义务，动员全体村民和各界爱心人士踊跃捐款，最大限度地扩大基金规模，提升基金会的公益能量。基金会副会长负责收捐赠款，收款后给予捐款人收款收据，并盖上"黄埔村教育基金会"的专用印章。

2016年6月1日晚，黄埔村教育基金会成立之后，立即发动现场捐款，由村委会和基金会成员带头，大家踊跃参与，在短时间内收到万逾元捐款。到2017年底，1年多的时间里，基金会总金额增加到8万多元人民币。2年多来，基金会一直为黄埔村小学的孩子们举办活动及各种奖励提供经费资助。在此过程中，也不断有更多的爱心人士献出爱心，踊跃捐款，成为基金会永不枯竭的源头活水。

（二）基金会的增值方式

为了保证爱心捐款的保值乃至增值，黄埔村教育基金会在农村信用社开设了一个专门的银行账户，所有的爱心捐款均被存入该账户，每年也可以获得一定数额的利息收入。近3年来，黄埔村教育基金会银行账户上的经费数目不断刷新，截至2019年2月春节期间，基金会账户上的金额总数为51865.66元人民币。

（三）基金会的经费使用

1. 经费资助方案

黄埔小学校长林寸香老师，通过请教和借鉴高等学校"大学基金会"的运作方法，为黄埔村教育基金会的正常运转拟定了一整套合理的管理方案，和基金会成员一起制定了"黄埔村教育基金会管理章程"。

黄埔村教育基金会的发放对象是所有黄埔村子孙。其中既包括户籍为黄埔村的全体村民的孩子，也包括在外地定居的祖籍为黄埔村的村民子女。黄埔村教育基金会发放的奖励经费，主要分为学生和教师两大类。凡属黄埔村教育基金会奖助对象范围的学生，在期末考成绩优秀或者进步明显的，都可以获得相应的奖励。对于本村高考毕业生，为了鼓励学生上大学，要求其考上必须就读后才能领取奖金。凡属黄埔小学的教师，其所教授班级学年度下学期期末统考在霞美镇中心校排名前五名者，可以获得相应的奖励。具体奖励方案如下。

（1）学生奖学金

考上研究生的学生：奖励2000元

考上"本一"类大学的学生：奖励1200元

考上"本二"类大学的学生：奖励800元

考上专科学校的学生：奖励400元

考上漳浦一中的学生：奖励1000元

初一、初二期末考试在校年级排名前十的学生：奖励200元

黄埔小学在校学生，根据学年度下学期期末总评情况，成绩优秀或者进步明显的：适当奖品奖励。

（2）教师奖教金

语文（数学）学科第一名的老师：奖励1200元

语文（数学）学科第二名的老师：奖励 1000 元

语文（数学）学科第三名的老师：奖励 800 元

语文（数学）学科第四名的老师：奖励 600 元

语文（数学）学科第五名的老师：奖励 400 元

语文（数学）学科进步奖：每进步一名奖励 50 元

2. 奖励经费的实际发放情况

根据基金会管理章程，奖学金和奖教金的发放是以年度为单位的。每个学年度下学期期末考试结束，基金会管理人员将会根据黄埔小学及霞美镇相关教育管理部门的统计情况，确定本年度基金会奖励对象的资格人选与奖励额度。我们通过采访基金会管理人员及获得基金会奖励的学生和教师，了解到了 2017 年度和 2018 年度黄埔村教育基金会发放奖学、奖教金的大致情况（见表 3、表 4）。

表 3　2017 年度黄埔村教育基金会学生奖学金发放情况

受助者	类别	受助金额（元）	家长
林小惠	霞南中学七年级期末考成绩年段第三名	200	林煌欣
林惠绒	霞南中学七年级期末考成绩年段第九名	200	林煌治
朱春梅	霞南中学七年级期末考成绩年段第十名	200	朱志明
蔡宇恺	考上漳浦县一中	1000	蔡志毅
蔡 彤	考上漳浦县一中	1000	蔡文泉
蔡镇伟	考上漳浦县一中	1000	蔡永教
蔡镇泽	考上本二类高校	800	蔡永教
蔡炳强	考上硕士研究生	2000	蔡永达

表 4　2018 年度黄埔村教育基金会学生奖学金发放情况

受助者	类别	受助金额（元）
朱卿洁	霞美中学八年级期末考成绩年段第三名	200
林小惠	霞南中学八年级期末考成绩年段第九名	200
朱宏越	考上漳浦县一中	1000
蔡秋云	考上大学本科	800
林惠燕	考上大学本科	800

续表

受助者	类别	受助金额（元）
林美貌	考上大学本科	800
蔡志丛	考上大学本科	800
朱志鹏	考上大学专科	400
蔡幼苗	考上大学专科	400
朱燕宏	考上大学专科	400
蔡秋梅	考上大学专科	400
蔡银翔	考上大学专科	400

黄埔村教育基金会每个学年度下学期都会择期举行颁奖仪式（时间一般是定在暑假期间），由基金会成员为获奖者颁发获奖证书及相应的奖金，并邀请村里的老师、学生、村干部、家长等参加颁奖典礼。

3. 基金会资助学校购买校服情况

黄埔村教育基金会一经成立，就实现其初衷，为黄埔小学的学子们购买了校服，校服的样式是自己定制的，校服背后印有"黄埔村教育基金会"以及"爱心天使"的字样。之所以这样设计校服，目的也是对黄埔村教育基金会的一种宣传，希望通过孩子的纯真与善良，有效地动员全村和社会各界爱心人士踊跃捐款，将爱心传播出去、传递下去。

五 黄埔村教育基金会的社会影响

（一）问卷调查情况分析

我们通过实地走访、微信询问和问卷调查的方式，调查了黄埔村人们对教育基金会各方面了解情况。其中，网络问卷调查为我们快速、准确了解村民对基金会的认识情况提供了很大的帮助。

本次填写调查问卷的人数达到64人，其中男性38人，占比为59.38%，女性26人，占比为40.63%，受访者的男女性别比例较为均匀。接受问卷调查的人员年龄主要在19岁到50岁，其中19岁~40岁的答题者最多，共有49人，占全部参加问卷答题者的76.56%。其中又以23岁~30

岁的受访者最多，占比 31.25%，表明本次调研得到了思想最为活跃的青年村民的热心关注。从社会身份来看，有 35% 左右的问卷答题者为在校学生，50% 的问卷答题者选择了"其他"身份。有 22 名问卷答题者填写了教育程度，其中大学生占比最高，为 54.55%，高中、初中学历者均为 18.18%，小学学历者仅为 9.09%。

根据网络问卷调查我们发现，黄埔村教育基金会尽管成立只有两年多的时间，但它在黄埔村已经拥有了一定的知名度，只不过这种知名度还远未达到非常普遍的程度。大部分受访者都表示知道或者一定程度上知道黄埔村教育基金会，也有 15.63% 的受访者表示并不了解黄埔村教育基金会。调查发现，黄埔村民大多还停留在只是简单知道黄埔村教育基金会这一事物、认为它可以给学习成绩好的孩子颁发奖金的层面上，而对于黄埔村教育基金会其他各方面的了解还不够深入。

尽管有 64.81% 的受访者表示没有参加基金会的发起仪式，但有半数的受访者至少参加过一次基金会的募捐活动。在 27 位参加了基金会募捐活动的受访者中，捐款数额超过 500 元的达到了 33.33%，捐款数额在 100~200 元的占了 44.44%，体现了大家对捐款颇为积极踊跃。同时，在 54 份有效问卷中，有 42 人表示很看好基金会的未来发展前景，说明大家对基金会的未来很有信心。有 87% 的受访者认为，基金会的资助能够扩大学校教育活动的规模，也有利于活动的顺利开展。受访者普遍认为，基金会的存在，不仅可以激励学生好好学习、天天向上，从而在村里营造一种良好的学习氛围，而且可以把公益事业与教育结合起来，是一种很有前途的发展道路，意义重大。同时，它也能够激励教师完善综合能力，有利于提高教育技能。

在基金会发放奖助经费的公开程度方面，有 18.52% 的村民表示不清楚其经费使用情况，而 74.07% 的村民则表示基金会的经费使用是完全公开的，每一笔资金的来源与去向都可以查询得到。至于了解基金会公开经费使用情况的相关途径，有接近 70% 的村民表示可以通过手机微信群获取相关信息。受访村民同时也表示，未来黄埔村教育基金会应在健全及完善公益基金的使用公开制度方面加大力度，推动基金会的健康发展。

我们的问卷也设计了相关问题，用于了解村民是如何看待黄埔村教育基金会所面临的客观困难的。调查表明，有61.11%的受访者认为，"社会认同度、了解程度低"是目前基金会所面临的最大困难，50%的受访者认为制约基金会发展的主要困难在于"缺乏成熟完善的项目管理执行模式"，有42.59%的受访者认为最大的制约因素是"资金短缺"。

通过网络问卷调查，我们更加明了黄埔村教育基金会建立的意义，也发现了黄埔村教育基金会存在的诸多问题，为基金会的改进和日益完善提供参考。

（二）村民对黄埔村教育基金会的评价

黄埔村民们大多都非常看好教育基金会的发展前景，并愿意用自己的实际行动给予基金会以支持。总体来看，大家都对基金会做出了良好的评价。

1. 村委会的评价

黄埔村村委会十分肯定黄埔村教育基金会对教育的促进作用，并愿意对基金会给予大力支持，他们给出了简单朴素却又极具高度的评价：教育基金会事业是"真爱永恒"。

2. 学校管理者的评价

一方面，他们认为通过对学习成绩优秀的学生进行奖励，可以激励、鼓舞学生的学习热情，为学校营造良好的学习氛围。另一方面，通过对教学优秀的教师进行奖励，可以调动教师的工作积极性，从而提高教师的教学质量，提升学校的整体办学水平。黄埔小学校长这样评价黄埔村教育基金会："建立基金会是我们黄埔小学教育复兴的起点。"

3. 基金管理者的评价

基金管理者自评认为，通过两年多来的努力，黄埔村教育基金会的日常工作已经逐步走上正轨。基金会拥有了专用账号，建立了基金微信群，形成了公开的监督机制。基金会所有的捐款、奖项以及资金详细变化情况必须在基金微信群予以公示，正月十五元宵节必须把所有捐赠名单及金额、奖励名单及金额在庙会公示。有这些较为完善的监管机制和防弊机制，基金会才得以像现在这样正常运转。不过，理事会的工作还是有很多不足的方面，应不断完善和健全监管机制，做好宣传工作，加大动员村民和社会各界爱心人士对基金会进行监督的力度。希望黄埔村教育基金会可以发挥更大的作用，繁荣发展黄埔村教育，使得黄埔村人才辈出，为黄埔为社会做贡献。

4. 获奖者的评价

获得奖学金和奖教金的学生、老师都认为，黄埔村教育基金会的成立是一件很好的事情。受奖学生表示，"自从黄埔村教育基金会成立后，自己因为期末考成绩优秀，被奖励了好几次，感觉学习更有动力了，学校的学习氛围明显更好了。黄埔小学还给我们提供免费的校服，还有比起以前，学校的文体活动增多了，校园生活变得更加丰富多彩了，感觉很幸福"。获奖的教师认为，奖教金的发放对其教育工作有很大的鼓舞作用，激励自己对教学工作进行反思改进，提高了自身教学能力，整个学校充满了阳光、积极的力量。

5. 普通民众的评价

村民认为，基金会的成立为本村的教育事业注入了新的活力，调动了全社会关心教育、支持教育的积极性，促进了教育的发展，为黄埔村培养各级各类人才提供了帮助，也部分减轻了家长们的负担。

通过村委会、学校、基金管理者、获奖者、普通民众等不同主体的评价，我们更加了解了黄埔村教育基金会。黄埔村教育基金会虽然成立不久，但其对当地学校教育的贡献是巨大的，其社会影响力是值得大家肯定的。

六 结语

自从黄埔村教育基金会成立以来，村民们和社会各界爱心人士中有能力的、有爱心的、对其充满期待的，都会时不时地向基金会捐款，为本村的教育尽自己的绵薄之力。众多小水滴汇成小溪，滋润着当地学子的求学之路。滴水相助，通过黄埔村教育基金会的职能表现出来，回之涌泉。黄埔村教育基金会的前景很好，我们相信通过教育基金会的辅助，黄埔村的教育能更上一层楼，我为我们黄埔村感到自豪。

附录　　　　　　黄埔村教育基金会管理章程

黄埔村教育基金会是由家长会发起，黄埔村村委会、黄埔村社政、黄埔村老人协会、社会各界爱心人士共同参与建立的。每一届的黄埔村社政大头家必须兼任黄埔村教育基金会总理事，年年传承。

黄埔基金会的基金由黄埔村以及社会各界爱心人士本着自愿、有爱、互助、进步的原则共同捐资。捐款后需开具收款收据，并盖上黄埔村教育基金会的专用印章，本基金会拥有专用账号，基金会所有捐款、奖项以及资金详细项目必须在基金微信群予以公示，正月十五元宵节必须把所有捐赠名单及金额、奖励名单及金额在庙会公示。

基金会的基金要做到专款专用，只能用于期末的奖学和奖教，本着公平、公正、公开的原则，根据期末统考的成绩和教绩予以奖励，任何负责人和其他人不得挪用一分一毫，本基金会全体参与人员对基金会可使用监督权。全体捐款人均可向财务负责人查询捐款资金的使用和管理情况。对于查询和疑义，财务负责人应当如实答复。所有人有权监督一切关于基金的使用情况，以保证捐款额始终处于阳光程序的操作中。

基金会会长、副会长、财务、理事等负责人主要负责组织开展捐赠活动，保管和收发基金，并做好相应的台账工作，基金会会员负责协调负责人组织活动。

黄埔村教育基金会机构成员：9名（寓意：长长久久，希望黄埔村教育基金会一直传承下去）

会长一名：朱阳其

副会长二名：蔡志阳、朱添坤

财务一名：蔡必泉

理事五名：何淑煌、朱添泉、蔡必泉、朱建华、洪进涛

（注：蔡必泉是黄埔村黄厝路的社政大头家，需兼理事，朱建华是黄埔村笼仔埔后社社政大头家，洪进涛是黄埔村笼仔埔前社社政大头家）

具体事务安排：支出金额必须会长签名同意支付后方可付款，副会长

负责收捐赠款，收款后给予捐款人收款收据，财务负责管理账目、金额以及付款事宜，理事、副会长及财务协调会长做好基金会各项工作。

附：奖励对象

黄埔小学下学期期末考优秀的学生或者进步明显的学生

黄埔小学下学期期末统考在霞美中心校排名前五名的教师

黄埔村考上研究生、本科、专科、一中的学生

（为了鼓励学生上大学，考上必须就读后才能领取奖金）

黄埔村教育基金会（宣）

2016.6.1

福建省石狮市济阳柯蔡委员会慈善教育基金调查报告

颜诗诗

一 引言

教育公益基金促进教育良性发展，为教育活动的发展提供有力的保障，民间性质的教育公益基金则是教育公益活动的重要组成部分。

这次暑期学科基础实习，笔者跟随毛晓阳老师前往漳州平和县九峰镇进行了关于曾氏家庙与"天湖堂"等地的教育公益基金调研活动，而后回到家乡继续寻找身边的教育公益基金。在调查过程中，笔者发现家乡石狮市有众多类似的教育公益基金，于是就近选择了福建省蔡襄学术研究会济阳柯蔡委员会慈善教育基金（以下简称"柯蔡教育基金"）作为调研对象，围绕其教育公益活动展开相应的调查、访谈。由于此次选择的调研对象并非以独立的基金会的形式存在，而是附属于济阳柯蔡委员会的经费之中，因此调查研究的内容与基金会相比会有所欠缺，在文中也只能展现出与教育公益相关的部分。

二 柯蔡教育基金的设立

（一）基金所处社会环境

福建省蔡襄学术研究会是经福建省民间组织管理局于1995年4月2日正式批准成立的社团组织，会址在石狮市，下设出版基金会、济阳柯蔡委员会和蔡襄故里委员会。其所设立的教育基金亦位于泉州石狮，捐资助学的范围包括泉州以及下辖的晋江、石狮、南安、惠安、安溪、永春在内的柯蔡本族子弟。

泉州，福建省下辖地级市，简称"鲤"，别名鲤城、刺桐城，位于福建省东南沿海，北承福州，南接厦门，东望宝岛台湾，地处闽东山地中段和闽东南沿海丘陵平原中段，辖四区三市五县，总面积11015平方公里。根据政府报告，泉州市2017年末全市常住人口865万人，其中晋江市占地面积642.36平方公里，人口206.5万；石狮市占地面积159.9平方公里，人口67.6万；南安市占地面积1984.98平方公里，人口146.5万；惠安县占地面积481.2平方公里，人口74.1万；安溪县占地面积3057.28平方公里，人口99.8万；永春县占地面积1456.87平方公里，人口45.5万。

在这些市县内，柯蔡子弟人口众多，蔡姓为泉州第9大姓，排名中国百家姓第44位。据史书记载，蔡氏得姓于蔡国，发展于济阳，故蔡姓族人大都以"济阳"为"郡望"或"堂号"，以志家世根源。柯姓，出自姬姓，始成于春秋。吴国有个叫柯庐的人，是吴王的儿子，其后代用他名字中的"柯"作姓，遂成柯姓。后来柯姓子孙繁衍散处四方，泉州的柯氏族人从中原迁徙而来。现东南亚华裔中还有"世界柯蔡宗亲总会""辛柯蔡宗亲会"，并流传着闽南"辛、柯、蔡三兄弟一本"的说法，且柯蔡辛为同宗。柯氏郡望有济阳、钱塘、洛阳、齐郡、河南等名号，其在闽南的堂号则有瑞鹊、有源、一经、万生、棣萼、绳武等名号，在台湾还有靖山堂。

（二）基金的设立与目的

作为福建省蔡襄学术研究会中实际承担蔡柯辛三姓睦族恳亲职责的宗亲组织，地处泉州市石狮市的济阳柯蔡委员会遵循"弘扬柯蔡文化，团结所有柯蔡宗亲，为和谐社会尽一份责任"的宗旨，成立了教育慈善基金会，开展慈善公益活动，帮助困难宗亲，体现互帮互助的社会正能量。

济阳柯蔡委员会自始至终牢记宗旨，各项工作都取得了新的成就。蔡襄学术思想文化研究更是有了新的突破，先后完成五大建设工程，即东石塔头忠烈公祠、济阳鳌江港边蔡氏宗祠、仙游枫亭蔡襄陵园、洛阳桥蔡忠惠公金身重塑以及兴建济阳柯蔡大厦。"济阳柯蔡百万慈善教育基金"便是当初兴建济阳柯蔡大厦后的剩余资金,通过委员会商讨、倡议,将这笔资金用作济困助学、支持教育的慈善基金。同时在海外侨亲、本地企业家与社会贤达的资助下,设立于2008年3月的"济阳柯蔡百万慈善教育基金"助学奖学活动正式启动。

柯蔡教育基金能够成功设立,同一个人的努力分不开,他便是福建省济阳柯蔡委员会理事长——蔡第公式。蔡第公式发动柯蔡宗亲会成立福建省济阳柯蔡委员会慈善基金,并修订慈善基金管理办法,每年对优秀柯蔡学子进行奖励,勉励受奖学生好好学习、学好本领、报效祖国,并对贫困宗亲进行帮助。

在基金正式启动的第一年,济阳柯蔡委员会现任会长蔡第赈为包括蔡荣杰、蔡鹏、蔡定巾、蔡超维等在内的石狮、晋江首批品学兼优学生发放相应的奖学、助学金。希望学子们在今后的学习生活中能以勤为径,以苦为舟,继续孜孜不倦地勤于学习。也望学子们用科学知识创造美好的前程,用科学知识报效祖国,服务社会,为济阳柯蔡宗族增添光彩。

三 柯蔡教育基金的经费概况与实施细则

(一)基金的经费来源、数额与增值方式

1. 经费来源

济阳柯蔡委员会的基金大部分是来自当时兴建大厦后所余下的资金以及当地的企业、海外侨亲和社会的捐赠资助(见表1)。

表1 柯蔡教育基金部分慈善捐款

年份	金额(万元)	来源
2008	300	兴建大厦剩余资金
2012	10	蔡友章老人
2014	200	第五届理事会换届柯蔡各宗亲
2017	3	蔡天清老人

注:该表数据来自《石狮日报》的相关报道。

2. 经费数额

济阳柯蔡委员会把柯蔡各企业家的捐献及委员会平日积攒下来的 300 万元设为宗亲子弟教育公益基金的本金，以其所得利息奖励学习优异的柯蔡子弟。自 2008 年正式开展奖学助学以来，10 年共为 400 多名柯蔡学子发放奖学金、助学金 130 多万元人民币（见表 2）。

表 2　柯蔡教育基金历年奖学助学情况

单位：人，万元

年份	奖学助学人数	金额
2008 年以前	120	约 30
2009	4（奖学）	1.2（奖学）
2010	8（奖学）	1.6（奖学）
2011	11（奖学）	2.2（奖学）
2012	10	5
2013	13	4.3
2014	51	16
2015	34	约 20
2016	42	15
2017	48	16.2
2018	64	20
共计	405	约 131.5

注：该表数据皆来自《石狮日报》的相关报道。

3. 增值方式

柯蔡教育基金采取以下三种方式扩充资产，实现增值。

首先，柯蔡教育基金将最初的 300 万元人民币作为本金，采取存入银行获取利息的方式实现增值。

其次，作为柯蔡教育基金的具体经管组织，福建省蔡襄学术研究会济阳柯蔡委员会将其所有的"济阳柯蔡大厦"的 7 层楼层中的 5 层向外出租，每年可以获得 30 万元人民币的租金。这一租金，也被用于宗亲内部的慈善、教育活动。

再次，由于柯蔡教育基金的本金本来便是从济阳柯蔡委员会的总体经费中划拨出来的,没有设立专门的基金理事会,因此它与济阳柯蔡委员会之间依然存在非常紧密的经济联系。其中,在济阳柯蔡委员会之理事会、监事会每次换届选举期间,都会收到各会员宗亲的大量捐款。委员会将其中的部分捐款用于发放奖助学金,以补柯蔡教育基金银行存款利息之不敷。拨付数额视每年发放奖助学金的具体需要而定。其中的剩余部分经费,依然作为本金,存入银行,实现教育基金本金的保值增值。

(二) 基金的奖励范围、实施办法、发放额度

1. 奖学对象

凡本族(包括柯、蔡、辛氏宗亲)子弟高考当年被全国"985 工程"重点大学录取者;凡本族子弟当年考研被全国"985 工程"重点大学研究生院校录取者;以及特别情况录取者,经执委会研究决定,可列为奖学对象。

2. 助学对象

凡本族子弟就读各级学校期间,其家庭遭遇重大交通事故、火灾、病灾等灾难,家庭经济确实困难者。

3. 实施办法

凡属奖学者,需将录取通知书及有关证书复印件交各分会盖章后,转送给办公室;凡属助学者,需书面提出申请,然后由村居证明,分会研究提出初步意见,送本会执委会研究决定。原则上奖学、助学者每年一次(一般时间为每年 8 月中旬)。

4. 发放额度

每年被"985 工程"重点大学录取的柯蔡优秀学子(包括硕、博研究生),如被北京大学与清华大学录取,每人奖励 5000 元;被其余高校录取,每人奖励 3000 元(见表3)。

表3 柯蔡教育基金 2017 年奖学名单

姓名	性别	录取学校	所修专业	应届情况	所在村落
柯子良	男	北京大学	医学院内科	硕士	罗山分会林口
辛秋蓉	女	北京大学	法律	硕士	辛氏(泉州)

续表

姓名	性别	录取学校	所修专业	应届情况	所在村落
蔡荣辉	男	北京大学	医学系	应届	北片莲塘
柯聪明	男	厦门大学	物理系	博士	水斗文斗（石井辽）
蔡品隆	男	北京航空航天大学	交通与信息工程及控制	博士	西片分会官桥成竹
柯鸿铫	男	天津大学	软件工程	硕士	英林埭边
蔡晴茵	女	浙江大学	社会保障	硕士	东石分会金埔
柯晓茹	女	浙江大学	运动训练	硕士	安溪分会蓬溪
蔡德馨	男	南京大学	外国语（法语）	硕士	永春
蔡乐颖	女	厦门大学	音乐系	硕士	水头
蔡振辉	男	厦门大学	计算机技术	硕士	北片莲坂
蔡诗萍	女	中山大学	应用数学	硕士	大仑2-4
蔡丽容	女	华南理工大学	行政管理	硕士	华山
柯清派	男	华南理工大学	电气工程	硕士	罗山分会上郭
蔡依煌	女	哈尔滨工业大学	建筑与土木工程	硕士	水斗文斗（石井辽）
蔡鸿潞	男	浙江大学	医学系	应届	灵山
柯凤莹	女	浙江大学	人文科学	应届	罗山分会上郭
蔡家豪	男	浙江大学	工科试验班（信息）	应届	安海分会内坑
蔡诗诗	女	武汉大学	理科试验班	应届	北片蚶江
蔡锦波	男	武汉大学	电子信息类	应届	西片分会晋江山仔
柯鑫泉	男	中南大学	应用化学	应届	罗山分会林口
柯宝芳	女	中南大学	统计学	应届	罗山分会上郭
柯浣浣	女	中南大学	土木工程	应届	罗山分会上郭
蔡晓蔚	女	华东师范大学	数学系	应届	东石分会珠泽
柯塬鑫	男	华东师范大学	物理学	应届	罗山分会上郭
柯俊生	男	兰州大学	生物科学类	应届	罗山分会林口
蔡晓春	男	兰州大学	电子信息类	应届	北片祥芝
蔡良杰	男	兰州大学	地质学	应届	北片古浮
蔡沉欣	女	中山大学	图书与档案管理	应届	东石分会金埔
蔡作鑫	男	中山大学	自动化	应届	北片祥芝
蔡迎儿	女	中山大学	城乡规划	应届	安溪凤城
蔡庭钰	男	北京师范大学	计算机科学与技术	应届	东山分会西霞
柯俊华	男	西安交通大学	计算机类	应届	罗山分会林口

续表

姓名	性别	录取学校	所修专业	应届情况	所在村落
蔡海扬	男	西安交通大学	工科试验班	应届	深沪分会狮峰
蔡婉君	女	厦门大学	化学类	应届	北片玉浦
蔡钦淇	男	厦门大学	材料类	应届	北片莲坂
蔡永林	男	厦门大学	日语	应届	北片溪前
蔡欣慰	男	厦门大学	物理学类	应届	东片前埔
柯佳铭	男	复旦大学	自然科学	应届	金英分会
柯加诗	女	天津大学	法学	应届	金英分会
蔡景丰	男	东南大学	电子与通信工程	硕士	东石分会玉井
蔡以周	男	南京大学	工科试验班	应届	东石分会珠泽
蔡媛媛	女	中央民族大学	环境设计	应届	东石分会前埔
蔡炜桢	男	重庆大学	电气工程及自动化	应届	安溪分会
蔡铭炜	男	天津大学	计算机科学与技术	应届	北片莲坂
蔡雅萍	女	湖南大学	日语	应届	北片赤湖山兜
蔡若旖	女	大连理工大学	药学	应届	北片分会莲塘
蔡盛杰	男	山东大学	应用物理学	应届	安溪分会

四 柯蔡教育基金的社会评价

社会各界对柯蔡教育基金大多持支持和赞赏态度，政府大力提倡鼓励这样的慈善公益之举，受助者们也十分感谢济阳柯蔡委员会对他们的无私帮助。

"感谢济阳柯蔡委员会对我的鼓励和关怀，在今后的大学生活中，我将倍加珍惜机会，以优异成绩报答大家的关心。"在2008年8月22日下午举行的福建省济阳柯蔡委员会奖学助学座谈会上，石狮市当年高考状元、被清华大学录取的蔡荣杰代表受济阳柯蔡委员会奖励和资助的学生发言，感谢济阳柯蔡百万慈善教育基金对他们的助学奖学。

在2017年颁奖大会上，获得奖学助学的柯蔡学子纷纷上台发表感言，他们首先感谢济阳柯蔡委员会的关心和鼓励，感谢社会各界的爱心，并讲述了十年来寒窗苦读考取理想大学的奋斗经历，并表示爱并不仅仅是馈赠与感恩，受人点滴之恩，当作涌泉相报，绝不辜负广大柯蔡宗亲的关爱，不辜负父母的期望，一定努力学习，珍惜美好的学习时光，传承柯蔡先贤的优秀品格，做传播感恩与爱心的使者，努力学习，学会奉献，报效社会。

柯蔡教育基金首届奖学金获得者，来自大仓社区的宗亲蔡再行，是位后起之秀。在迈入高等学府后，除了刻苦攻读外，他很早便规划了自己的职业方向。由于在校时积累了丰富的职场经验，他在研究生毕业后，即开始创业，创业经历充满传奇色彩。在2017年的奖学金发放大会上，蔡再行宗长满怀激情地将自己的人生阅历、丰富的职场成功经验娓娓道来，分享给各位即将要步入高校或将攻读硕士生、博士生的柯蔡学弟学妹们，使大家受益匪浅。

五　结语

通过采访济阳柯蔡教育公益基金，笔者发现在泉州市有许多这样的教育公益基金。奖学助学，让品学兼优的学生的家庭能减轻教育开支，使当地学生能拥有更好的学习环境。教育基金会汇集群众的爱心，开展有意义的、因地制宜的公益教育项目，使基金能为社会谋福利，能为当地师生谋福利。

开展奖学助学活动，是弘扬中华民族优良传统的道义之举。中华民族历来就有尊师重教、兴学育才的优良传统。从春秋时期孔子兴办私学，到现代普及教育，重教助学之风一直薪火相传，绵绵永续。这种耕读传家、捐资助学的优良传统，是华夏文明得以生生不息的重要精神支撑。在新的历史时期，我们要积极弘扬先人们传承下来的奖学助学优良传统，坚持走好发展教育、提高文化水平的人间正道，大力倡导奖学助学这种善行义举。

附录　福建省蔡襄学术研究会济阳柯蔡委员会奖学助学规定

(2009年12月10日执委会通过)

一　总则

1. 百年大计，教育为本。鼓励本族柯蔡子弟奋发学习，攀登科学技术高峰，报效祖国，振兴中华，特制定本规定。

2. 奖学助学属福建省济阳柯蔡委员会百万慈善教育基金会的范畴。具体由本委员会、执委会研究决定实施。

二　奖学对象

3. 凡本族［包括辛氏宗亲（下同）］子弟高考当年被全国前十所重点大学录取者。

4. 凡本族子弟当年考研被全国前十所重点大学研究生院校录取者，以及特别情况录取者，经执委会研究决定。

三　助学对象

5. 凡本族子弟就读各级学校家庭遭遇重大交通事故、火灾、病灾等灾难，家庭经济确实困难者。

四　实施办法

6. 凡属奖学者，需将录取通知书及有关证书复印件交各分会盖章后，转送给办公室。

7. 凡属助学者，需书面提出申请，然后由村居证明，分会研究提出初步意见，然后送本会执委会研究决定。

8. 原则上奖学、助学者每年一次（一般时间为每年8月中旬）。

五　附则

9. 本规定的各项条款，欢迎广大宗亲积极提出修改意见，以期逐步完善。

10. 本规定的解释权属福建省济阳柯蔡委员会。

福建省永春县陈氏教育公益基金调查报告

陈嘉慧

一　引言

教育是成就民族未来希望的重要途径，在社会经济发展和民族振兴中具有先导性、基础性和全局性作用。良好的教育有利于提高人口素质，改善人民生活质量和生命质量，关系到民族的生存与发展。

"为富而仁""乐善好施"是中华民族的传统美德。由于我国还是一个发展中国家，存在城乡差异、地区差异，不仅优秀的教师、优良的教学设施设备等教学资源的分布极不均衡，而且还存在小部分学生面临辍学或求学艰难的困境。教育公益基金通过向贫困学生发放助学金，将其从面临辍学、求学艰难的困境中解救出来，不仅极大地体现了教育公平，也为国家和社会挽回了一大批潜在的栋梁之材。同时，教育公益基金也向优秀学生发放奖学金，不仅能鼓励他们积极上进的求学心态，在一定程度上也能激励其他学生，营造良好的学习氛围。为了解教育公益基金对于教育事业的深刻影响，笔者在老师的指导下，利用学科基础实践的机会，围绕当代教育公益文化进行个案调研。

为了便于开展调研，指导教师要求课题组成员就近选择自己身边或家乡的教育公益基金作为调研对象。出于同样的考虑，笔者将调研对象确定为福建省泉州市永春县的陈氏联谊总会下属的"陈氏基金会"。本次调研，以访谈为主，网上调查资料为辅。在确定调查目标前，笔者先在网上对永春县的各个基金会进行了详细了解，最后将陈氏基金会确定为调研对象。接下来，根据课题组的调研主题，制定和调整了一份调查问卷。之后，笔者通过电话预约，确定了受访者与访问时间。遗憾的是，由于被访者工作较忙，因而在访谈过程中，未能详细回复笔者所提出的部分问题，这在一定程度上影响了本次调研的深度。

二 陈氏基金会的设立

永春县地处福建省东南部，晋江东溪上游，总面积1456.87平方千米，气候温暖，素有"万紫千红花不谢，冬暖夏凉四序春"的美誉。据永春县人民政府官网资料，永春县自五代建县以来，已有近1100年的历史。今日永春县下辖桃城、下洋、蓬壶、五里街、岵山、湖洋、一都、坑仔口、玉斗、锦斗、达埔、吾峰、石鼓、东平、东关、桂洋、苏坑、仙夹18个镇，横口、呈祥、介福、外山4个乡，共有27个社区、209个行政村。根据计生报表统计，2016年末，永春县总人口为625388人。[①] 全县共有158所小学，学生35066人；7所完全中学，23所初级中学，中学学生3万多人；1所职业中专，学生1000多人；1所特殊教育学校。

福建省永春县陈氏联谊总会下属"陈氏基金会"是2011年由陈坚全先生发起并成立的教育基金会。它面向永春县所有陈姓学子开展公益助学、奖学活动。陈氏联谊总会设立此项基金的基本目的，一是奖助陈氏优秀学生，鼓励陈氏学子奋发有为；二是补助陈氏贫困生，为陈氏子孙创造更好的读书环境；三是帮助陈氏族人，实现互帮互助，互相扶持，共同走向富裕。基金会的成立，体现了陈氏族亲扶贫济困、团结友爱的优良传统和美德。据了解，永春县目前共有100多家教育基金会，有政府出资设立的，有村民自行组建的，也有华侨捐赠的，还有学校设立的。

陈氏基金会的经费来源主要有两方面：一方面是来自永春县陈氏宗祠总会基金会组织成员的捐赠，同时也吸收福建省及境内外其他陈氏宗亲会的捐款；另一方面是设立创收项目——宁夏红寺堡汇达酒庄千红裕系列葡萄酒永春总代理创利慈善项目。目前，该基金会用于捐资助学的金额已接

---

① http://www.fjyc.gov.cn/zjyc/ycgk/。

近100万元。基金会欢迎来自境内外所有陈氏宗亲的慷慨解囊,所有捐资均统一存入基金会开设的对公账户。此账户为陈氏联谊总会的统一账户。账户由专人管理,实行专款专用。基金会账户由两人专管,其中一人掌管银行存折,另一人掌握银行账户密码。

三 陈氏基金会的组织管理与经费发放

作为从属于永春县陈氏联谊总会的一种教育公益基金,陈氏基金会在组织管理层面上,也与联谊总会密不可分。永春陈氏联谊总会的管理人员,同时也是陈氏基金会的管理人员。

永春县陈氏联谊总会实行理事会制度,设理事长1人,常务副理事长2人,副理事长若干人,理事会成员均由选举产生,实行任期制。如2017年8月26日,永春县陈氏联谊总会在永春荣誉酒店举行了换届选举大会暨2017年助学金发放仪式。来自永春县及福建省、浙江省、台湾省等陈氏宗亲会的320多名代表参加了本次换届大会,选出了永春县陈氏联谊总会第三届理事会领导机构,第二届理事会会长陈坚全先生连任新一任理事会会长。2018年7月,永春陈氏联谊总会聘请陈少忠先生为总会荣誉董事长,陈政治先生为名誉会长。理事会的具体名单如表1。

表1 永春县陈氏联谊总会第三届理事会领导机构名单

职务	姓名
理事长	陈坚全
常务副理事长	陈光涌、陈诗忠
副理事长	陈春草、陈丙丁、陈文波、陈文经、陈章爆、陈礼生、陈国新、陈天栋、陈金钗、陈子华、陈成悟、陈利民、陈建峰、陈杏川

由于基金会的本金规模较小,目前陈氏基金会运营增值产生的利润尚无法完成助学任务,也无力向基金会管理人员发放薪资报酬,因而基金会目前依然暂由永春县陈氏联谊总会理事会负责运营管理。联谊总会除了要承担自身日常的各项恳亲联谊活动,也要兼任陈氏基金会的管理工作,负

责每年度的助学款项发放工作。其具体职责包括：基金会财务的收支管理与账目公开、评定受助学生情况、发放助学款项等。

陈氏基金会向永春县所有陈氏贫困家庭的在学学生发放助学金，其基本流程如下：首先，陈氏学生填写申请表格，通过联谊会各分会转交联谊总会；其次，兼任陈氏基金会管理人员的联谊会理事根据申请表进行评定，确定学生是否符合资助标准；再次，确定申请学生的奖励或补助金额，金额数量一般为500元～3000元；最后，通过一定的途径将奖金或补助金亲自交予学生手中。

陈氏基金会助学金的申请者一般需要满足以下两个条件：一是必须就读于永春县辖区内学校，或虽在外地学校就读但户籍所在地属于永春；二是参加当年高考被全日制高校录取的陈氏贫困学生。贫困生的条件为：属于社会困难群体，包括孤儿、有困难的单亲家庭子女、家长重病的子女、边远山区和革命老区贫困家庭子女等。革命老区困难家庭和孤儿，同等条件下优先资助。

近年来，为了扩大陈氏基金会的影响，永春县陈氏联谊总会往往通过举行集会的形式，公开发放助学金。如2017年8月26日，永春县陈氏基金会利用举办联谊总会换届选举大会的机会，同时举行了2017年助学金颁发仪式。由于基金会的规模尚小，因此往往采取临时募捐的方式筹集捐款，并直接将捐款用于发放助学金。2017年度共有25名陈氏学子符合资助条件，每名学子需资助3000元人民币，合计需要75000元。这些经费，是由陈氏联谊总会理事长陈坚全独力捐助的。2018年9月5日，永春县联谊总会在总会会馆举行了年度助学金颁发仪式，合计有13名学子符合资助条件，共需助学金39000元。尽管未能亲自到会，马来西亚皇室拿督、马来西亚"一带一路"总商会会长陈天来先生依然独力捐助了本年度的所有助学款项。

自设立以来，陈氏基金会已经向近千名永春县陈氏学子颁发了奖学金、助学金。最初，陈氏基金会所颁发的公益资助经费中，既有针对优秀学子的奖学金，也有针对贫困学子颁发的助学金。2015年度，基金会用于颁发奖学、助学的经费总额高达28.1万元，2016年度也达到了19.5万元。最近两年，基金会调整了奖助策略，不再设立奖学金，不做锦上添花；同时将经费集中用于帮助贫寒学子完成学业，致力于雪中送炭。在此情况下，基金会每年支出的金额分别只有7.5万元和3.9万元（见表2）。

表 2　近 4 年陈氏基金会发放奖助学金情况

年份 类别	2015 年	2016 年	2017 年	2018 年
本科上线奖学金	本一 112 人 （1000 元/人） 本二 212 人 （500 元/人）	本科 204 人 （500 元/人）	无	无
高考排名第一 奖学金（陈氏）	无	理工类、文史类和艺术类排名第一（各加奖 1000 元）	无	无
助学金 （3000 元/人）	21 人	29 人	25 人	13 人
总计	28.1 万元	19.5 万元	7.5 万元	3.9 万元

四　陈氏基金会的社会影响

在了解基金会的社会影响时，笔者通过朋友介绍，找到一些受助者及其家人，询问他们对于基金会的看法。同时通过与村委委员交谈，了解他们对于基金会的看法。

笔者了解到，陈氏基金会管理成员在确定受助贫困学生名单的过程中，还会亲自到学生家中核实、了解情况，代表陈氏宗亲会向其传递温暖和帮助。通过交谈，表达陈氏族人对其寄予的希望，鼓励受助学生克服困难、积极向上。陈氏基金会对每年考取大学且品学兼优的入选资助名单的家庭困难学子的资助，体现了陈氏族亲扶贫济困、团结友爱的优良传统，得到了全体族人的一致肯定。

陈氏基金会这些年来热心关爱贫困族人的行动，受到了来自政府、学校、宗亲等的高度赞誉，并期待陈氏基金会未来越办越好。在家长和学生群体中，尽管并非所有家长和学生都了解该基金会的情况，但他们也都表示了对基金会的感谢和对其未来的期盼。部分受访的陈氏学生还表示，如果条件允许，他们愿意在以后加入基金会的行动，向他人继续传递扶贫济困、团结友爱的优良传统。由此可以看出，陈氏基金会的成立不仅帮助和鼓励了学生，引导他们积极向上努力学习，在一定程度上减轻了学生及其家庭的经济负担，还向族人乃至陈氏族人之外的全社会传播和传递了志愿精神，鼓励了更多后来者为公益事业贡献自己的力量。从这次调查笔者也感受到，教育公益基金发放的奖、助学金不仅可以帮助到受助学生和优秀学子，同时也为基金本身培育了更为肥沃的土壤，从而为自己更为健康、长久的发展奠定了基础。这也正是中国传统教育公益文化生命力的不竭之源。

调研过程中，笔者发现，从2017年开始，陈氏基金会调整了发放奖助学金的整体策略，将原来既向陈氏优秀学子发放奖学金，又向陈氏贫寒学子发放助学金，调整为只向陈氏贫寒学子发放助学金。2017年和2018年连续两年，基金会都没有对当年被本科高校录取的陈氏高中毕业生发放奖学金，也取消了对高考理工类、文史类和艺术类排名第一的陈氏学子发放奖学金。对于出现这一奖助学金发放政策调整的具体原因，受访者并未给予详细解释，笔者也不便深究。不过，从近4年的奖助学金发放的总额来看，2015年和2016年发放的奖助学金额都相对较大，全部达到20万元左右。这一规模，显然不是陈氏基金会目前的本金及创利项目所能产生的增值收益。也就是说，从理论上讲，陈氏基金会目前的资金情况并不能长期支撑过高的奖助学金额。基金会要维持2015年和2016年的奖助学规模，显然力不从心。也正因为如此，在2017年和2018年，即便陈氏基金会只是分别支出了7.5万元和3.9万元的助学金，也只能依靠个别热心宗亲的捐款。而这种助学金发放方式，显然并非一个运转正常的基金会所应该有的现象。

笔者还发现，2017年9月30日以来，永春县陈氏联谊总会已经决定向全体宗亲募集资金，在桃城镇仓山村建造一座新的陈氏宗祠。显然，重建宗祠需要大量的人力、资金。从2017年9月至2019年2月14日，陈氏宗祠已经募集到了250多万元的捐款。表3为2019年2月前永春县陈氏宗祠捐款数额前十名的情况。

表3　永春县陈氏宗祠工程捐款情况（前十名）

姓名	金额（元）
陈坚全	100万
陈志远母亲	31万
金门宗亲会	100万新台币（约折合人民币20万）
陈耿华	30万
陈向东	20万
陈章明	10万
陈光炎	5万
陈天来	5万
德化宗亲会	2万
陈文胜	1.1万

根据表3可以看出，为重建永春陈氏宗祠，陈氏族人捐了不少钱，由于陈氏宗祠的募捐对象与陈氏基金会的募捐对象相重合，因而在某种程度上也限制了陈氏基金会规模的拓展。

五　结语

通过本次调查采访，笔者逐渐了解了陈氏基金会的基本情况，并为自己族人的教育公益行为而感动。同时，在与各位宗亲族人访谈交流之后，笔者也对陈氏基金会的发展形成了以下几点不太成熟的认识。

首先，陈氏基金会的本金源自私人捐助，其服务对象只限于永春县内陈氏学生这一比较小的群体，在发展规模和影响范围方面都存在先天的局限性。陈氏基金会成立于2011年，至今只有8年的发展历史，永春县的陈氏族人尚未形成较大的合力，以扩大基金会的影响范围。在调查过程中，笔者访谈了多位受助学生及其他在校中学生，发现大多数学生对陈氏基金会并无深入了解。作为陈氏基金会直接受益对象的陈氏学生尚且如此，其他与基金会活动并不发生直接联系的普通陈氏族人，对基金会更是知之甚少。为了谋求更大的发展空间和更长久的社会影响，陈氏基金会应该设法通过网络媒体、微信公众号等各种方式，向以永春县陈氏族人为主的社会各界发动宣传,尤其要让陈氏宗族中的年轻一代了解陈氏基金会的目的、现状和意义,为基金会的未来发展培育新生力量。

其次,与西方国家主要以宗教观念作为思想支撑的公益基金会有所不同,现阶段的中国私募基金会仍在一定程度上受到宗族观念的影响与支配,陈氏基金会也不例外。在一些先富起来的人的潜意识里,在力所能及的前提下,优先帮助的对象一定是自己的族亲而非其他姓氏的同胞。调研过程中笔者发现,仅在永春县范围内,便有不少私募基金会是以宗族作为募捐和资助对象。宗族性,这种源于中国传统文化的重要特质,必将在较长的时间范围内影响当代中国教育公益文化的发展,陈氏基金会也同样如此。陈氏基金会的本金来自私人捐赠,其性质属于私募基金会。为扩大基金会的基金规模,基金会应积极突破宗族的限制,向其他非陈氏族人的社会各界发起募捐,同时在力所能及的情况下,将基金会的奖学、助学对象扩充到其他非陈氏学子,从而承担更多的教育公益责任,推动永春县教育公平的整体发展。

再次,陈氏基金会应致力于完善规章制度,建立起明确的监管机制。目前,陈氏基金会虽然对外公开了其银行账户,但主要是用于募集捐款。对于基金会的年度收支和经费支出情况,还有待完善监管机制,以便接受来自全体陈氏族人乃至社会、法律的共同监督。由于普通族人对于私募基金会的财务状况并不敏感,而捐赠者在一般情况下也不会特意去查看财务支出情况,因此基金会应增强主动接受大众监督的管理意识,提供接受公众监督的便利渠道。个人认为,基金会可以设立监管机构,并定期将财务的收入支出详情以公告形式对外开放,以此对基金会的资金进行监管。

最后,陈氏基金会应致力于创办多种形态的资产类型,多角度、多渠道实现资金增值。目前,陈氏基金会的资产形态和增值方式主要包括两种:一是个人捐款。银行存款获取利息或投放资金市场获取利息。不过,这种单一的资产形态与增值方式,无法为基金会拓展发展空间,在银行存款利率较低时,则根本无法实现有效增值,容易导致基金会无以为继、名存实亡。二是为了让永春陈氏联谊总会持续发展下去,总会开展了一项创利项目——宁夏红寺堡汇达酒庄千红裕系列葡萄酒永春总代理创利慈善项目。

笔者认为，基金会设法兴办创利项目，通过产业获取收益，实现基金会资产的不断扩大，这种做法确实有利于陈氏基金会的发展。但根据永春县的经济发展水平和居民消费情况，与厦门、福州乃至北上广等大城市相比，永春县居民对于葡萄酒的需求量相当有限，其产生的利润虽然能够支撑当前陈氏基金会的发展，但若想更进一步拓展基金会的本金规模，则需要更多产业支撑。笔者认为，结合永春县近几年大力发展旅游业的政策，永春陈氏联谊总会可根据永春县优越的自然环境，打造出独特的度假天地；或利用永春县地方特产创办企业，在扩大族人生产就业、带动族人经济创收的基础上，实现基金会的资产增值，推动基金会公益事业的不断壮大。

福建省永春苏武文史研究会奖助优秀学子基金会调查报告

苏婉婷　柯心如

一　引言

教育是个人成长、社会进步、国家繁荣的基础，教育公益活动是促进教育良性发展的有益补充，而由民间捐资或政府拨款设立的助学、奖学类公益基金则是教育公益活动的重要组成部分。本调研报告通过揭示苏氏同姓族人组成的教育公益基金会的产生、发展的基本过程、主要特色和当代意义，为全方位认识福建乃至全国的教育公益活动提供研究个案。

2018年暑假期间，闽江学院历史学系"闽台教育与公益文化事业发展研究"科研创新团队组织2016级同学，开展主题为"福建民间教育公益基金调查"的暑期学科基础实习活动。作为本次调研的成员，我们二人自愿结成调研小组。我们先是在互联网上查阅相关资料，在浏览了永春网上与基金会奖助活动相关的新闻后，决定了以"永春苏武文史研究会奖助优秀学子基金会"（以下简称"苏武基金会"）为调研对象。这主要是因为，本组成员之一苏婉婷即是永春苏武后人，调研该项教育公益基金具有天然的优势，在情感上也更容易激发认同感。我们根据指导老师提供的调研建议，经过认真协商，共同列出了问题大纲。然后，我们联系了苏武基金会副会长苏荣明先生，在得到了他的首肯后，和他约定了访谈时间，大致了解了苏武基金会运营的基本情况。受副会长邀请，我们于2018年8月12日在永春人民会堂参加了2018年度的奖助学金颁发典礼。在撰写调研报告的过程中，我们也继续通过电话、微信等方式，向苏荣明先生补充咨询相关问题。

二 基金会的创立

永春苏武基金会位于福建省泉州市下辖县级行政区永春县。永春古称桃源，地处福建省东南部、晋江东溪上游。永春县辖18镇4乡，共有27个社区、209个行政村。根据计生报表统计，2015年末全县总人口为618250人；共有30个少数民族，少数民族人口分布呈大分散、小聚居格局。永春县是国务院首批开放县之一、中国香都、中国芦柑之乡、中国纸织画之乡、中国名茶之乡、中国民间文化艺术之乡、全国生态县、全国绿化模范县、国家绿化县城、全国卫生县城、全国文明县城、全国城市环境综合整治优秀县城，曾五度被评为福建省经济实力十强县（2004~2008年）。

永春苏武基金会原本附属于永春苏氏宗亲联谊会，开展助学、奖学活动。永春苏氏宗亲联谊会成立于2004年，并选举产生了首届联谊会理事会。在组织与参加苏氏宗亲的睦族恳亲活动的同时，联谊会也致力于为优秀苏姓学子提供奖学、助学活动。2018年8月，以永春苏武宗亲联谊会为基础，成立了永春苏武文史研究会，同时产生的第五届永春苏氏宗亲联谊会理事会成员亦成为首届永春苏武文史研究会理事会成员。经苏武文史研究会名誉会长苏永定、苏清泉等提议，正式向永春县慈善总会申请注册为团体法人，并将原附属于联谊会的基金会独立出来，命名为"永春苏武文史研究会奖助优秀学子基金会"。永春苏武基金会秉着奖教助学、扶贫济困的初衷，旨在弘扬苏氏祖先"乐善好施、雅量高标"的传统美德，资助和奖励苏氏家族优秀学子，传播殷殷桑梓情怀。

三 基金会的经费来源、管理及监督

永春苏武基金会的经费来源主要为苏氏族人的捐助，其中除了以村或其他集体形式进行"认捐"（如美岭村60万元）之外，也接受海内外宗亲个人名义的捐赠及同类型基金会捐赠。

自2004年成立永春苏氏宗亲联谊会以来，每年举行奖助学典礼期间，都会进行现场的募捐活动。如 2012 年 8 月 5 日，永春苏氏宗亲联谊会在永春县悦华山庄召开奖助学大会，到场参加的苏氏宗亲共有 300 余人，现场捐资达 9 万余元。又如 2017 年 8 月联谊会召开奖助学大会期间，永春县苏氏各地宗亲慷慨解囊，捐资助学，共计收到捐款 196700 元。其中以集体名义捐款的有泉州苏氏宗亲、晋江普头、观山村、永春三中等 22 笔，以个人名义捐款的有观山村苏昭贵（捐款 20000 元）、一都苏清泉（捐款 10000 元）等 227 笔。个人捐助项中，捐款 10000 元以上的有 2 笔，捐款 1000 元以上的有 50 笔，其余均为 200 元以上。

为了实现基金会本金的保值与增值，苏武基金会采取投资实业的方式获取增值收益，也就是将本金注资于福建泉州美岭水泥有限公司。该公司是福建泉州美岭集团公司的骨干企业，2007 年 4 月在福建省永春县市场监督管理局登记成立，法定代表人为苏清泉，即永春苏氏宗亲联谊会及永春苏武文史研究会的名誉会长。苏武基金会投资于美岭水泥公司的资金，约定以一分保值的利息，每年提取生息钱款，用于奖助学活动。

2018 年 8 月之前，永春苏武基金会的管理组织就是永春苏氏宗亲联谊会历届理事会的成员。他们都热心宗族事务，为族人无私奉献，不领取任何报酬。2018 年之后，宗亲联谊会第五届理事会成员同时是永春苏武文史研究会第一届理事会的成员。两个组织一支队伍，继续无偿承担基金会的相关事务。

第五届永春苏氏宗亲联谊会（第一届永春苏武文史研究会）理事会成员主要包括荣誉或名誉会长、顾问委员会、监事机构及日常办公机构。其中荣誉或名誉会长包括荣誉会长（9 人）、永远名誉会长（2 人）、名誉会长（45 人）、名誉副会长（21 人）；顾问委员会包括主任（1 人）、副主任（7 人）、顾问（31 人）；监事机构包括监事长（1 人）、常务副监事长（4 人）、副监事长（11 人）、监事（各村民小组长若干人）。日常办公机构包括会长（1 人）、常务副会长（6 人）、副会长（29 人）、秘书长（1 人）、副秘书长（10 人）、常务理事（130 人）、理事（209 人）、办公室主任（1 人）、办公室副主任（5 人）、办公室成员（8 人）。办公室下设财务组（组长 1 人、副组长 2 人、组员 3 人）、联络组（组织 1 人、副组长 5 人、组员 11 人）、总务组（组长1人、副组长3人、组员2人）、学子组（组长1人、副组长4人、组员2人）、人才交流中心（主任1人、副主任5人、组员为各届优秀学子若干人）。另外，苏氏宗亲联谊会还按照地域分片，分别设置海南宗亲、江西宗亲、莆田宗亲、一都片、观山片等联络人。

苏武基金会的监察机构即为联谊会（研究会）理事会的监事机构，主要由苏氏宗亲中德高望重、热心奉献的宗亲贤达人士组成，一般需经过推荐审批及理事大会一致通过，才能担任。此外，基金会每年开展奖助活动前，都会编辑制作一本《苏氏简讯》，其内容包括资助名单、捐资数额、收支情况等，具有传统公益监管手段——"征信录"的性质。《苏氏简讯》的分发范围很广，泉州、福州、江西、海外宗亲等都可以看到。

为了扩大影响，同时为了加强监管，苏武基金会还会邀请永春县人力资源和社会保障系统党委、永春县纪委、永春县慈善总会、永春县各中学以及省内外各苏氏宗亲联谊会等共同参加奖助学大会，并在中国文明网、泉州市教育局官网、永春新闻网、搜狐教育网等网络媒体刊发、报道本年度奖助学大会，以便通过媒体报道，向全社会公布相关奖助学金发放情况，接受社会监督。

此外，基金会还会在奖助学大会现场张榜公布奖助学金颁发名单和"一帮一"结对名单。如2018年8月12日举行基金会奖助学金颁发典礼期间，便在永春县人民会堂外张贴了一张"2018年永春苏氏一帮一名单"金字红榜。榜上共记录了2018年度成功结成的18个"一帮一"助学对子，分别按资助人、资助人电话、资助人地址、受助人姓名、性别、籍贯、就读学校、联系方式、学习阶段9栏，逐行加以展示。18位资助人中，有14人列出了真实姓名，均为苏姓，地址栏中有11人填写为"晋江普头"，即晋江市陈埭镇苏厝普头村；有1人的姓名栏注为"爱心使者"，没有留下公开联系电话，住址注为"蓬壶观山"，即永春县蓬壶镇观山村；有3人注为"联谊会"。18位受助学生中，有6名男生、12位女生，均为永春县籍贯，其中以"观山"为最多，共有14人，另仙岭2人，鹏溪、洑江各1人。受助学生的学历，除1人未标注外，其余17人从小学（1人）到初中（3人）到高中（2人）到大学（10人）到研究生（1人）全部涵盖。另外，还对苏氏宗亲联谊会所资助的 3 名学生还做了格外标注，其中 1 人用括号加注为"助优"，2 人被标注为"助困"。

四　基金会历年奖助学金发放情况

总体来说，永春县苏武基金会历年来主要采取了两种方式向永春苏氏学子提供奖学金或助学金，一是直接向永春县苏氏优秀学子发放奖学金，二是由基金会牵线搭桥，将苏氏经济能人、宗亲联谊会和苏氏贫困学子结成"一帮一"结对子助学关系。

（一）基金会直接发放奖助学金

基金会每年进行一次集中奖助学金颁发典礼。通常为每年七月或八月，高考成绩或录取结果公布后进行奖助。其中，奖学金的发放对象主要包括高考成绩达到本一线的永春苏氏应届大学生、获得市级及以上竞赛奖状的永春苏氏学子、考取硕博士研究生的永春苏氏学子，每人给予 500 元~5000 元不等的金额奖励。如 2010 年 2 月永春苏氏宗亲联谊会 2010 年度奖助学活动暨第三届理事会成立大会在永春一中举行，共奖励留美博士研究生 1 人 5000 元；奖励考取硕士研究生 6 人，每人 3000 元；奖励考取本一高校 15 人，每人 1000 元；奖励市级单科竞赛获奖者 2 人，每人 500 元。又如 2013 年 8 月石鼓镇安东村珪头宫奖助学大会共奖励永春籍苏氏学子考取硕士研究生 4 人，每人奖励 2000 元；考取中文理科第一名及保送加拿大多伦多大学共 3 人，每人奖励 3000 元；奖励考取本一高校 13 人，每人奖励 1600 元。再如 2017 年度永春苏氏宗亲联谊会奖助学大会在石鼓镇洑江村人民会场举行，奖励被录取为国内外高校硕博士研究生（8 人）、被国外及国内本一高校录取为应届本科生（16 人）的永春苏氏学子。同时还奖励了 2 名博士毕业生和 1 名硕士毕业生，合计发放奖学金 39500 元。

（二）"一帮一"结对助学

第二种奖助学形式是以基金会为联络平台，通过为资助者和受助者搭建沟通平台，实现"一帮一"结对子助学。助学金的发放对象主要为家庭经济困难的苏姓优秀学子。

在此过程中，家庭经济有困难的优秀苏氏学子可以先向基金会提交助学申请，经过基金会核查属实后，将其信息提交给愿意帮助他们的宗亲贤达，为其建立沟通桥梁。每年召开奖助学金发放仪式期间，基金会便会将本年度成功结对的"一帮一"助学名单整理为表格，打印张贴于会场墙上，并通过网络报道向社会公示。"一帮一"结对子助学主要分为高中和大学两个阶段，高中每人每年1500元，大学每人每年5000元。如2010年2月奖助学大会共实现"一帮一"结对子助学6对，每人每年1200元。2013年8月奖助学大会共实现"一帮一"结对子助学25人，每人每年1500元；扶助困难家庭学子2人，每人1500元。2017年8月奖助学大会公布了18名"一帮一"结对助学名单，受助者包括1名研究生、9名大学生、3名高中生、2名初中生和3名小学生，合计捐助"一帮一"助学金7万多元。

以下是根据新闻网、《苏氏简讯》和微信公众号平台三方面渠道获取的2010~2018年苏武基金会奖助学金发放情况信息制作的表格。其中2010年、2011年、2013年、2018年的数据来源于中国新闻网；2012年、2014年数据来源于《苏氏简讯》；2015年、2016年、2017年数据来源于微信公众号——天下苏氏信息平台（见表1）。

表1　永春苏武文史研究会奖助优秀学子基金会捐资与奖助情况

单位：人，元

年份	接收捐赠金额	奖学人数	助学人数	奖助金额
2010	（不明）	24	7	46700
2011	89600	14	9	54500
2012	74100	16	19	46000
2013	97500	20	27	78300
2014	176100	25	6	（不明）
2015	120100	36	16	70000
2016	165260	24	14	（不明）
2017	143808	26	18	109500
2018	（不明）	19	22	45700

永春苏氏宗亲联谊会 2004 年成立，2018 年更名为永春苏武文史研究会奖助优秀学子基金会，其间共举办 16 次奖助大会，共计颁发奖助学金 180 多万元人民币。

五　基金会的当代意义

弘扬苏武文化，以飨族亲后人。永春苏武文史研究会奖助优秀学子基金会一年一度的奖助学活动已经坚持多年，持续举办奖助学活动是永春苏氏重教兴学的一大标志。2018 年，高考、中考的县状元均花落永春苏氏学子，应该说是永春苏氏历来高度重视奖教助学的重大成效。

成立永春苏武文史研究会，说明永春苏氏不忘祖根，牢记自己是民族英雄苏武的后代，注重传承和弘扬苏武的爱国精神和民族气节，既以苏武精神感召苏氏后代，又以苏武精神振奋民族精神，鼓舞当代学子刻苦努力、自强不息，也为增强民族文化自信添砖加瓦。在全体宗亲乃至社会上产生积极的反响，增强了宗亲的凝聚力和影响力。

成立奖助优秀学子基金会，为大家提供了一个慷慨解囊、奉献爱心的平台，是一大善举。它可以凝聚永春苏氏族力，共同汇聚扶贫济困的实力；可以从经费上、精神上确保奖教助学的常态化。这是永春苏氏的一项战略举措，促进了永春区域发展的良性循环。

传承苏氏姓氏文化，宣传学习先辈胸怀大志，弘扬传统优秀文化，崇尚科学知识，提高文化自信，吸纳特色文化，传递正能量，激励青年敢于开拓，敢于进取，敢于创新，敢于担当，敢于献身于民族事业，服务区域建设的发展。

六　结语

此次对永春苏武文史研究会奖助优秀学子基金会的调查研究，我们通过访谈、亲临现场聆听以及后续的资料整理分析，对姓氏文化（苏氏文化）有了更加深入的了解，也认真思考了民间基金会存在的意义和价值。

很多民间捐资或政府拨款设立的助学、奖学类公益基金的直接目的是资助学子，助力学业发展，而永春苏武文史研究会奖助优秀学子基金会在促进当地教育事业、文化事业发展的基础上，还旨在将姓氏文化的传承发扬光大。这是永春苏武文史研究会奖助优秀学子基金会的一大特色，也是其他地区的教育公益基金会可以借鉴和进一步加强的地方。

固然该基金会仅专注于苏姓学子的奖助，有其一定的狭隘性，但星星之火可以燎原，永春苏武文史研究会奖助优秀学子基金会的成立，必将进一步汲取苏氏祖先的优良传统，大力弘扬苏氏文化精神，担负苏氏祖先给予的神圣使命，激励苏氏学子奋勇拼搏，传承和弘扬苏武的爱国精神和民族气节。

附录1　2018年永春苏氏宗亲联谊会邀请函

尊敬的各位苏氏宗亲：

宗亲联谊会将在8月12号（农历七月初二）于永春人民会堂召开2018年度奖助学活动，届时活动将有四项议程：一、永春苏氏联谊会第五届理事会就职典礼；二、永春苏武文史研究会成立大会；三、永春苏氏教育基金成立仪式；四、举行永春苏氏联谊会2018年度奖助学活动。在此特诚邀广大宗亲莅临参加！

今年是我永春苏氏宗亲捷报频传、好事连连的一年，高考、中考状元均花落永春苏氏学子：苏晓森高考以676分荣膺全县理科状元；苏晓茹荣膺全县中考状元。

积德种下平安竹，行善催开幸福花。永春苏氏的人才辈出，硕果累累，离不开永春苏氏宗亲联谊会历来高度重视奖教助学、扶贫济困的初衷。此举在全体宗亲中，乃至在社会上产生了积极的反响，增强了宗亲的凝聚力和影响力。

为了我们苏氏宗族的荣耀，特此倡议全体海内外永春宗亲共同弘扬祖先的传统美德，以乐善好施的胸怀，以雅量高标的风范，鼎力支持。大家慷慨解囊，奉献爱心，行善积德，将为我们共同的子孙后代树立起不朽的丰碑，功德无量，流芳千古！

最后，向广大宗亲致以亲切的问候！向所有关心支持本会的宗亲贤达表示崇高的敬意和衷心的感谢！

永春苏氏宗亲联谊会第五届理事会
2018 年 7 月 20 日

附录 2 永春苏武文史研究会第一届理事会 永春苏氏宗亲联谊会第五届理事会组织机构名单（两个机构人员组成相同）

荣誉会长：

苏新添（美岭）、苏富达（仙玲）、苏小青（仙岭）、苏全忠（观山天津）、苏荣辉（东安北京）、苏水地（优场北京）、苏清样（同安）、苏汉生（泉州）、苏以龙（泉州）

永远名誉会长：

苏映前（观山）、苏昭炎（观山）

名誉会长：

苏清泉（美岭）、苏永定（都溪城关）、苏永裕（观山深圳）、苏琦敏（东安晋江）、苏天质（都溪城关）、苏水土（观山）、苏锦温（观山）、苏金星（观山梅山）、苏益华（都溪新加坡）、苏生（观山马来西亚）、苏金智（观山北京）、苏荣欣（都溪天津）、苏爱群（都溪上海）、苏令举（观山福州）、苏德育（都溪福州）、苏成武（仙岭福州）、苏金茂（东安厦门）、苏青云（观山厦门）、苏永俭（观山厦门）、苏光民（都溪厦门）、苏泉福（观山三明）、苏永庆（桃场城关）、苏亚民（观山城关）、苏秋凉（观山德化）、苏荣筑（观山城关）、苏文遑（观山）、苏清海（观山厦门）、苏志伟（岵山城关）、苏清洁（都溪城关）、苏永文（锦斗城关）、苏祖业（观山城关）、苏志明（仙岭城关）、苏昌艺（观山城关）、苏长鸿（观山城关）、苏金佳（观山泉州）、苏木水（山兜城关）、苏文瑞（观山厦门）、苏祖振（观山厦门）、苏冀宗（湖洋城关）、苏其江（东安）、苏昌河（观山城关）、苏祖丑（观山）、苏荣清（都溪城关）、苏志军（一都厦门）、苏世

昌（横口）

名誉副会长：

苏胜利、苏建设、苏向阳、苏连进、苏双桂（一都）、苏振招（一都）、苏其琴（西昌）、苏松柏、苏春生、苏荣太（都溪）、苏荣品、苏昭华（仙领）、苏世阳、苏金仟、苏美花、苏文国、苏李丽花（观山）、苏完成（东安城关）、苏祖军（状江）、苏华山（一都）、苏昌东（东安）

顾问委员会：

主任：

苏昭炎（观山）

副主任：

苏德才（东平城关）、苏瀛汉（桃场城关）、苏开恳（仙岭）、苏忠贤（美岭）、苏昭枫（观山城关）、苏素丽（鹏溪城关）、苏昌温（鹏溪）

顾问：

苏泗贵（观山武汉）、苏昭虎（观山泉州）、苏金水（观山城关）、苏光昆（仙岭）、苏荣潘（观山）、苏荣幸（观山城关）、苏进通（仙岭）、苏荣图（都溪）、苏太山（观山）、苏添泉（观山）、苏昌蛙（鹏溪）、苏明辉（东安）、苏昭正（观山）、苏钦烘（外山城关）、苏水地（仙岭）、苏昭活（观山）、苏其俊（山兜）、苏荣茂（观山三明）、苏荣良（观山三明）、苏永亮（东安）、苏衍泽（都溪）、苏光昆、苏赞妙（仙岭）、苏维垣（都溪）、苏永核（都溪）、苏永该（东安）、苏木（山兜）、苏介（坑仔口）、苏昭烨（观山）、苏昌蒲（观山）、苏昌为（观山）

监事长：

苏连生

常务副监事长：

苏水土（兼）、苏昌彪、苏明池、苏兴隆

副监事长：

苏建宁（一都黄沙）、苏清建（一都三岭）、苏荣东（都溪）、苏天恭、苏荣温（仙岭）、苏团结（观山）、苏令腾（观山）、苏华兴（东安城关）、苏宝忠（东安）、苏昌溪（鹏溪）、苏荣德（吾江）

监事：

各村民小组长

会长：

苏荣购

常务副会长：

苏祖邦、苏金锡、苏荣桦、苏雨润、苏荣恩、苏伯德

副会长：

一都：苏启绵

都溪：苏荣明、苏来成、苏清山、苏荣成

仙岭：苏国政、苏进水、苏昭福、苏扬洲、苏培南、苏文灿

观山：苏昌照、苏梧桐、苏朝东、苏连生、苏祖猛、苏国伟、苏丽芳

东安：苏昌岫、苏金光、苏金堆、苏志彬、苏进全、苏荣龙、苏金友

鹏溪：苏联芳

洑江：苏德星

岵山：苏鸿源

横口：苏长春

秘书长：

苏荣购（兼）

副秘书长：

苏其琴（西昌）、苏永智（都溪）、苏荣潘（观山）、苏金銮（观山）、苏昭烨（观山城关）、苏福彬（观山城关）、苏文锻（观山泉州）、苏志清（东安）、苏端凤（城关）、苏荣云（仙岭）

办公室主任：

苏荣恩（兼）

办公室副主任：

苏昌照（观山）、苏国政（仙岭）、苏华炼（都溪）、苏金国（东安）、苏德星（洑江）

成员：

苏进财（观山）、苏金枪（观山）、苏金友（东安）、苏初开（东安）、

苏荣彬（都溪）、苏碧进（横口）、苏荣坤（岵山）、苏忠鸥（岵山）

财务组组长：

苏荣购

副组长：

苏金锡、苏朝东

成员：

苏培南（仙岭）、苏昌典（都溪）、苏李巧伶（东安城关）

联络组组长：

苏昌彪

副组长：

苏荣桦（都溪）、苏金镇（一都）、苏文国（观山）、苏金光（东安）、苏皇便（仙岭城关）

成员：

苏启庆（美岭）、苏来成、苏清山、苏昌志（都溪）、苏兴隆（仙岭）、苏再兴（观山）、苏鸿源（岵山）、苏冀宗（湖洋城关）、苏宝忠（东安）、苏永灿（横口城关）、苏太平（外山城关）

总务组组长：

苏雨润

副组长：

苏金塔（观山）、苏文端（东安）、苏荣成（都溪）

成员：

苏令真（观山）、苏朝阳（东安）

学子组组长：

苏祖邦

副组长：

苏美花（观山）兼、苏昭福（仙岭）、苏荣煊（东安）、苏尚杭（都溪）

成员：

苏祖宙（观山）、苏清建（一都）

人才交流中心主任：

苏昭剑

副主任：

苏智火、苏国庭、苏流芳、苏德贤、苏昭杰

成员：

各届优秀学子

常务理事：

一都：苏启庆（美岭）、苏木根、苏金镇、苏忠志、苏清建、苏建灵、苏中用、苏启锦、苏文金、苏青春、苏财良、苏金来

都溪：苏荣彬（城关）、苏昌志（城关）、苏华炼（城关）、苏明华、苏贻谋、苏昌典（城关）、苏永智（城关）、苏捷克（城关）、苏昌道（福州）、苏尚杭（城关）

仙岭：苏荣地、苏昭明、苏秋坦、苏昭展、苏志明、苏天幸、苏志云、苏昭华、苏昭桂、苏金春

观山：苏祖鹏、苏春光、苏昌敏、苏秋玲、苏永阔、苏金銮、苏昭速、苏再兴、苏荣乓、苏昌福（城关）、苏昭储、苏荣行、苏祖斌、苏祖尚、苏昌盛、苏文全、苏定芳、苏安乐、苏祖奋、苏祖城、苏金培、苏祖生、苏金英、苏清河、苏进财、苏福彬、苏荣杏、苏智火、苏文锻、苏文章、苏安静、苏志远、苏祖强（8组）、苏财源（泉州）、苏文辉、苏国华、苏伟志（21组）、苏荣疆、苏明剑、苏石域（城关）、苏国庭、苏令真、苏金旭、苏金塔、苏文仁、苏明霞

鹏溪：苏金锻、苏昭益、苏玉麟、苏荣津

东安：苏志清、苏金国、苏志政、苏桂斌、苏荣耀、苏星跃、苏永举、苏昌浅、苏烈火、苏文河、苏金主、苏洪林（城关）、苏金泉、苏荣煊、苏文端、苏朝阳、苏锦东

桃场：苏鸿亚、苏君玉

洑江：苏祖灿、苏祖义、苏祖仁、苏龙深、苏祖传、苏祖礼、苏荣华

岵山：苏忠鸥、苏木荣、苏荣义、苏荣坤

坑仔口：苏奕喜

吾峰：苏文辉、苏文元、苏培南

吾江：苏承国

马峰：苏荣锋

三明：苏鹏水

东平冷水：苏金华、苏金情、苏友岳

山兜：苏中土、苏振华、苏锦波、苏添贵

横口：苏文金

外山：苏玉贤

晋江（普头）：苏一坡、苏二坡、苏晋福

理事：

一都：苏青松（一都福州）、苏国良、苏文钦、苏清波、苏荣文、苏松林、苏忠文、苏家存、苏水成、苏清平、苏清科、苏文德、苏炳辉、苏志坚

横口（房坑）：苏丁贵、苏建成、苏永灿（城关）、苏碧进

蓬壶都溪：苏国泗（城关）、苏少强（城关）、苏永勇、苏珠光、苏荣岳、苏文静、苏双仪（城关）、苏林金丽、苏少斌、苏荣记、苏昭定（城关）

蓬壶仙岭：苏荣温、苏培挺、苏佳莉、苏敏聪、苏水平、苏香远、苏荣昆、苏昭兴、苏吉成、苏荣铸、苏建强、苏荣云、苏皇便、苏金猴、苏昭造、苏荣筑、苏荣坤、苏建合、苏玉兔、苏良堪、苏松峰、苏荣春、苏金国、苏廷玉、苏昌锐、苏水圳

蓬壶观山：苏荣佣（城关）、苏祖炮、苏文耀、苏建德、苏祖德、苏祖哲（城关）、苏锦溪、苏文汴、苏昭董、苏添进、苏鸿图、苏金局、苏少隆、苏祖强（16组）、苏鸿元、苏锦前、苏永添、苏荣发、苏景灿、苏昌猛、苏世礼、苏金木、苏金星（观山21组城关）、苏良才、苏尔汉、苏少华（观山城关）、苏友荐（观山城关）、苏庆平、苏荣圻、苏纪堤、苏清亮、苏静华、苏成发、苏旭东、苏成美、苏全辉、苏培墙（泉州）、苏昭榜、苏敬志、苏卓文、苏金练、苏建全、苏长江、苏荣锦、苏永定、苏金枪、苏龙健（观山城关）、苏永足、苏松林、苏奎元、苏才华、苏阳木、苏木财、苏其军、苏清建、苏生冰、苏祖灶

蓬壶山兜：苏书良、苏尤美惠

蓬壶鹏溪：苏金志、苏清墩、苏昭允、苏昭俊（城关）、苏国松

石鼓东安：苏昌现（城关）、苏元良、苏匡胤、苏荣专、苏昌群（东安城关）、苏荣丰、苏华国、苏文章（6组）、苏文现、苏金填、苏昌位、苏升庆、苏昌铜、苏昌庆、苏荣峰、苏瑞金、苏国彬、苏春喜、苏荣枫、苏贵木、苏永德、苏荣伟、苏荣植、苏丙丁、苏文管、苏光兵、苏建新、苏培森、苏昌江、苏荣彪、苏金源、苏金来、苏荣达、苏金启、苏荣博、苏李巧伶（城关）、苏荣质、苏初开、苏建德、苏昌枝、苏进德、苏昌葵（东安）、苏昌地（东安）、苏庆忠（东安）、苏昌煌（东安）、苏永灿（东安）、苏昌沃（东安）、苏昌却（东安）、苏清光（东安）、苏明辉（东安）、苏荣业（东安）、苏金美（城关）

桃场：苏松池（桃场城关）

坑仔口：苏海燕

石鼓洑江：苏昭城、苏国明、苏春湖、苏祖文、苏祖农、苏祖合、苏祖固、苏令琦、苏福炎、苏令春

岵山：苏贞淦、苏经文、苏少波、苏昌锦、苏鸿友、苏昌泉、苏永星

吾峰后垅：苏金水、苏金技、苏清华

外山草洋：苏金文、苏太平

湖洋玉柱：苏纪明、苏演

东平冷水：苏全城

锦斗半山：苏培义、苏其庆、苏其渊、苏东义、苏华东

城关：苏端凤、苏银朽

晋江（普头）：苏良奋、苏建设、苏荣津、苏晓明

海南宗亲联络

联络人：苏永和、苏丹、苏山

江西宗亲联络

联络人：苏国发

莆田宗亲联络

联络人：苏文清

区域分布：

一都片/负责人：苏金镇（一都）、苏启庆（美岭）

横口片/负责人：苏永灿（城关）

坑仔口片/负责人：苏海燕

锦斗半山片/负责人：苏永文

都溪片/负责人：苏荣明

仙岭片/负责人：苏国政

山兜片/负责人：苏添贵

观山片/负责人：苏连生、苏昌照、苏美花

鹏溪片/负责人：苏昌溪

东安片/负责人：苏金友

石鼓洑江片/负责人：苏德星

岵山片/负责人：苏鸿源

吾峰后垅片/负责人：苏文辉

外山草洋片/负责人：苏太平

湖洋玉柱片/负责人：苏冀宗

东平冷水片/负责人：苏金华

城关片/负责人：苏昌彪

天津联络/负责人：苏全忠、苏荣欣

北京联络/负责人：苏荣辉、苏永地

上海联络/负责人：苏爱群

福州联络/负责人：苏德育、苏成武、苏令举

厦门联络/负责人：苏金茂、苏永俭、苏志军、苏青云、苏文瑞

三明联络/负责人：苏泉福、苏荣茂、苏荣良

深圳联络/负责人：苏永裕、苏荣龙

香港联络/负责人：苏琦敏

晋江联络/负责人：苏柏德

石狮联络/负责人：苏昌敏

泉州联络/负责人：苏汉生、苏昭虎、苏锦山

德化联络/负责人：苏秋凉、苏松柏

新加坡联络/负责人：苏益华

马来西亚联络/负责人：苏贞深、苏生

武汉联络/负责人：苏泗贵

同安联络/负责人：苏志坚

霞浦宗亲联络/负责人：苏阿华

注：以上排名不分先后，有很多的地方和职务上可能会进行调整和增补。

附录3　永春苏武基金会奖助学大会议事日程（2018年）

永春苏武文史研究会第一次代表大会　永春苏氏宗亲联谊会第五届理事会就职典礼2018年度奖助优秀学子议事日程

2018年8月12日

时间	地点	上午7~9点报到（永春人民大会堂）9：30正式会议
2018年8月12日星期日	永春人民大会堂	内容： 鸣炮，奏国歌！ 1. 联谊会常务副会长苏祖邦宗长致欢迎词； 2. 宣读有关单位和个人的贺词贺电； 3. 会长讲话； 4. 有关领导致辞； 5. 宣读优秀学子名单； 6. 举行颁奖仪式； 7. 为"一帮一"及特困生发放助学金； 8. 优秀学子代表发言； 9. 宗长、优秀学子与领导嘉宾合影。 会议圆满结束，返程
备注		午餐地点：裕发大酒店（五里街中心小学边） 用餐时间：会议结束后

福建省长汀县刘氏教育基金会调查报告

丁琬霖

一 引言

自古以来，教育在国家发展、民族振兴的过程中都占据着重要地位。春秋时期的孔子曾将教育、人口和财富作为立国的三大要素。北大校长蔡元培也曾说过："教育是帮助被教育的人，给他们能发展自己的能力，完成他的人格，于人类文化上能尽一分子责任，不是把被教育的人，造成一种特别器具……"教育不仅关系着学子们的成长成才，亦影响着一个家族甚至国家的发展。

教育公益基金是教育的重要组成部分，古有清代的宾兴，今有众多奖助学教育公益基金。随着时代的发展，教育公益基金在管理制度、奖励办法等各个方面都在不断完善，并日益受到国家和社会的重视。

长汀刘氏宗亲会为支持教育，激励学子，培养日后为宗族做贡献的刘氏子孙，特设立刘氏教育基金会，惠及长汀县各乡镇的刘氏家族以及参加基金会会员的子孙后代。笔者通过调查走访刘氏宗祠，向宗亲会负责人了解基金会的创办历程、现状及发展概况。

二 基金会及家庙概况

刘氏教育基金会设于福建汀州刘氏家庙。刘氏家庙位于长汀县汀州镇东门街劳动巷7号，北倚卧龙山，南通汀城主街道兆征路，东临龙潭风景区、水东街。家庙始建于北宋淳化三年（992），是各地客家刘姓子孙为追根溯源、敬祖睦族、缅怀先祖而集资建造的客家刘氏总祠，其以历史悠久、规模宏大、后裔繁衍之广及独具特色的建筑而闻名于西闽。刘氏家庙初祀三国时蜀汉昭烈帝刘备次子鲁王刘永公及入闽始祖刘祥公，故称"王衙"。宋崇安进士刘子翔任汀州长汀县主簿时，在家庙旁创建东山书院，曾请堂兄刘子恽来汀讲学三月，其妻舅理学大师朱熹则从漳平集贤（今大田县境内）来汀，也在东山书院讲学三天。书院历经八九百年，为刘氏家族培养了不少人才。为了培养后代适应科举考试的需要，刘氏族人赋予总祠家族书院的功能，专门作为汀州府各县刘姓子孙科考复习之用。2009 年，在福建省人民政府公布的第七批福建省级文物保护单位名单中，刘氏家庙与林氏家庙、赖氏坦园公祠及新新巷家祠群一起，被列为"长汀客家宗祠建筑"。

刘氏教育基金会是在 2012 年 9 月 16 日创立的，发起人是刘氏宗亲会中的刘子长，基金会的接待处、办事处即附设于刘氏家庙内。刘氏教育基金会主要服务对象为长汀县刘氏宗亲后代子孙，同时包括迁居台湾的刘氏子孙。长汀县内刘氏子孙分布于各乡镇。刘氏教育基金会选举理事会，作为基金会管理机构。理事会的会长一般选举具有奉献精神的刘氏企业家担任，理事则在刘氏宗亲会宗亲中选举出任。基金会中的管理人员多为家族中的长辈，既负责宗亲会每年的刘氏家庙祭祖活动，也负责基金会奖助学金的发放工作。刘氏教育基金会虽说仅对刘氏的子孙后代进行奖学、助学，但其也在社会上引起了一定的关注，并培育了许多优秀的人才。

三　基金会经费来源与奖助办法

刘氏教育基金会的创办目的，是培养刘氏后代成长成才，毕竟子孙后代承载了族人对家族美好未来的殷切期盼。据刘子长会长表示，在看到其他姓氏的宗亲会成立奖学助学的专门机构或基金会后，我们刘氏亦不甘示弱，马上着手去办，希望为子孙后代成才提供更为优良的条件。

（一）基金会本金来源

刘氏教育基金会的经费主要来自会长、会员、企业家的捐款，少数来自政府拨款。最初的本金主要有以下 5 种类别。

1. 基金会会长 5 年任期内捐款 10 万元，或每年捐资 2 万；副会长 5 年任期内捐款 1 万元，或每年捐款 2000 元。

2. 基金理事会会员每人任期内捐款 1000 元。所有会员之子孙考上大学，除了本来规定的奖励，还可以另行奖励。

3. 其他来自全国各地的刘氏子孙的捐资。

4. 县里的其他组织机构的适当补助、帮扶。

5. 且有善心的知名企业家的慷慨捐资。

（二）基金会奖助办法

刘氏教育基金会主要面向高考成功的刘氏子孙，并适当补助家庭条件较为贫困的优秀学子。

1. 奖学金。主要用于奖励考上大学本科或研究生的刘氏子孙。其奖励标准为：考上本一类高等院校，每人奖励 500 元；考上本二类高等院校，每人奖励 300 元；若是被北京大学、清华大学、北京师范大学三所高校录取，则每人奖励 1 万元。

为了让获奖刘氏学子时刻不忘族人的热切期盼，刘氏教育基金会还向他们颁发印有不同文字的牌匾。其中获得本一类奖励的，其牌匾印字为"金榜题名"；获得本二类奖励的，其牌匾印字为"鹏程万里"。

2. 助学金。对于学习成绩优异、品德良好但家庭条件不佳的特困生，基金会每个学年还会给予补助，同时积极联系热心企业家每年对其进行帮扶。另外，对一些低保户、建档立卡特殊情况且成绩优良、品德端正的学生，基金会也会进行相应的助学资助。

据了解，刘氏教育基金会每年奖学、助学的人数在 100 人左右，奖金发放的数额在 5 万元左右。如 2017 年度刘氏教育基金会张榜公布了该年度的获奖者名单，称为"金榜"。其中资助家庭贫困生仅为 2 名，而奖励的刘氏学子则有 94 名，其中研究生 3 名，录取本科一批 38 名，录取本科二批 53 名。

四 刘氏教育基金会的管理与监督

（一）基金会的管理

根据基金会管理章程，基金会理事会成员都是自发选举的，多为宗亲会的理事成员。理事会的人员构成主要包括名誉会长、会长、常务副会长、副会长、秘书长、副秘书长、常务理事、总务主任、出纳、监事小组、理事指导、理事、列席理事。理事会每 5 年换届选举一次，理事会会长最多只能连选连任两届。

章程规定，每个理事会岗位人员都负有相应的职责。基金理事会会长必须为有奉献精神的企业家，有比较充裕的资金支持，能够担当起整个基金会的责任并且认真对待基金会的工作及管理规章。章程要求，基金理事会会长必须在 5 年任期内完成 10 万元的捐款，并负责任期内理事会一切办公费用、招待费和旅差费（见表1）。

表1 长汀县刘氏家庙教育基金理事会成员职责

职务	姓名	主要职责
名誉会长	其炎	总顾问，总监督
会长	铭荣	主持全面工作，主管人事、财务与重大活动、重大项目，对家庙理事会、宗亲理事会、教育基金会负总责
常务副会长（兼出纳）	寿荣	在铭荣会长的领导下，遵循"三会"宗旨，分管家庙理事会和宗亲联谊会工作，协助教育基金会工作。 a. 协助会长主持"三会"日常工作，担任值班组长，落实办公室值班制度与职责，组织实施"三会"决议。 b. 团结宗亲，及时反映宗亲的要求和呼声。接待各地宗亲人士来往，开展对外联络与交流。 c. 协助募集教育基金。 d. 认真、及时、如实进行财务收支结算
常务副会长	全海	在铭荣会长的领导下，遵循"三会"的宗旨，分管教育基金的募集、开支工作

续表

职务	姓名	主要职责
常务副会长	泰新、日元、秋生、顺忠	主持本县（当地）宗亲联谊工作，积极参会议会，开展并监督家庙工作和宗亲工作
副会长	国华、刘胜、芬发、文达、邦权、刘雄、智敏、亮琳	积极参会议会，完成会长交办的工作
秘书长（兼会计）	长连	a. 负责"三会"文字书写、文件报告起草、通讯报道起草、资料建档与存档。 b. 协助常务副会长工作。 c. 认真、及时、如实与出纳核账、记账、结账
副秘书长	长发	主持各类会议；协助秘书长完成相关文字书写与文件报告起草工作
副秘书长	远宏	负责会议记录及其整理、主编《汀州刘氏家园》
总务主任	连茂	负责家庙财产的登记和有序科学的保管、负责"三会一办公"；活动用品的采购
理事指导	子才、辉明、泽连	对"三会"相关业务提供咨询和指导意见；完成会长交办的工作
理事	若干人	积极参加会议会，开展"三会"分配的工作
列席理事	若干人	与"三会"保持密切联系，介绍交流相关思想与经验

（二）基金会的监督

基金理事会全体成员有监督公益基金实施公开、透明管理的义务。基金理事会聘有会计、出纳，负责管理经费收支。据管理章程，会计、出纳人员不得贪污、挪用本会一分钱；每月账目，结清一次；应及时存取款，注意开源节流；当现金达到 1 万元时，应交由会长统一筹划，做到钱生钱。

每年发放奖助金后，需在刘氏家庙张榜公布所有获得奖学金、助学金的人员名单，并需定期张榜公示进行财务公开。

基金会重视刘氏学子的联谊活动，每年召开两次刘氏大学生会。其中一次是在每年的 8 月 16 日在刘氏家庙进行奖学、助学金的发放；另外一次则是每年的正月初六召开在校大学生回乡座谈会。

为保证每年两次，尤其是春节期间的刘氏学子联谊会的顺利召开，理事会每年会在刘氏在读大学生中选出若干名大二的学生，担任刘氏大学生联谊会的会长、副会长，由他们具体负责联系在不同高等院校就读的刘氏大学生，保证其出席每年两次的大学生会。

五　基金的社会评价及影响

总体来说，包括基金会管理者、政府相关部门、学校、受助者等各类人员在内的受访者都对刘氏教育基金会给予了肯定的评价。

基金会理事：当初创办这个基金会是基于培养子孙后代的目的，在创办之后帮助了许多品德良好、成绩优良的刘氏子孙。虽然帮助并不算特别大，但是能够激励受助者。这不仅促进了教育事业的发展，也塑造了良好的社会风气，让更多的人关注并投身于这项公益活动中。

相关政府部门：对于成立教育基金会，政府人员表示了支持态度，认为这不仅仅是在为一个家族培育人才，更是在为家乡、为国家培养人才。政府也希望能够促进此项教育公益基金的发展，让大家都能投身于有意义的公益活动中，营造良好的社会风气，推动长汀县教育的长足进步。

学校：学校方面肯定是希望同学们能够受到好的教育，有了这个基金会后，家庭情况比较困难的同学能够得到帮扶，也能促进教育事业的发展，是应该大力支持的。

受助者：对于受到奖励和资助，无疑对我们的学习生活是有很大帮助的。对于经济困难的同学就像是雪中送炭，对于考上大学的是一种肯定。这就不断地激励我们努力学习，争取在日后成为国家栋梁。

六　结语

通过对长汀刘氏教育基金会的走访调查，笔者对长汀县当地教育公益基金的发展现状有了一定的了解。刘氏教育基金会成立时间虽短，管理规章制度还不够完善，但作为宗亲会创办的基金会，相对当地其他教育公益基金具有更强的社会影响力。从宗族角度来看，基金会奖励了成绩优异的刘氏学子，帮助了那些无力负担学习费用的学生，体现其对于子孙后代人才培养的重视，旨在弘扬"业精于勤，学行修明"的刘氏家风，为刘氏宗族日后的发展培育出有用之才。在笔者看来，教育公益基金所起到的最重要的作用就是以一种大爱去激励学生潜心修学，激励后代子孙不断追求学识的新高度，营造良好的学习风气。

教育公益基金也对教育事业产生了推进作用，这就让更多学生有接受良好教育的机会，在他们成长成才后，能更好地为家族甚至为国家、社会做贡献。当然，在调查的同时，笔者也发现，当地此类教育公益基金并不算多，其本金规模相对有限，因而总体的社会影响力不大，还没有引起大众的广泛关注。笔者认为，为推动长汀县此类教育公益基金的健康发展，包括家庙教育基金会在内的社会各界相关人士均应该着力完成以下相关工作，如规范管理规章制度、设立更为合理的奖励办法等。笔者认为，国家的文化软实力关系到一个国家的国际地位，而发展教育、培育人才则是增强文化软实力的重要途径。我们也坚信，我国民间的各类教育公益基金必将在发展中不断完善，从而不断推动国家教育事业的全面进步。

附录　　福建汀州刘氏教育基金会规章制度（暂定）

一　会长制度职责

1. 会长每五年换届选举一次，最多能连选连任二次。

2. 会长年龄限三十五岁以上，六十五岁以下均可参选。

3. 会长在五年内（一届）乐捐十万元，或每年分批乐捐二万元。

4. 本会一切办公费用、招待费和旅差费均由会长负责支付。（可抵会长本人捐款款项）。

5. 会长每月最少应召开一次理事会议，以总结工作，指出存在问题，明确今后努力工作方向。

6. 每年终应召开一次全体会员大会总结一年工作情况，提出下年度工作方向和工作指标等。同时在会长的领导下对全体会员一年来取得的成绩给予表彰。

二　副会长制度职责

1. 协助会长分管具体某项工作。

2. 副会长一届（五年内）应乐捐人民币一万元或每年乐捐二千元。

3. 当会长因特殊情况或其他原因不能履行会长职责时，副会长有权代理会长主持本会工作，也可受会长的委托暂时代理会长工作。

三　常务理事制度职责

1. 努力协助会长搞好各项工作，同时为各项工作出谋划策，共同搞好刘氏宗亲的各项工作。

2. 动员本氏宗亲积极投入刘氏各项工作，并与他们取得联系，形成互动、上下一致、凝聚力量、成为一体。

3. 每个常务理事及成员应义务乐捐一千元以上。

4. 常务理事是会长的耳目，得力的助手，积极完成会长布置下来的任务，并主动完成其他各项应做的工作。

5. 常务理事之间应互相通气、联系，左右一致，民主与集中，统一起来，少数服从多数，共同为刘氏家族做好工作。

6. 常务理事应履行每星期一天的值班制度。

四　财务制度

会计、出纳应履行义务制度。

1. 凡理事会的决定大家应支持和负责。

2. 不得贪污、挪用本会一分钱。

3. 每月账目，结清一次。

4. 及时存取款。

5. 开源节流是财务的天职。

6. 当现金达到一万元时交会长统一筹划做到钱生钱。

7. 出纳存折（款）应另立说明以区分本会之款项与其私人之款。

五　理事值班及工作制度

为做好汀州刘氏教育基金会日常工作为此设值班工作。

1. 常务理事自愿值班。

2. 在每人每日值班中，必须做到防火、防盗、防骗工作。

3. 每日值班人员应打扫四周环境卫生，并准时上下班。

4. 做好每日来访接待工作。

5. 值班补贴由每月办公费用支付。

六　其他事项

1. 每当捐款者达到十万元及以上时，本会应赠献楹匾一块，以示表彰流芳万世。

2. 对汀州刘氏教育基金会一贯做出积极贡献劳苦功高，又因年迈体弱不能胜任工作者，为表彰其功德，为他们再设顾问。

3. 关于半途罢免、弹劾，会长有关条文的建议

（1）当会长屡次犯重大错误而且还不听忠言劝告并且造成不良后果时，经常务理事会研究并通过名誉会长同意，经三分之二以上会员通过时可罢免，以利今后汀州刘氏教育基金会各项工作开展。

（2）凡刘氏宗亲的有关信息，不得个人所有，应属汀州刘氏集体的信息，大家共同分享，任何个人不得垄断封锁。

4. 每年在秋季履行召开一次教育基金成员大会，以表彰先进，共促工作发展，总结经验为每年高考升大学刘氏学子捐助做好服务。

福建省福安市上塘村彭氏祠堂教育公益基金调查报告

彭铃菲

一 引言

随着生活条件的改善，人们公益意识的提高，个人、团体、政府等自发或者联合成立了公益组织。教育领域也出现了很多教育公益组织，例如中国少年儿童基金会、中国青少年发展基金会等，这些公益组织为支持贫寒子弟上学、奖励学子创新发展、促进教育良性循环做了很大贡献。

福建省宁德市福安市甘棠镇上塘村的彭氏祠堂在2010年完成祠堂重修后，为了发展家族的教育事业，也为了响应党的教育方针，祠堂管理小组经过讨论决定：在祠堂设立一个教育公益基金，支持家族的文化教育事业。

2017年暑假期间，结合本系"闽台教育与公益文化事业发展研究"科研创新团队的科研任务，借着学科基础实习的机会，笔者将调研的对象确定为彭氏祠堂教育公益基金。原因是上塘村的彭氏祠堂是笔者的本家祠堂，在语言沟通、人际关系上有很大的便利，方便深入获取相关信息。

笔者采访的对象主要是彭氏祠堂现任理事长彭柏玉爷爷。他今年70多岁了，尽管没有上过学，普通话说得也不流畅，但他说多年来一直接触文字，并且在担任理事长职务期间也接触了不少文件，所以汉字还是看得懂的，就是笔画较多的字不会写。他说，因为没有文化，所以有关文件的撰写等工作是由其他理事完成的。有外来贵宾来参观祠堂时，他用方言介绍彭氏宗祠，由会讲普通话又了解祠堂的理事来翻译成普通话。彭氏祠堂的理事长都是由宗族里年长的、有威望的人来担任。彭柏玉理事长是在2013

年开始担任祠堂理事长职务的,他熟知祠堂的事务,调研彭氏祠堂教育公益基金,采访他是再好不过了。与理事长约定好后,笔者在 2017 年 8 月 17 日到祠堂进行采访。本报告内容主要根据彭理事长的口述整理。

二 基金会的成立与资产增值形式

(一) 基金所在地简况

彭氏祠堂位于福建省宁德市福安市甘棠镇上塘村。上塘村是一个行政村,共辖有上塘、上厝、八斗头、洋头里 4 个自然村。彭氏教育基金会是为上塘村自然村彭氏居民服务的。上塘村山清水秀、风景秀丽,主要农作物有大白菜、韭菜、菊苣、酸橙、柚子、酸梅、小芋头等。上塘自然村是一个多姓杂居的村庄,彭姓只是其中之一。该村没有自己的小学,孩子们可以就近在甘棠镇中心小学、福安六中就学。

(二) 基金的设立

彭氏祠堂的教育基金设立于 2010 年,是当时的祠堂管理小组提出设立基金,用来奖励考上本科院校的彭姓学生。因为这项教育公益基金主要是奖励上塘村彭氏宗族的学生,规模较小,开办的年限较短,因此没有专门管理教育基金的组织和制定相关的章程,有关教育公益基金方面的事务均由祠堂的管理小组负责。

在采访彭柏玉理事长时,他说道:在 2010 年重建祠堂前,上塘村这支彭氏族人虽然有读书人,但都没出过本科大学生,最高文凭就是大专了,有大专文凭的还寥寥无几。20 世纪 70 年代及之前的年龄段的人,因为家庭经济能力的问题,大家都是没读过书或者是小学读了几年之后不得不辍学上社会挣钱,80 年代出生的人,也只有少部分人接受过较高的教育,所以家族整体的文化水平较低。想要让家族发展起来,首先要做的就是提高大家的文化水平,有了文化,才能更文明。因此,在 2010 年祠堂新建完成后,当时担任理事长职务的彭第三先生就提出一个想法:祠堂要办一个教育的奖励基金,出一点钱来支持孩子们读书。这个想法说出来后,在场的人一致同意。

经过号召，彭氏族人聚集在祠堂里开了个小会，彭第三理事长向大家说明了我们为什么要办教育奖励金，怎么办起来等问题，号召大家为家族的教育发展出一份力。大家本着自愿原则出资，当天共筹到约 12 万元人民币，这 12 万元就作为教育基金的原始基金。这笔基金将奖励考上本科院校的上塘村的彭氏学生，规定考上本一院校的一次奖励 2000 元，本二的奖励 1000 元。

2014 年，在管理小组的一次小会上，有人提议说，对于考上本科的学生，祠堂除了一次性奖励一笔钱外，还可以在大学四年里每年都进行奖励，资助学生完成学业。但后来经过计算，发现这样做的话会使祠堂经费紧张，所以放弃了这个提案，还是按照原先的奖励办法，只奖励一次。

彭柏玉理事长说："教育基金从设立开始，平均下来每年大概都会奖励四五个人，甚至更多。对此，族人都感到很开心，认为是新建的祠堂换了一个地理位置后给家族带来了好运。宗族里老一辈的人都说，现在的祠堂得了一个人杰地灵的位置。"

（三）资金增值方式

祠堂的教育基金是从祠堂的收入里扣除的，没有另外针对教育公益基金进行募捐集资。而祠堂的收入来源是地租、彭氏族人的集资、工厂的分红三条途径。

彭氏祠堂在上塘村拥有一些田地、山地，祠堂将这些土地出租给别人，获得地租。另外，在重新修建祠堂时，作为彭家子孙都要出资，每家每户按人头出资，一人 600 元。在建完祠堂后，还剩下 15 万余元人民币，祠堂当时用这笔钱投资了一个生产瓷砖的工厂，每年有分红。祠堂举办盛大活动时，像修理祠堂、中元节祭祖等活动，理事会会召集族人捐资，活动结束后剩下的钱就并入祠堂的经费里。

2010 年为了开办教育公益基金而向族人筹款的 12 万元，就作为教育方面的基金，不得用于其他用途，12 万元用完后，直接从祠堂的收入里支出教育基金。

三 基金的组织管理与社会监督

（一）基金的组织管理

因为是宗祠的教育基金，只对上塘村彭氏家族的学生进行奖励，不对外开放，再加上上塘村这一支彭氏族人人数较少，教育基金开办的年限短，所以祠堂在制度建设上不是很完善。邻里如亲人，乡亲们对基金情况都较为熟悉，并没有制定规章制度。在选举、财务管理等事务上，都是沿袭上一届的做法。

祠堂所有资金都由祠堂的会计管理，基金管理人员也自然由会计担任。管理人员的选拔方式很简单，在管理小组要换届前，有意愿任管理者的人向祠堂管理小组打声招呼，如果申请的人只有一个，则由其任；如果申请的人数多，则由管理小组讨论决定。如果该名管理者能清楚地管理账目，做事认真，那么就由他一直管下去，直到他不想做这项工作为止。如果做事不得力，就马上撤下来，换别人去做。

在教育基金的发放方面，彭氏祠堂理事会的会计要做好审核通知书的工作。祠堂发放奖学金的流程是：考上本科的学生上交一份大学录取通知书的复印件，由会计审核，确定通知书上的学校属于本科层次。通过审核后，负责人通知学生到祠堂领取奖学金。

彭氏祠堂教育公益基金的发放对象为所有彭氏祠堂的彭氏学子。既包括户口在上塘村的彭氏子孙，也包括户口已经从上塘村迁移出去的彭氏子孙。笔者的爷爷在年轻时便已经从甘棠镇上塘村搬迁到福安市赛岐镇，户籍所在地并不是上塘村。不过，当年重建彭氏祠堂的时候，我们也都按照600元/人的标准进行了捐款，因此自然而然获得了接受奖学金的资格。

由于彭氏祠堂教育基金的规模很小，为了尽量节省开支，一切因陋就简。如在发放奖学金时，不仅没有举行统一的发奖典礼，也没有邀请相关嘉宾到现场观礼，甚至没有要求获得奖励的同学本人或家长必须亲自到场，统一领取奖学金。2015年8月，笔者获得彭氏祠堂教育基金的奖励时，便是由笔者的叔叔经手办理的。他从其他亲戚的口中听说了彭氏祠堂奖学金的事情，便让笔者复印了一份录取通知书，由他交给祠堂会计，领取了 1000 元的奖励金。

（二）财务制度与监管

祠堂的财务每年公开一次，公布的时间是每年 12 月中旬。所有的资金支出都要有祠堂理事和会计签字，票据等要在祠堂管理小组的会议上公开给与会人员核查。

或许同样是出于节约成本的考量，又或许是并未形成相应的监督意识，彭氏祠堂没有采取诸如刊印征信录的方式，向全体彭氏族人公开财务情况，接受大家的监督。彭柏玉理事长表示，因为教育基金是祠堂出钱的，资金收支也只是我们宗族的人看，所以没做得那么仔细。考虑到祠堂的管理事项多，为了方便管理，祠堂的账本每年一换。今年记完了账，在年底公开财务，让大家明白资金收支，到第二年，再拿新的账本，账本上先记录上一年的余额，然后开始新一年的记录，旧的账本就销毁了。账本每年一换的情况下，财务公开的纸质材料在打扫祠堂卫生的时候会清理掉，所以找不到每年的财务明细。笔者去采访时，跟着理事长到祠堂看过，并没有看到 2016 年财务公开的纸质材料。负责基金财务的会计在笔者采访期间不在本村，遂未能了解 2016 年教育基金的支出情况。笔者采访期间，2017 年高考录取通知书还没收齐，奖学金还没发放，账本上无记录，所以就没有今年的教育基金支出的明细了。

四 社会评价与影响

（一）社会评价

1. 普通民众

笔者访问了几位同族长辈，了解他们对于发放教育基金的看法，他们一致认为这是件好事。有一位家长说："这一两千元钱，和孩子高昂的学费相比虽然不多，并没有起到多大作用，但再怎么说也能为我们大人省下一点钱。当然，能领到奖学金我们也高兴啊，说明孩子考得好，我们也有面子。而且办教育基金也能体现我们祠堂对教育的重视，体现我们祠堂注重文化。另外，教育基金也能起到激励孩子们努力读书的作用。领到这份钱更多的是荣誉感，说不定孩子们会为这份荣誉感更努力读书了。"

2. 受助者

笔者采访过2015年考上本科的一位受助者对教育基金的看法，她说："领到这钱就像过年收到一个大红包一样，很开心。这笔钱对我来说更多的是起到了鞭策作用，我拿了家族的钱，就一定要好好读书，不说以后有多大作为，起码毕业后要有一份好工作吧，这样才不会辜负他们的期望。作为彭家的子孙，不能丢了家族的脸啊。"

3. 祠堂理事

彭柏玉理事长是这样评价彭氏祠堂教育基金的："这笔钱是祠堂出资的，是祠堂用收益来支持这项工作的，你们拿了这笔钱要干什么我们都管不着，是要用来读书，还是用来吃喝玩乐随你们，但希望拿了这笔钱的孩子要记住，你们是我们家族的希望，是我们的骄傲，你们一定要好好读书，这笔钱不单是对你们考上大学的奖励，也表达了我们大人希望你们孩子好好读书，做一个成才的人的愿望。你们一定要好好读书，不是为了我们，是为了你们自己的未来，书读好了，才有可能找到一份好工作，有了一份好工作，你们的生活就能过得好点，不会太辛苦。希望你们都不要辜负了我们的好意。"

（二）社会影响

祠堂一次性发放的教育基金对经济情况良好的家庭而言可能无足轻重，但对经济能力一般且学费又较高的家庭而言，教育基金在一定程度上可以减少家长的负担。另外，祠堂发放奖学金，体现了祠堂对教育的重视，也体现了老一辈人深受文化水平低下的困扰，希望年轻一辈的人能够有文化的希望。在采访中，理事长一直在强调文化、文明，看得出来，他很渴望能够上学，因为当时经济条件等原因，未能如愿，因此把接受文化教育、提高家族的文化素质的希望放在了后辈身上。

对于学生而言，教育基金起到了激励、鞭策作用。只要能考上本科，就能得到奖学金，奖学金成为学生努力读书的一大动力。在鞭策作用上，就如笔者所采访的一位朋友所说的，奖学金寄托了长辈对晚辈好好读书、争取成才的愿望，拿了这笔钱，就等于接下了他们的愿望，为了不让他们失望，得更加努力地读书。作为家族的未来，能为家族做多大贡献不重要，最要紧的是，不能给家族抹黑。

五 结语

祠堂办的教育公益基金对彭氏家族以外的社会人群虽然没起到什么作用，一次性发放的一两千元也不能解决大学期间的花费问题，但这笔钱包含了家族里长辈对晚辈的勉励之情。都说青少年是祖国的骄傲、希望，对家族而言更是如此，只有后辈们越来越优秀，并且为家族奉献这份优秀，这个家族才能越来越兴盛。

听到彭柏玉理事长说祠堂在2010年重建完成前，都没有人考上大学，新建成后人才辈出，我突然有一种学习的动力，告诉自己要努力读书，不负家人的期望，要努力成为家人的骄傲。也要做一名正直的人，做事光明磊落，绝不能丢了家族的颜面。

这次调查有很多材料都没有得到，如历年受助者名单、基金管理章程。会计在审核好通知书、发放奖学金后没有专门记录历年受助者名单，在财务公开上也没有详细列出名字与金额，只是计算一下在助学金上花了多少钱，然后在财务公开上直接记录：助学金×××元（这是理事长讲述的：在财务公开上不会详细列出名字与金额，只是记助学金的总金额），这种做法不能了解其具体支出。

通过这次采访，我有几点不成熟的认识：

第一，祠堂在财务公开上应做得更加完善。例如在每年发放完奖学金后，可以公开一次奖励名单，这样有利于财务的外部监督。

第二，祠堂的制度建设有待完善。在采访过程中，我感觉到彭柏玉理事长很希望能将上塘村彭氏祠堂办得有声有色，但是无规矩不成方圆，想要管理好祠堂的话，应先从制度上入手。有了制度，就有了约束力，这样做起事来才有根据可依，也利于族人对祠堂事务的监管。期待在今年 10 月换届后新上任的管理小组能够完善祠堂的制度建设。

第三，祠堂应扩大资金收入来源。祠堂的教育基金依赖于祠堂的收入，而收入主要是地租、彭氏族人的集资、工厂的分红三条途径，这不利于祠堂资金的增值。祠堂想要办得更大更好，资金是必不可少的，面对资金的增值问题，祠堂是否可以利用上塘村甚至是甘棠镇的某些有利条件，进行资金增值呢？

五
畲族教育公益基金

畲族是我国南方少数民族之一,主要分布于福建、浙江山区。畲族企业家捐资设立教育公益基金,除了奖助对象主要以家乡畲族学子为主以外,总体上与其他企业类教育公益基金并无二致。

福建省罗源县"畲家之翼"基金会调查报告

兰雪平

一 引言

教育事关每个人的福祉以及国家的整体利益。《礼记》云:"建国君民,教学为先。"显示出了教育在国家事务中的首要地位。在当代社会,教育更被看作现代国家所应履行的一项重要职能。因此,国家重视教育事业的发展,颁发了诸如《中华人民共和国义务教育法》等相关法律法规。但是,偏远城乡地区及少数民族的教育问题仍然存在。

在2017年高考录取分数线公布的时候,北京市高考状元熊轩昂曾说了这样的话:"自己生活在大城市,父母又是外交官,家庭条件优越,自然在学习上比农村孩子有捷径。""寒门难出贵子"这个话题,引起社会各界的广泛讨论。农村及少数民族学子的教育条件与城市学子之间的落差,除了依靠政府的支持,还需要社会各界积极关注。

借着这个课题,笔者将目光放到少数民族学子这一群体。由于笔者所在家乡福建省罗源县是少数民族——畲族聚居的地方,对于深入了解畲族的教育情况较为便利。通过亲朋好友的介绍,笔者初步了解了"畲家之翼"这个教育公益基金。通过采访相关负责人、村民、获奖者、受捐助者等,笔者进一步获知了有关该教育公益基金的更多细节,并在指导老师的帮助下,完成了这篇调研报告。

二 "畲家之翼"基金的设立与管理

(一)"畲家之翼"基金所处社会环境

"畲家之翼"基金是专门面向福建省罗源县少数民族——畲族的教育公益基金,其创立的过程则与罗源县白塔乡南洋畲族村紧密相关。福建省是少数民族散杂居的省份,有53个少数民族,占全省人口的1.54%,其中畲族人口为全国最多。目前,福建大部分畲族居住地区的经济仍不够发达,文化教育程度还相对落后,全省畲族教育仍存在低水平、不均衡的状况。罗源县区域面积1187平方公里,辖6个镇、5个乡,有8个社区、189个行政村。户籍人口26.45万人,其中畲族人口占8.1%,为福建省畲族主要聚居区和老区县之一。白塔乡位于福州市罗源县西南部,与连江县毗邻,距省城福州90公里。全乡总人口约1.7万人,其中畲族人约有2300人,占全乡人数的15%。南洋村是个纯畲族村落,全村地形以山地为主,地处"边缘地带",通村道路崎岖狭窄,经济相比其他地区较为落后。

(二)"畲家之翼"基金的创立过程

在与"畲家之翼"基金管理人兰德华先生聊天的过程中,笔者知晓了"畲家之翼"基金创立者蓝建伙先生的大概情况,以及他设立该基金的初衷。蓝建伙先生出身于罗源县白塔乡南洋畲族村的一个贫困家庭,退伍后在外打拼多年,历尽艰辛,自主创业,终于闯出了自己的一片天空,目前是上海东洲罗顿通讯技术有限公司的总经理。兰德华先生告诉笔者,蓝建伙先生常说,在外地时他总会想起家乡的贫困学子。他的家乡是一个经济较为落后的村庄,受家庭经济条件的制约,有机会持续接受教育的人口少,整体教育水平偏低。蓝建伙先生常常会想起自己艰辛的求学之路。他回忆道:"小时候,父母就靠两亩薄田养活我们兄妹4个孩子。家里的境况很不好,为了让我顺利上完大学,3个妹妹辍学了。村里贫困的家庭还有很多,他们有不少人没有机会上大学。"所以在自己有能力后,决定帮他们做一些事情。

2010年，蓝建伙先生便开始了他的助学之路。那一年，他多次回到老家，资助村里多名家庭困难的学子，让他们拥有了上大学的机会。他还向在读小学、初中、高中的优秀学子提供奖励。同年年底，蓝建伙先生专程回乡，联系罗源县慈善总会的工作人员，商讨助学事宜，决定认捐30万元成立"畲家之翼"教育慈善助学基金，其宗旨为"用于资助畲家贫困子女上学和奖励成绩优秀学子"。

2012年8月3日，蓝建伙先生在其同学罗源县洪洋乡党委组织委员兰德华和罗源二中兰芬老师的陪同下，来到罗源县慈善总会，正式签署了"畲家之翼"教育慈善助学基金协议。蓝建伙先生和罗源县慈善总会朱碧娟会长分别代表甲、乙方在协议书上签字。同年秋季，"畲家之翼"基金正式开始奖学、助学活动。

蓝建伙说："希望把助学这件事做好，让更多人参与慈善事业，帮助更多人。希望真正能帮到有困难的畲家娃，形成今日我受助，明日我助人，为社会奉献自己的一份力的良好社会风气。"他期望，通过大家的努力，可以把"畲家之翼"基金做大做强，这样不仅能解决更多贫困学子就学的难题，还将帮助贫困畲民就医，以及助力于畲族文化更好地传承。

（三）"畲家之翼"基金的组织管理

"畲家之翼"基金并非独立的教育公益基金，而是蓝建伙先生联系罗源县慈善总会成立的留本付息的基金会，因而没有专门的基金管理章程，目前依据罗源县慈善总会的管理章程进行相关活动。

"畲家之翼"首批基金为30万元，采取留本付息、定向捐赠的形式，用于资助畲族贫困子女上学和奖励成绩优秀的学子。2011年底，首批善款2万元汇入基金账户。这种通过创立基金，以细水长流、取息助学的方式，吸引了更多人士加入爱心行列。蓝建伙先生的朋友，江苏企业家施华夫妇得知这一公益项目后，也加入蓝建伙先生的公益队伍，主动向罗源县慈善总会捐资3万元，注入"畲家之翼"基金，由其提供资助的助学项目也被称为"畲家之翼"基金施华助学金。2012年7月，蓝建伙先生的好友胡勇先生也加入其中，汇入基金2万元。

由于自己长年在外地工作，蓝建伙先生特意委托热衷于公益事业的同学兰德华先生协助罗源县慈善总会管理基金。十几年来，兰德华先生一直兢兢业业致力于"畲家之翼"基金的管理工作。同时，虽然蓝建伙先生远在上海，但他仍时刻关注着基金的相关活动。

（四）"畲家之翼"奖助学金的发放

根据蓝建伙先生与罗源县慈善总会签订的协议规定，每年的助学人员和受奖励学生的名单、人数等信息，都是委托兰德华、兰芬和有关部门、学校进行统一审核，并与慈善总会协商确定后，由慈善总会组织实施的。每位受助者应填写资助表格和承诺书，在资料审核通过后可直接到慈善总会领取助学金。

2012年秋季，"畲家之翼"基金的奖学、助学活动正式启动，当年共资助畲家学子11名，发放助学金1.25万元。其中大学新生4名，发放助学金8000元；初高中新生7名，发放助学金4500万元。按照资助方的意愿，不举行发放仪式，也不召开座谈会，只要求受助者在承诺书上签名，承诺将来传递爱心。

蓝建伙先生前后资助了100多名贫困畲家学子，以及奖励了多名南洋村优秀学子，每人领到3000元到5000元不等的助学金。随着更多人士的加入，基金的资助对象扩展到全县范围，除了继续定向奖励南洋村的优秀学子，也资助罗源县其他贫困畲族学子。

（五）基金活动的监管与防弊机制

"畲家之翼"基金采取留本付息的形式支付奖助学经费，在基金管理方面比较简单，不存在基金本金的增值管理问题，也不需要设立专门的基金管理理事会。因此，目前该基金主要还是由蓝建伙先生自己负责管理本金的增值工作，相关的助学、奖学活动则由其同学兰德华先生和罗源县慈善总会共同协作完成。每年发放奖学、助学经费之前，蓝建伙先生与兰德华先生都会认真核查罗源县慈善总会上报的贫困学子名单，为了了解上报学子的实际家庭状况，他们时常要冒着酷暑走访每个孩子的家庭。

三 "畲家之翼"基金的社会影响

(一) 社会评价

1. 兰德华先生的评价

兰德华先生在接受采访时表示,接下了管理基金的担子,就是接下了责任。几年来,他走访了许多学子,了解了他们的家庭情况,心里总是感慨万千。每一次回来都会和自己说,一定要把"畲家之翼"做好,希望更多的人能够参与到教育公益事业中。同时希望学生能够渡过难关,改变命运的轨迹。

2. 村民的评价

部分接受采访的村民表示,蓝建伙先生在自己取得了人生的巨大成就后,还不忘记家乡,为家乡教育事业做贡献,真的很是令人感动。

3. 受助者的评价

受助者表示,感谢"畲家之翼"的帮助,解决了其燃眉之急。他们觉得,"畲家之翼"就像是他们在求学道路上的翅膀,帮助他们飞进高校的大门。受访者说,"我以后也会像蓝建伙先生一样,尽我所能地帮助该帮助的人",将来一定会践行"今日我受助,明日我助人,为社会奉献自己的一份力"的约定。

2012年秋季发放奖学金时,被录取为厦门大学软件工程系的优秀学子雷昕将自己所获得的2000元奖学金的一半,当场回捐给罗源县慈善总会。她表示:"我这是借花献佛,但这也是我的一点爱心,请慈善总会资助困难的人。"

(二) 社会影响

虽然设立不久的"畲家之翼"在许多方面还存在问题,但是它所体现的对少数民族教育事业的重视,对罗源县产生了积极的影响。

就受助者个人来说,或许助学金并不能支撑他全部的在学费用,但是在他最需要的时候,它们就如同一场及时雨,起到了至关重要的作用。当他在为学费为难，甚至想要放弃学业的时候，"畲家之翼"的出现，如同雪中送炭，并且让他心怀感激，努力向上，不断进取。

对受奖励的学子来说，奖学金对他们能够起到激励鼓舞的作用，奖学金带给学子的是一种荣誉，让他们有勇气挑战困难、挑战极限，让优秀的学子更加优秀。相信奖学金一定会推动罗源县尚学文化氛围的形成。

对罗源县教育来说，基金是罗源教育事业的重要组成部分。正因有了它的存在，那些因家庭经济原因而不得不放弃学业的学子才有机会继续学习。受助学子通过自身的发展，将来才可以继续帮助其他学子，促进罗源教育事业的发展，为国家输送一大批优秀人才。

对畲族民众来说，基金可以帮助他们加快发展速度。虽然现在都强调各民族共同发展，共同繁荣，但畲族在教育上仍相对落后。要改变这一状况，国家的政策扶持固然重要，社会各界人士对少数民族教育的关注和帮助同样至关重要。关注下一代，鼓励畲族学子努力学习，有利于从根本上实现畲族的繁荣进步。

四　结语

教育承载着一个国家未来的希望，也注定承载着一个家族的未来。教育公益基金作为国家教育发展建设的一个重要参与者，是教育事业的重要组成部分。

罗源畲族教育的落后和畲族的历史是分不开的。畲族《高皇歌》写道："走落罗源和连江，福州大府管连江。连江罗源好田庄，古田罗源和连江。都是山哈好住场，乃因官差难做食。"历史时期，畲族人民长期过着刀耕火种的生活，居无定所，不断迁徙，几乎没有条件实施传统的学校教育，也没有形成自己的文字。明清时期，才开始设立私塾和书馆，一些畲族子弟才接受了汉文教育和民族启蒙教育。所以畲族的教育水平落后是历史多方面因素造成的。知道了原因，我们才能对症下药，使得畲族教育发展稳步前进。

我们常听到一句话："要致富，先修路。"要想解决南洋村乃至白塔、罗源少数民族的教育问题，需要让南洋先摆脱贫困的局面，让学生不至于因为经济问题而放弃学业。南洋村是个纯畲族村落，全村以山地为主，原生态和农林资源保存完好，属省级生态村。在党和政府的支持下，南洋可以利用得天独厚的生态环境，种植金银花、紫薇花等经济作物，逐步摆脱贫困。同时，可以通过开展美丽乡村建设，打造少数民族特色村，开设畲族山歌、舞蹈等教学活动，吸引更多的投资者来到南洋、来到罗源，不断提升罗源县的经济发展水平，进而保障少数民族学子的受教育权利。

福建省福安市茂春助学基金调查报告

兰嫩英

一 调查背景和目的

教育是立国之本，是民族兴旺的标志。一个国家有没有发展潜力看的是教育，这个国家富不富强看的也是教育。无论什么时代，什么社会，什么制度，这个国家向哪方面发展，教育是不可忽视的。改革开放以来，中国社会获得了极大的发展，但由于各种原因，贫富不均现象依然存在，并不是所有人都能够得到良好的教育，仍有许多贫困家庭的孩子无法接受高等教育。

助学类教育基金会是教育公益活动的重要组成部分。助学基金会的出现，帮助许多贫困学子接受高等教育，解决了他们上学难、无法深造的难题。为了了解各地助学基金的情况，笔者参加了由学院历史学系部分教师组成的"闽台教育与公益文化事业发展研究"科研创新团队的相关科研活动，利用暑假时间，以"福建民间教育公益基金调查"为主题，进行相关调研。根据课题组老师的指导，笔者选取家乡所在地福建省福安市城阳镇的"茂春助学基金"作为调研对象，进行了较为深入的访谈与调研。

二 调查对象、地点及方式

（一）调查对象

本次调研的对象是笔者家乡所在地福安市城阳镇的"茂春助学基金"。该基金会是城阳镇籍企业家陈茂春先生为帮助家乡教育事业发展于2006年成立的。基金主要资助对象是福安市城阳镇籍的高考上榜学生及大学以上学历者，也包括城阳镇的贫困学子，主要目的是发展城阳镇中小学教育事业。

（二）调查地点

本次调研的地点为"茂春助学基金"所在的福安市城阳镇政府，以及城阳镇下辖的各个村。城阳镇位于福安市东部郊区，方圆151平方公里，下辖31个行政村，4个居委会，其中16个村（居）分布在平原，19个村分布在山区，总人口3.5万人。

近年来该镇的经济持续发展，在不断巩固农业发展的基础上，加快工业化进程，使工业实力不断提升；同时抓紧发展第三产业，比重逐年提高；未来发展更加围绕以"一个园区、两个基点、三大重点、四大新区、五项建设"为主线，紧紧抓住城区扩容的机遇，借势发力，引导和鼓励全民参与新城区建设，推动农业产业化、工业化、城市化进程；在加快经济发展的同时，统筹文化建设、平安建设、生态建设、法治建设、社会事业建设全面发展，增强发展的协调性。

目前，全镇只有1所老区中学，在校生约1700人。

（三）调查方式

本次调研主要以访谈的形式进行。在访谈之前，先确定访谈的内容及对象。在设计、筛选访谈内容时，笔者特别注意问题是否全面、用词是否正确、用语是否礼貌、题目是否便于理解等。筛选时则注意问题是否过于冗长、部分问题是否重复、是否占用受访者过多时间等。

在访谈对象的选择方面，笔者先考虑被访者的年龄覆盖问题，即尽量涉及不同的年龄阶层，在此基础上确定有代表性的访谈对象。这次调研，本人主要采访了城阳镇政府的工作人员，同时也询问城阳镇下辖的部分村（居）委会居民，通过他们的讲述，了解大众对"茂春助学基金"的理解和评价。访谈时为了增强受访者对本人的信任，特意请自己的亲戚或者认识的人先代为引荐。

三　调查内容

（一）基金会设立与运行

通过访谈调查了解到，"茂春助学基金"是城阳镇籍企业家陈茂春先生为帮助家乡教育事业的发展，于2006年捐资成立的。陈茂春先生，1952年出生于福安市城阳乡（2011年撤乡建镇）荷洋村，19岁从军入伍，1986年转业到乡镇企业局工作。现任河北兴华钢铁有限公司董事长，现为福安市人大代表、武安市政协常务委员。2008年成为中国APEC发展理事会常务理事，曾连续5年随同时任国家主席胡锦涛出席了分别在秘鲁、新加坡、日本、美国和俄罗斯召开的APEC峰会。在2006年之前，陈茂春先生就已经捐资帮助一些学生完成学业，甚至一直帮助学生读完博士。早在1997年，他看到荷洋村老家小学校舍低矮狭小，当即捐款13万元，建成荷洋、后楼2所希望小学。① 到了2006年，陈茂春先生开始进行系统的捐资助学。是年，陈茂春先生和他的夫人主动联系城阳乡党委、政府的工作人员，捐资成立"茂春助学基金"，帮助城阳镇贫困家庭子女完成学业。

自基金会成立以来，每年暑假陈茂春先生和夫人倪华玲女士都会回到城阳镇亲手将助学金交到学子手中，并且了解他们的家庭情况，遇到家庭十分困难的同学会给予其他帮助。

从2006年到2018年，13年来累计助学奖励城阳镇大学生、研究生1338人，资助困难学生504人，对城阳镇捐款达到500万元左右，当然这些经费并不全是用于城阳镇的奖助学金，有一部分是对城阳镇中小学的教育建设的资助，还有一些是资助落后乡镇以及正在发展中乡镇的建设。部分资金还用于福安市的发展建设。笔者还了解到，目前基金会是由陈茂春先生和其夫人直接管理，每年的资助金额都会在网上公开，大众可通过新闻稿、政府的公告栏或者在兴华财富集团的官网的公告了解其运营情况。

---

① 林杨、王旺声：《陈茂春：把爱心向四方传递》，《闽东日报》2012年9月23日。

（二）社会对该基金会的评价

社会对"茂春助学基金"的评价普遍很高。总体来说，该基金不管是对城阳镇的教育事业还是城阳镇其他事业的发展都做出了突出贡献。他们每年不只是帮助贫困学生完成学业，还资助城镇的中小学发展教育，同时改善弱势人群的生活条件。该基金会不仅激励了人才成长，更将爱心在社会上传递下去，弘扬了扶贫济困、助人为乐的传统美德。兴华财富集团除了通过"茂春助学基金"对家乡的公益事业做出贡献之外，在重大灾害后也会对受灾地区进行捐款。人们肯定了该基金会的助学行为的同时，也提出了不少值得采纳的可行性建议和意见。比如说，他们认为可以让其他爱心人士以入股的方式成为基金会的一员，壮大基金会，去帮助更多需要帮助的人。

四 调查结果与分析

（一）基金会资助情况与分析

"茂春助学基金"主要以奖学、助学为自己的基本使命。自2006年以来，每年都会拿出数额不菲的钱款，用于奖励和帮助本镇考上大学的学子，或资助本镇各类中学、小学的教育基础设施建设。

2006年以来，茂春助学基金的奖学金、助学金主要奖励考上高等学校的本镇学子及帮助家庭经济困难的贫困生、特困生。2009年以来，随着社会经济的发展，特困、贫困家庭日益减少，因此茂春助学基金逐渐将奖学、助学活动统一为奖学这一种类型，集中发放考上专科、本科高校的学子。

自2006年以来，茂春助学基金已经累计向1323名学子发放了236.1万元的奖学、助学经费（见表1）。

除了奖学与助学，多年来茂春助学基金还拨出一部分经费，专门用于本镇中学及中心小学的发展。据统计，迄今该基金会已经分别向中学、小学捐助了16万元和7万元，合计23万元（见表2）。

表 1 茂春助学基金奖学、助学情况

单位：人

类别/年份	2006	2007	2009	2011	2012	2013	2014	2015	2016	2017	2018	小计
高考上榜及以上	40	64	52	95		135	129	155	116	83	131	1000
贫困生	37	35	32	37	45	38		21				245
特困生	23	55										78

表 2 茂春助学基金支持城阳镇学校建设情况

单位：万元

类别/年份	2009	2012	2013	2014	2015	2016	小计
老区中学发展	1	3	3	3	3	3	16
城阳中心小学		1	2	2	1	1	7

除了以上两类经常性的奖学、助学活动，茂春助学基金的公益活动还涉及其他门类。如2011年捐助"奖教助孤"经费5万元，2017年捐助"助学支教"经费35万元，2016年、2017年各捐助镇关工委20万元，2016年捐助环镇公路拓宽改造经费100万元，2017年分别捐助"通村公路建设"和"溪柄村桥梁、村道建设"30万元和25万元。在2018年举行的"茂春助学基金"捐助仪式上，陈茂春董事长又捐出100万元成立了城阳镇荷洋村"海贵敬老基金"，此项资金由陈茂春父母生前积攒的20多万元零花钱加上兴华财富集团出资构成，该项基金每年的理财收益将用于荷洋村6个自然村70岁以上老人的生活补助金。2006年以来，茂春助学基金所捐经费共为335万元，有力支持了城阳镇的教育、交通等公共事务的发展。

本次调研也发现，"茂春助学基金"的捐助金额在逐年递增，这和城阳镇每年的大学生数量的增加有着密切联系。笔者认为，由于最近20年来计划生育政策不断松动，人口逐年增长，也使大学生的人数呈不断上升趋势。国家所推行的高校扩招政策，也为越来越多学子提供了高校的入学机会。当然，这也从一个侧面反映了城阳镇政府和普通百姓对于发展教育事业的日益重视。茂春助学基金正是在这样的大背景下，不断推动着本镇教育的发展,并在此过程中日益扮演着重要角色。

(二) 调查心得

教育公益基金是社会慈善的一部分。慈善组织自古以来都深入人心,不管是在古代还是在现代,都发挥了重大的作用。今天,教育公益基金是建设精神文明、增进社会和谐的重要因素。不过,正如著名学者资中筠女士所指出的那样,在当今社会中,"更多人愿一次性捐巨款在名牌大学校园盖大楼,而不愿为支持某一学科或科学实验做长期的捐助"[①]。我们也确实总能在社交网络上看到诸如此类的报道。在某些公司企业、公众人物日益将投身公益、慈善事业作为培育企业文化、提升个人形象的有效途径而趋之若鹜、极尽宣传之能事,在很大程度上混淆了公益与谋利的界限时,茂春助学基金却依然坚守传统公益模式,对家乡教育事业进行长期建设和对贫困学子进行长期资助,而非一次性捐款以求得轰动效应,默默保持着促进教育公平、奖励优秀学子、推动教育发展的纯美初心。

另外,笔者认为需要通过一些方式,比如制定管理章程、财务公开、管理人员定期更换等方式来对基金会进行管理。遗憾的是,由于错过了陈茂春先生回乡的时间,本次访谈只采访到政府的相关工作人员,对这些问题未能进行更为深入的访谈了解。

陈茂春先生的个人经历令人佩服。自1986年从部队转业到地方后,看到家乡贫困落后的面貌和城镇就业机会少,特别是农村复退军人就业难的现象,他毅然放弃国家干部待遇,下海创办企业,凭着1600元的转业费白手起家,艰苦创业,坚守部队吃苦耐劳的精神、顽强拼搏的工作作风,使一个小企业在短短的几年中迅速成长为具有较强竞争力的跨地区、跨行业、多元化产业协调发展的集团公司,业务拓展到十几个省市。发家致富后的他不忘家乡,捐资成立"茂春助学基金",捐款修路、建设希望小学,为家乡的公益事业做出了巨大的贡献。但在名誉面前,他始终保持低调。他说,"企业唯有益于社会,才有其存在价值"。

---

① 资中筠:《当前中国公益事业若干问题之我见》,《中华读书报》2011年11月9日,第13版。

六

企业教育公益基金

企业参与教育公益基金建设，是当今世界教育公益文化发展的重要特征。从管理角度来看，采取留本付息的形式建立的企业类教育公益基金，在实现基金会本金增值方面，显然具有天然的优势，也为基金节约了管理成本。投身教育公益事业，提升企业的社会担当，是当代企业文化建设的重要内容。当然，市场形势瞬息万变，企业竞争波谲云诡，企业的成败兴衰，也成为制约企业类教育公益基金发展的主要因素。

福建省惠安县达利集团许世辉惠安教育基金调查报告

王瑛玲

一 引言

百年大计，教育为本。社会的发展，关键靠人才，根本在教育。教育基金会的设立让辛勤努力的莘莘学子得到关注和奖励，也让家庭困难的学子重拾信心。有助于改善学校办学条件和教育教学环境，促成尊师重教的社会风尚，助推教育事业的发展。

在本系闽台教育公益科研创新团队老师的指导下，2017年暑期的学科基础实习，笔者选择以"达利集团许世辉惠安教育基金"为调研对象。笔者首先在网上检索了该基金会设立的基本信息，围绕老师的调查提纲，列出了针对不同的访谈对象所需调查访谈的要点问题，分批、分次对基金会管理人员、普通在校学生、受助学生代表以及受助学生家长等进行了采访。之后，笔者整理了访谈所了解到的信息，根据调研提纲撰写调研报告，并随时就遗漏问题与受访者进行沟通，最终形成了本调研报告。

需要指出的是，由于"达利集团许世辉惠安教育基金"的奖助学门类全面涉及奖教、奖学和助学三个部分，每年所发放的奖助学金规模较为庞大，因而笔者在调研中主要以奖学为主，附录中受助者名单也仅罗列了奖学部分。

二 达利集团许世辉惠安教育基金的设立与资助门类

（一）基金会所处社会环境

位于福建省东南沿海的惠安县，人口 100 多万。据惠安县人民政府官网，截至 2017 年底，惠安县共辖有螺城、张坂等 16 个乡镇，包括 207 个行政村和 11 个社区，总人口 809226 人。[①] 惠安县经济繁荣，生态建设良好，有世界石雕之都、中国建筑之乡等美誉，多次被评为国家级生态县、国家园林城市、全国科技进步先进县、国家级视频安全示范县。

惠安素有"地瘦栽松柏，家贫子读书"的优良传统。作为中国著名的侨乡，华人华侨捐资兴办家乡慈善公益事业的光荣传统由来已久。自从 1983 年设立全县第一个教育基金会——"曾纪华奖学金"以来，诸如惠安教育基金、匹克集团慈善基金、蔡炳河奖教基金等颇具规模和影响力的教育基金会如雨后春笋般相继成立。近年来，慈善事业主角正逐渐发生转变，从改革开放初期主要依靠海外侨亲、港澳台同胞，到近十余年来本地企业家与社会贤达也渐渐加入了慈善捐助的行列中。在此过程中，惠安县的教育公益活动也呈现多元化的发展态势。仅 2018 年，惠安县便又新增了"黄福阳教育基金会"、"惠安慈善总会助学金"、惠安东桥镇"策恩慈善基金"等奖教奖学助学基金会。据了解，除"达利集团许世辉惠安教育基金"以外，惠安县其他机关、乡镇、企业每年所发放的奖学金、助学金数额已经高达 700 多万元人民币。

惠安县素有"食品工业强县"之美誉，达利集团是惠安的食品工业支柱之一，名列"中国民营五百强榜"和"中国轻工业百强企业榜"。1989 年创办达利集团公司以来，达利集团董事长许世辉先生秉持"优先发展教育事业，弘扬传统中华美德"的公益理念，心系家乡教育，热心公益事业，先后成立了"泉州市达利慈善基金""惠安达利慈善基金会""许世辉教育

---

① http://www.huian.gov.cn/PartIntro.aspx? c = 18。

基金会""达利集团许世辉武威教育基金""达利集团许世辉德惠教育基金""达利集团许世辉汉川教育基金"。2011年又在家乡惠安县成立了"达利集团许世辉惠安教育基金"。在他的积极带动下，惠安县支持重视教育事业的风气越来越盛行，包括海外侨亲、港台同胞在内的众多惠安乡贤也都纷纷慷慨解囊、捐资助学。"达利集团许世辉惠安教育基金"是全省迄今金额最大的基础教育奖教奖学基金，也是惠安县受益面最多、影响最广泛的教育基金会。自2011年设立以来，截至2018年底，该基金会已经颁发各类奖助资金近6000万元，惠泽17000多名师生，其中2018年获得奖助金的学生便有2812人。2017年，达利集团决定出资10亿元捐建具有国际视野的综合型、全方位、高教育质量、现代化一流的福建省惠安亮亮中学，实现了从捐资奖学到捐办教育的跨越。

（二）基金设立的过程

为弘扬"达和谐、利众生"理念，振兴惠安教育事业，2011年元旦，达利集团董事长许世辉先生独力捐资人民币1亿元，设立"达利集团许世辉惠安教育基金"，以"达造就全面拔尖创新人才涌现之目的，利提升教学质量打造教育强县之伟业"为基金宗旨，每年从基金中提取400万元，用于全县教育教学奖励和助学。2012年年终，在基金会第二届领奖仪式上，许世辉先生看到了惠安教育取得了喜人成绩，为鼓励惠安教育再创辉煌，决定加大对基金会的投入，把基金会本金由原来的1亿元人民币增加到2亿元，同时将每年的增息提取额度提升至1000万元，用于奖励感动惠安教育人物和中小学优秀教师，奖励乐观向上、自主自立、奋发成才的优秀学生，扶助品学兼优的贫困家庭学生，奖励类别遍及小、中、职校学生，涉及德育、竞赛技能等各个门类。目前，"达利集团许世辉惠安教育基金"共设立了"达利教育英才奖""达利教育特等奖（精英奖）""达利教育技能奖""达利教育智慧奖""达利教育卓越奖"和"达利教育励志奖"六个类别，其中"达利教育特等奖（精英奖）"是2015年新设立的奖项。

（三）基金的奖励范围

根据"达利集团许世辉惠安教育基金"的基金章程，该教育基金会的奖励部分主要分为学校、教师、学生三大类。

1. 学校类：每年提取 50 万元，特设"达利集团许世辉惠安教育基金惠安一中奖教基金"，专项用于奖励惠安一中教育教学成绩突出，贡献大的优秀教师。

2. 教师类：奖项总额共为 150 万元，包括：（1）设立"达利惠安感动教育奖"，共奖励 40 万元。（2）设立"达利优秀园丁奖"，分成小学、中考、高考三个部分，共奖励 110 万元。

3. 学生类：奖学金总额合计 700 万元。（1）设立"达利教育英才奖"（小学），共奖励 65 万元。（2）设立"达利教育英才奖"（中考），共奖励 145 万元。（3）设立"达利教育英才奖"（高考），共奖励 145 万元。（4）设立"达利教育精英奖"，共奖励 25 万元。（5）设立"达利教育技能奖"，共奖励 10 万元。（6）设立"达利教育卓越奖"，共奖励 51 万元。（7）设立"达利教育智慧奖"，共奖励 59 万元。

助学部分，重点资助孤儿、单亲家庭、重病户、低保户、烈士子女、农村二女户、独女户、下岗职工、征地拆迁困难户的贫困优秀生。设立"达利教育励志奖"，分成大学、高中、职专、初中、小学五个部分，共奖励 200 万元。据了解，为了激励更多高中校、农村初中校学生有机会获得达利基金高层次奖项，达利基金理事会从 2017 年开始加大奖励力度。至 2019 年经过多次修改奖励办法，不断扩大奖励范围。

除了保留优秀传统之外，基金会还与时俱进，根据教育发展现状，增设了"达利优秀园丁奖（特教）"和"达利教育英才奖（艺体类高考）"两个奖项，使奖项更优化、覆盖更全面，以此表达达利食品集团对特殊群体的关注，并激励艺体类学生，培养全面发展人才。正如达利食品集团"用心创品质"的企业理念，只要用心学习，行行都能出状元。

三　达利集团许世辉惠安教育基金的管理

（一）理事会及其职能

"达利集团许世辉惠安教育基金"设立在惠安县教育基金会，并成立

"达利集团许世辉惠安教育基金理事会"负责管理。基金理事会设立顾问若干名，名誉会长 1 名，会长 1 名，常务副会长、执行会长、副会长各 1 名，理事若干名，同时设秘书长 1 名、副秘书长 1 名。理事会成员的以在职机关岗位人员和原机关岗位人员为主。根据需要设立专家评审委员会，各有关学校相应成立达利集团许世辉惠安教育基金推荐评审组。

基金理事会的职责主要有五个方面：（1）召开理事会议；（2）制定修改本基金章程，研究奖教、奖学、助学方案；（3）评选审定每年奖教、奖学和助学对象；（4）颁发奖教、奖学、助学金及证书、奖杯；（5）负责本基金管理、使用工作。

（二）基金的监管

基金财务管理按惠安县教育基金会管理模式执行，由惠安慈善总会负责监管，每年接受　次财务审计。当学年度有结余资金，具体用途由会长办公会研究，报捐赠者同意后实施。为保证基金理事会的正常运作，每年可从基金总额预留 100 万元作为基金理事会的经费，主要用于日常开支、评选活动、宣传会务、外出回访、材料编印等。基金理事会每年举行一次达利基金奖励对象的座谈会，即"达利惠安教育基金会学子新春座谈会"，了解收集相关的意见和材料。

四　达利集团许世辉惠安教育基金的社会评价

社会各方面对于"达利集团许世辉惠安教育基金"大多持赞赏和支持的态度，众多受助者也都十分感恩这一奖励，并正在通过自己的努力回报社会。以下评价中，政府和基金管理者方面主要来自新闻稿，学生、受助者以及普通群众的评价来自暑期的采访，主要是在校园内进行采访。

1. 政府部门。惠安的发展，重心是人才，基础是教育。7 年多来，"达利集团许世辉惠安教育基金"惠及 1 万 5 千多名学生，许多学生不负众望已发展成各行各业的佼佼者。并且，在许世辉先生大爱无私、崇德精神的引领下，惠安教育助学、兴学、无私奉献的品德已蔚然成风。

2. 基金管理者。发展要靠人才，人才的培养要靠教育，希望通过达利教育基金，为惠安提升教学质量、打造教育强县尽绵薄之力，为惠安未来发展培养更多创新型、实用型和复合型人才；希望通过教育基金会的方式以点带面，让教育发展成果惠及千家万户，让每个孩子都能健康成长。

3. 学生。达利教育基金起到一种激励作用，激励同学们继续努力学习，鼓励教师和学生不断进步。十分敬佩许世辉先生的公益慈善之举，奖励了许多优秀的学生，也帮助了众多贫困生使他们不至于因为家庭情况而失去学习的机会，能够在学习过程中，与同龄孩子一起快乐成长。陈同学是一名来自惠安县民办广海中学的初二年级的学生，她提到2017年学校有270多位同学获得了达利奖，学校的光荣榜也会张贴名单进行表彰；2017年惠安县的中考状元也在该校，老师在获知了消息后，将这一喜讯告知了她们的家长，并宣传许世辉先生的善举，希望以此激励同学们积极进取，努力学习，养成刻苦学习的良好学风。

4. 受助者。获得这个奖励是对我们过去几年里勤奋学习、务实努力所取得的成果的肯定，是对惠安学子们的莫大鼓励，使我们在学习上不会有丝毫懈怠。在接受社会对我们的关爱的同时，今后也要学习用这样的达利精神来回馈社会。这份奖励所寄予的期望促进我们对社会回报，对家乡回报。

5. 普通民众。获得奖助学金对于获奖者来说是一种荣誉，让他们怀着感恩的心继续努力学习，以求将来回报社会。并且，他们的家人和老师都会为他们感到自豪。同时要正确看待这种奖励和荣誉，不断地努力进取，营造尊师重教、关心教育的良好社会氛围。

五　结语

通过采访，笔者了解到，尽管大部分人对该教育基金会的设立及其具体内容的了解并不深入，但达利教育基金会的受众确实十分广泛。对于许世辉先生的公益举动，大多数受助者都本着钦佩敬仰的态度，满怀感激之情。社会各界也都十分鼓励和支持这类公益活动，对其所带来的积极影响给予了高度肯定。

达利集团通过设立教育基金会，激励了一批批的惠安学子们奋勇拼搏，也彰显了其心系教育的社会责任感，其教育慈善的道路获得各级政府、公益机构、媒体及社会公众的广泛认可和支持。许世辉先生在企业做大做强的同时，始终牢记社会责任，关心和支持慈善公益事业，获得了国家和人民的高度认可，2008年被民政部授予"中华慈善奖——特别贡献奖"，2010年荣登中央文明办主办的孝老爱亲"中国好人榜"，2013年被福建省人民政府授予"福建省非公有制经济人士捐赠公益事业突出贡献奖"。

达利集团奖教助学行动，已成为惠安慈善文化和支持教育事业的标杆。奖励的力量催人奋进，感恩的行动再创佳绩。在许世辉先生的关心支持下，通过"达利集团许世辉惠安教育基金"的颁发，激发了广大教育工作者潜心教育、创先争优；激发了惠安莘莘学子勤学苦读、励志成才；激发了更多的社会力量投资兴学，促进教育发展；在全社会营造了尊师重教、关心教育的良好社会氛围，不断推进惠安教育向前发展。

附录1　　达利集团许世辉惠安教育基金章程

第一章　总则

一、基金名称：达利集团许世辉惠安教育基金

二、基金由福建达利集团董事长许世辉先生独立捐赠设立，基金为人民币2亿元。每年从基金中提取1000万元用于全县教育系统的奖教、奖学和助学。

三、基金宗旨：达造就全面拔尖创新人才涌现之目的，利提升教学质量打造教育强县之伟业。奖励感动惠安教育人物和中小学优秀教师，奖励乐观向上、自主自立、奋发成才的优秀学生，扶助品学兼优的贫困家庭学生。

第二章　组织机构

一、本基金设立在惠安县教育基金会。

二、本基金主管单位：惠安县人民政府

三、成立"达利集团许世辉惠安教育基金理事会"。基金理事会设立顾问若干名,名誉会长1名,会长1名,常务副会长、执行会长、副会长各1名,理事若干名,设秘书长1名、副秘书长1名,并根据需要设立专家评审委员会。

四、各有关学校相应成立达利集团许世辉惠安教育基金推荐评审组。

五、基金理事会职责:

1. 召开理事会议。

2. 制定修改本基金章程,研究奖教、奖学、助学方案。

3. 评选审定每年奖教,奖学和助学对象。

4. 颁发奖教、奖学、助学金及证书、奖杯。

5. 负责本基金管理、使用工作。

第三章 奖励办法

一、学校类50万元

每年从1000万元中提取50万元,特设"达利集团许世辉惠安教育基金惠安一中奖教基金",专项用于奖励惠安一中教育教学成绩突出,贡献大的优秀教师。

奖励方案由惠安一中提出方案,并报基金理事会或会长办公会审定。

二、教师类150万元

设立全县奖教基金150万元。用于每年奖励感动惠安教育人物和在中小学毕业班教育教学成绩突出、贡献大的优秀教师。

1. 设立"达利感动惠安教育奖"——40万元

在全县教育系统中开展"达利感动惠安教育人物"评选活动。每年一届,每届评选20名(其中"达利感动惠安教育奖"10名、提名奖10名),获"达利感动惠安教育奖"每人奖励3万元,获提名奖每人奖励1万元。

2. 设立"达利优秀园丁奖"——110万元

(1) 达利优秀园丁奖(小学)——15万元。奖励小学毕业班教育教学成绩突出、贡献大的优秀教师。根据每年小学毕业班质量监控情况,评选出全县小学中心校和实验小学综合比率前5名学校,获第1名学校教师奖励2万元、获得2-3名学校教师各奖励1.5万元、获得4-5名学校教师各奖励1万元；评选出农村完小综合比率前16名学校，每校教师奖励5000元。

（2）达利优秀园丁奖（中考）——27万元。奖励初中毕业班教育教学成绩突出、贡献大的优秀教师。根据每年中考成绩，评选出全县中考综合比率A、B、C三个类别学校的前三名，每类学校的教师奖励总额9万元（即每类别学校的第一名奖励4万元、第二名奖励3万元、第三名奖励2万元）。

（3）达利优秀园丁奖（高考）——68万元。奖励高中毕业班教学成绩突出、贡献大的优秀教师。根据当年各校毕业班的教师数和高考上本科线情况，采取绩效奖金形式，即基本奖金＋贡献奖金（惠安一中奖励资金从本校达利基金中支出）。具体奖励方案另行制定。

三、学生类700万元

1. 设立"达利教育英才奖（小学）"——65万元

对当年度参加小学毕业班质量监测获得优秀的并升入本县初中就读的学生给予奖励。获一等奖共20名，每人奖励10000元；获二等奖共30名，每人奖励5000元；获三等奖共100名，每人奖励3000元。

2. 设立"达利教育英才奖（中考）"——145万元

对当年度参加全市中考成绩获全县前300名并在本县学校就读的学生给予奖励。获全县状元奖励15000元，获全市状元奖励20000元。获中考一等奖共50名，每人奖励10000元；获中考二等奖共100名，每人奖励5000元；获中考三等奖共150名，每人奖励3000元。

3. 设立"达利教育英才奖（高考）"——145万元

对当年度参加高考成绩获全县前300名学生给予奖励。获得全县理科状元、文科状元各奖励20000元，获得全市状元奖励30000元，获得全省状元奖励50000元；获全县高考一等奖（文科共15名、理科共35名），每人奖励5000元，获高考三等奖（文科共50名、理科共100名），每人奖励3000元。

4. 设立"达利教育精英奖"——25万元

对当年度参加高考被北京大学、清华大学和香港大学录取者，每人奖励5万元。

5. 设立"达利教育技能奖"——10万元

当年度全县职业学校在校生参加市级以上（含市级）教育部门主办职业技能大赛获奖者中的前6名。获市级每人奖励1500–2500元，获省级每人奖励2500–3500元，获国家级每人奖励3500–5000元。

6. 设立"达利教育卓越奖"——51万元

每年由教育局组织举行全县中学生学科竞赛（指非毕业年段）。奖励参赛学生510名，每人奖励1000元。

（1）竞赛科目：作文、数学、英语、物理、化学、生物。

（2）竞赛对象：全县中学非毕业年段在校生。

（3）奖励办法：每个学科竞赛的前30名，每人奖励1000元。

7. 设立"达利教育智慧奖"——59万元

每年奖励中学非毕业年段品学兼优的在校生590名，每人奖励1000元。

（1）名额分配：奖励名额根据各校非毕业年段学生数比例分配。

（2）奖励对象：全县中学非毕业年段在校生。

（3）奖励办法：各中学根据本校实际情况，制订出本校奖励办法，并报基金理事会备案。每年各校奖励情况要报基金理事会汇总。

8. 设立"达利教育励志奖"——200万元

在全县设立"达利教育励志奖"，励志奖基金200万元，于每年奖励全县在校且品学兼优的贫困家庭大学、中小学和职校的学生。重点奖励孤儿、单亲家庭、重病灾、低保户、烈士子女、农村二女户、独女户、下岗、征地拆迁困难户的贫困优秀生。

（1）达利教育励志奖（大学）——100万元每年奖励被本一批学校被录取的贫困优秀生40名，每生给予一次性奖励10000元；奖励被本科批学校录取的贫困优秀生70名，每生给予一次性奖励8000元；奖励被高职单招学校录取的贫困优秀生8名，每生给予一次性奖励5000元。

（2）达利教育励志奖（高中）——40万元每年奖励普通高中在校贫困优秀生200名，每生一次性奖励2000元。

（3）达利教育励志奖（职专）——10万元每年奖励职专在校贫困优秀

生 50 名，每生一次性奖励 2000 元。

（4）达利教育励志奖（初中）——30 万元。每年奖励初中在校贫困优秀生 200 名，每生一次性奖励 1500 元。

（5）达利教育励志奖（小学）——20 万元。每年奖励小学在校贫困优秀生 200 名，每生一次性奖励 1000 元。

第四章　附则

一、奖励对象：基金奖教对象为惠安县教育辖区内学校的教职员工；奖学对象为惠安县教育辖区内中小学和职校的在校生；励志奖对象为惠安县教育辖区内中小学、职校在校生和当年度被录取高一级学校的高中毕业生。

二、奖励时间：奖学助学时间为每年度 8 月中旬。奖教时间为每年教师节。所有奖励以当学年度时间为准（即上年 9 月至翌年 8 月）。

三、表彰单位：教师类第一款"达利感动惠安教育人物"评选结果由县委、县政府发文表彰，学生参加县级学科竞赛获奖者由教育局发文表彰，所有奖项由基金会发给奖金、奖状或奖杯。

四、奖励原则：学生奖项重复者，以最高奖项奖金为准，不重复计奖（不含达利教育励志奖）。凡是当年度参与有偿家教或因违规违纪受过通报和处分的教师，不能享受该奖教金。

五、基金管理：基金财务管理按惠安县教育基金会管理模式执行，每年接受一次财务审计。当学年度如有结余资金，具体用途由会长办公会研究，报捐赠者同意后实施。为保证基金理事会的正常运作，每年可从基金总额预留 100 万元作为基金理事会的经费，主要用于日常开支、评选活动、宣传会务、外出回访、材料编印等。

六、基金理事会每年举行一次达利基金奖励对象的座谈会，了解收集相关的意见和材料。

七、强化宣传工作，创办《达利教育基金专刊》，通过各级报刊、电视、网络、宣传等各种渠道，宣传本基金的导向性、激励性、普惠性，努力营造感恩文化氛围，树立惠安慈善品牌。

八、基金理事会有责任、有义务检查和督促奖助对象的评选和奖励情况，并接受捐赠者对基金理事会的工作情况进行询问和检查。

九、基金日常工作由会长办公会研究执行。

十、本基金实施未尽事宜，由基金理事会解释。

十一、本基金章程自2013年3月1日起实施，原基金章程同时作废。

附录2 "达利集团许世辉惠安教育基金"理事会成员名单

理事会顾问：

黄文胜（县委书记）

赖清正（县政府县长）

曾玉山（县人大常委会主任）

蔡荣清（县政协主席）

许贞丽（县委常委、宣传部长）

陈国栋（县委常委、统战部长）

康丽红（县政协副主席）

江炳其（县人大常委会原主任、县老体协主席）

陈清发（县人大常委会原主任、慈善总会会长）

吴龙昭（县人大常委会原主任）

庄建辉（县政协常委会原主席、县慈善总会理事长）

刘忠民（县人大常委会原正处级干部、县关工委主任）

陈海涛（县委原常委、政法委书记）

名誉会长：许世辉（达利集团董事长）

会长：蒋向群（县委副书记、常委）

常务副会长：黄丽琼（县政府副县长）

执行会长：林鹏（达利集团代表）

副会长：陈建辉（县教育局党组书记、局长）

秘书长：庄志经（县教育局原主任科员）

副秘书长：王兴吉（县教育基金会副秘书长）

副秘书长：黄金田（县教育基金会副秘书长）

理事：县委办、政府办、监察局、人大教科文卫委、人力资源和社会保障局、财政局、民政局、教育局领导班子成员、政协提案与社会文史办、惠安一中、教师进修学校各一名领导。

附录3 "达利集团许世辉惠安教育基金"受助者名单

2011年"达利集团许世辉惠安教育基金"首届获奖学生名单

1. 学生学科竞赛奖

郑炀悦、蔡镇清、黄雅冠、周一滢、连夏娴、张炜坚、徐惠娟、黄爝、王爱云、汪昕、何细平、曾雅婷、林诗书、陈泽贤、贺倩瑜、林琳、陈雅丹、施艺婷、吴少冰、王姝敏、张钧、廖为龙、蒋楚权、张燕红、陈泽鹏、王子勋、何检暄、陈曼泓、潘一晓、黄莹婷、王晓珺、张航、王新羿、陈宇晴、杨睿、曾潇盈、王书航、钟怡茗、蔡子臻、王新羿、吴心怡、钱菱、程书君、肖彤、杨振达、郭晶晶、庄叠昀、张宜杰、周佳佳、曾诗吉、黄文豪、陈雅铭、赵娉婷、赵清玲、骆亚文、张颖、刘伟贤、张健、陈泽凡、林杭捷、骆睿扬、陈惠玲、黄凯鹏、张娟娟、邱畅、王睿、郑婉、张秋婷

2. 中高考优秀成绩奖

惠安县"高考状元奖"黄宣棋、庄书涵；"中考状元奖"曾扬

高考优秀学生奖：黄宣棋、连少鹏、黄雅冠、赵鸿云、曾大通、陈森河、许晓勇、骆晓东、何秀峰、胡嘉祥、何婧雯、黄缘、张劲铭、卢志阳、陈逸人、庄书涵、施冰冰、黄伟坚、王云丽、黄少彬

中考优秀学生奖：曾扬、许莉莉、蒋盈洁、庄端端、庄浩、邱斌斌、黄筝、刘智勇、彭海霞、王婧云

3. 名牌大学录取奖

黄雅冠、曾大通

4. "时代少年奖"

吴亚香、陈惠玲、黄琼霞、骆霏钖、陈泽伟、邓泽榕、张璞、钟怡茗、陈露、连夏娴、张韵恬、戴雨霏、温馨、王新羿、陈铮杭、陈娇蓉、张苗、魏若雯、蒋楚权、王乐、庄茹意、洪思莹、王雨晨、谢依林、洪志强

2012年"达利集团许世辉惠安教育基金"第二届获奖学生名单

1. 学生学科竞赛奖

丁星艺、陈煌文、庄舒燕、张颖、何泽波、陈培元、吴心怡、陈舒蓉、黄柳红、李玲玲、郑骏铠、张淑雅、林晓敏、刘萌、汪滢、庄泽滨、张晓东、刘晨、胡守庭、王继凯、陈艺虹、李学伟、李杰勇、许如清、张炜坚、庄荣泽、连朴为、陈逸菲、陈茁、孙越、张予淯、陈伟强、林文权、曾婉瑶、衡凡、曾玲、蒋心怡、蒋楚权、张怡斌、郭黎萍、翁子涵、吴瑜蓉、李萍、蒋思妙、陈欣欣、王义、邓伟根、李凯彬、黄佳颜、吴松云、庄凯琳、卢玲玲、王晴、蔡铱洵、吴权峰、蔡铱洵、李泽雨、许旭如、黄莉、庄思华、钟晓莹、陈苏珊、李婷、张颖、庄紫晴、郭俊彦、林朋左、张凡妍、黄梓馨、郑雅君、骆泊屹、连昱祯、庄黎婷、章曼、施冰凌、连昱祯、许洋洋、庄黎婷、肖泽超、郑圣杰、郑瑜鑫、卢采明、曾天羽、钱菱、杨芷、杨芷、程张羽、黄婧越、曾兆诣、张浩洋、黄博、周诗琪、骆泓睿、骆泓睿、张博域、柳煊、曾婧婷、张琳、陈泠曲、周畅、杨靖芃、郑泽烜、王昱心、王子勋、陈铭峰、陈朴煜、张燕红、曾彦菁、陈昀迪、庄筱萱、张耿斌、张书瑶、陈哲源、辛冰莲、陈怡晴、王若蓓、蒋楚权、汪婉茹、汪晓宁、庄荣晋、刘君凌、谢玲蓉、何奕祺、许焓莉、李佳遥、庄晓真、陈佳馨、赵奕俊、江剑龙、许小军、曾森森、程志超、周志鹏、陈龙杰、康晓森、林灿强、陈军荣、骆伟艺、陈世辉、黄佳颖、李润聪、康瑞燕、李真友、曾亚雄、邱勇、庄煌明、陈庆洪、王兴文、王旭怀、庄志坚、蒋锦泉、张泽佳、李杰龙、赵意卿、何锦萍、洪烨森、张伟腾、吴小娥、杨灿彬、林俊强、曾庆祥

2. 中高考优秀成绩奖

高考状元奖:陈艺虹、陈谆

中考状元奖:卢玲玲

高考优秀学生奖:陈艺虹、张志平、王俊锋、林焜、陈文龙、王晓忆、林琛、庄少鸿、连鸣、骆福贵、王继凯、许啸峰、张树强、庄佳远、吴锦芳、陈谆、黄谣、蔡晶晶、杜璐、曾惠霞

中考优秀学生奖:卢玲玲、吴达卿、王小英、陈晨、陈心莲、谢小钰、

张凡妍、张芯怡、何龙、陈竞晔、林晓静、傅绿函、吴松云、陈婷婷、陈玥

3. 名牌大学录取奖

陈艺虹、张志平、王俊锋、陈谆

4. "时代少年奖"

余颖、何煌玲、刘婷婷、林瑛、庄思华、叶佳惠、林雅萍、陈艳晶、刘维希、陈泽凡、张雯菁、吴心怡、张静怡、曾荣颖、曾旭濠、张子垚、王苊、吴倩莹、郑泽烜、林乐翮、康莉莎、孙越、陈怡晴、陈昀迪、陈晓莹、王越乐、郑家豪、庄心宜、郭艺莹、王熠

2013 年达利教育英才奖（小学）

一等奖：（20 名）王泽焜、陈楚豪、陈泽鹏、胡芷伊、柯依澜、庄舒桐、骆静蕾、陈瑶、陈昀迪、康霖、江滢、张漫怀、涂雨泓、曾龙凤、陈晓婷、张梓霖、张燕群、杨泽耀、龚万祺、王静茹

二等奖：（30 名）潘俊恒、唐晨萱、张浩洋、蒋泽舫、胡嘉岲、庄正茂、陈佳慧、庄书涵、张燕红、曾彦菁、曾佳琳、骆泓睿、陈冰莹、张倩、王栋梁、谢宁昕、许晓嫣、王曦、庄茹意、肖冰炫、曾如萍、李佳琳、陈伟跃、陈诗雅、程可欣、柳诗艺、林铭钰、张诺恒、董楚婷、朱建海

三等奖：（100 名）王蔚、曾雅玲、庄怡渲、钱菱、张芯怡、林兆群、林均驰、林雅璇、蔡沅岑、郑腾龙、孙琦、张睿琦、辛清艺、张婧莹、郑旭、林双瑶、陈欣、张雅莉、陈雅丹、连思妤、陈婧、张君恒、郑卓颜、谢霖、王若宁、庄雅婷、陈佳晶、康朴真、蒋雅莉、庄婕、柳心怡、王绚滢、陈森贤、陈俊榕、庄青霞、郭烨灵、康雪洁、江礼坤、何集文、傅欣雅、杨忻、康晶晶、王森淼、庄达松、张旭琛、方舒琪、庄诗伟、杨坦承、庄冬晴、李奕锋、林舒彤、陈恺翔、陈燕梅、谢丽娟、庄少芳、陈伶铭、陈羽彤、谢静雯、黄昕、薛文煊、吴卿怡、张毅、胡文楷、张至垚、刘恩彤、张滢滢、陈舒婷、朱淑敏、黄丽晶、康双双、王舒婷、邱家达、程丹丹、刘佳玲、庄如云、李莹、陈洁玲、汪泽芬、陈英杰、李楠、陈佳佳、张婧、陈少峰、魏萧涵、陈灿隆、温梓杰、曾棋杭、曾吉波、张裕彬、钱心怡、李碧玲、张汀蕾、张冰怡、林启亮、陈丹艺、曾杰煌、陈淳莹、马静芽、张楠、陈小婷

2013 年达利教育英才奖（初中）

郑欣欣、黄诗涵、刘小芬、郑佳艺、陈澄钧、林少鑫、刘维希、哈滢、何倬怡、陈怡然、许煊、郑昕昕、黄耀贤、曾瑞莹、陈圆、黄燕榕、陈钰颖、曾鸣、程敏、杨旭莹、庄扬、饶燕茹、张君枫、蔡心怡、陈锟、林婉婷、陈本铮、胡晓芸、张颖、王武平、陈栩栖、曾俊杰、陈翔宇、刘肖琳、叶诗洋、张秋玲、李妙瑜、陈青梁、曾萍红、陈翠玲、庄晓云、曾瑜瑜、苏靖怡、吴婷如、薛鑫、王梅煌、王菁瑜、卢惠馨、邱竞、邱畅、何夏泓、曾雯、林汝涓、蔡晓煜、陈颖颖、林抒彦、任森婷、庄秋燕、仇桢祯、康维真、陈劲松、辛笑帆、陈聪真、陈帅霖、李文棋、陈思龙、谢祝娟、陈佳慧、吴伟杰、黄婉萍、程珊珊、张恒琰、张嘉义、李艺璇、许燕蓉、李晓云、谢晨、陈屹婷、邱荧敏、庄佳慧、叶含章、江炳煌、陈嘉祥、李涵艺、黄小婷、柯叶祥、林煜滨、蔡瑶榆、林幼玲、郭俊彦、黄晓琪、侯雯婷、庄灵集、陈永欣、杨颖、孙小玲、黄雅萍、陈杰波、庄幼琼、庄瑜瑜、何周伟、张泽盈、陈幼丹、郭浙、吴雪婷、陈少煌、张楠、康苗苗、庄丽婷、代雨嫣、何燕吟、黄若雨、曾诗红、骆睿扬、郑芸玲、李道林、郑婷婷、王艺琳、庄家静、何云佳、张雪青、刘凯元、汪涵、张俊杰、王馨雅、郑炀悦、张晓梅、程宁易、陈雅仪、王小燕、廖建彬、江昊轩、陈舒航、何晓静、王诗佳、庄莹莹、许伟坚、程达伟、陈意、吕梦曦、庄秋萍、李慧颖、郭锐倩、郭晴、杨旭婷、黄晓婷、张沅蓉、陈嘉俊、曾佳云、郑芬安、杨冰冰、江丽明、何玲玲、陈加扬、张猛、何诗、何诗婷、庄沛锟、陈超云、蔡婷婷、伍泽鑫、刘梦雅、康婷、王思阳、庄艺燕、李婷婷、郭亚博、郑诗婷、赵红艳、庄浩华、方小萱、卢冰颖、王嘉怡、何其昌、庄玲玲、陈婷玲、梁彬、蔡萍萍、陈亮亮、陈姗姗、陈丹玲、陈雄、张婕瑜、庄杰婷、林俊强、王桂芳、李智玲、许蕊兰、吴志鸿、庄迪如、吴惠茹、庄森森、曾镕镕、李燕虹、张铭、周抒涵、陈志涛、陈小萍、邱小凡、陈奕先、陈镕、陈洋君、杜玲玲、林泽龙、陈伟梁、陈维维、梁景、陈云婷、庄冰泳、张丹琦、汪海超、潘铭歆、陈慧琳、蔡雅萍、杨凡、林洁云、陈冰瑜、陈泽鸿、郑钰璇、王曙润、张腾达、蔡松彬、李琳娜、吴扬、潘诗瑜、刘骏龙、林瑶淞、张沁瑜、曾怡琳、陈艺丹、王皇权、曾杭彬、庄惠婷、潘泽坚、郭燕婷、许雅婷、邱雅婷、张梦娇、张晓玲、程佳强、胡爱萍、康黄震、陈崇文、柯慧艺、庄倩如、蒋睿涵、陈彦恺、林立、柯利玲、杜玲玲、陈慧、陈佳佳、周彬彬、张珊珊、陈鸿滨、刘小露、许可财、王雪蓉、杨栋强、陈少杰、林璇、王佳铮、张凯芸、蒋泽明、邱丽玲、何紫嫣、庄滢、王宁、孙建、李真真、柳红萍、程云燕、王嘉达、苏婷慧、周诗杰、邱伟龙、蒋卓真、陈瑜、周怡、杨菁、甘玲、吴静茹、刘婷瑜、张梓晗、曾旭锋、张婉桢、曾慧芬、黄一帆、魏依源、张协、张燕萍、周雅萍、张棋祥、庄盼盼、张肯、庄午、周海东、廖晴红、任铭谦、陈少勇

2013年达利教育英才奖（高中）

刘晨、李剑峰、黄冰洋、温惠铭、柳泽波、吴旭坤、张瑜萍、潘爱萍、倪玲玲、肖舒婷、陈逸伦、曾诗芬、叶茂青、杨剑洪、刘频频、曾晓清、蔡艺萍、吴志勇、黄妍妍、陈斯琪、刘敏霞、张思颖、黄焜、陈婷、许泽锋、吴焪凯、林思思、黄龙峰、黄鹏阳、温键、陈灵、杨扬、孙庆强、张鑫、洪丹阳、张佳坪、张弓、卢重阳、赵周健、张志源、孙志雄、张锦坚、曾佳静、吴伟权、施鸿鹏、王国栋、刘若鸿、刘竹枫、陈燕梅、刘思恩、庄晓瑜、陈艺艺、庄杰洋、潘汀超、陈惠峰、许凯青、黄思源、林俊滢、刘晓芬、柯刚、李睿煜、何扬儒、谢雅莹、张继吟、张佳敏、郑俊阳、陈凯、肖瑶玲、张浴煌、王舒泽、薛熙来、陈真如、陈嘉钰、张婉君、薛潇雯、王杰祥、张佳权、王东阳、陈重罡、任乐健、张严心、张达志、郑东安、康文江、庄丽萍、许燕婷、陈泽强、周闽、卢思冰、林依源、王凯、蒋少强、庄署楠、陈墨航、经航、张静怡、吴姗渝、杨柳娇、庄维扬、王凌岸、吴菊艺、杨倩、卢杰红、王嘉雄、许燕玲、吴晓群、张曲霞、刘惠玲、郑鑫、陈嘉鹏、张泽超、张洵、郑仲汉、卢达刚、骆佳荣、邱鹭杰、张育康、郭超乐、陈志江、陈雅婷、李晶晶、胡航、郑君松、陈璇璇、陈志钦、刘伟伟、林文强、刘彩霞、黄健佳、曾晓婷、胡冰冰、郑鑫、吴炜超、蒋泽铉、林瑞红、梁乾东、洪曦、柯炜炜、胡文棽、张剑秋、陈娇娜、袁考、陈灿锋、陈涛、庄一展、王友辉、吴铮涛、黄俊锋、骆晓婷、林剑斌、颜芬芬、庄铮琳、杨子谋、苏伟杰、刘冰芳、陈旭炜、张雁南、李丽丽、许清龙、姜斯勇、邱泽玮、陈永乐、骆佳艺、林达望、曾杰鑫、陈沪

铭、陈磊、刘婉玲、陈小波、苏成斌、谢凝秋、杨细萍、胡伟锋、曾婷婷、吴敏、许得隽、卢晓婷、郭亮、李伟龙、曾铨钻、庄梅婷、许宏达、蒋艺杰、林鑫、杨杰、杨逍、任瑶瑶、林云鹏、王超迪、孙萍玲、康泽昆、汪清霞、郭明煌、王苗苗、任锦冠、江铭红、陈煊平、梁一红、黄佳慧、陈剑峰、刘丹煜、张燕玲、卢燕端、陈珊珊、庄二鹏、谢志坤、许少锴、庄鸿杰、庄晓军、陈伟钊、刘如山、陈明明、杨杰坚、胡津津、戴一旺、陈峥、吴冰莹、李权洪、林婷婷、刘玲玲、庄琦琦、陈立莹、郑志刚、曾海婷、陈智翔、康琳莞尔、曾吉、康曲峰、陈杰军、苏金凤、刘松意、刘晓东

2013 年达利教育技能奖

国赛：辛少坚、康庆滨

省赛：许小军、曾森森、陈军荣、洪丽花、程志超、吴江峰、张凯冰、庄彬彬、庄煌明、杨庆阳、曾亚雄、张培锋、张志海、何勇、余翔波、许瑶东、张煌文

市赛：张雪林、江剑龙、陈煌滨、王俊雄、余伟栋、何妹、王水婷、陈晓云、陈晓虹、陈小艺、林灿强、康瑞燕、罗丹、王冬冬、骆梅灵、吴杰阳、黄佳颖、李润聪、庄孟杰

2013 年达利教育智慧奖

李建峰、张斌斌、卢佳伟、张棋雄、许旭如、陈杰能、曾丽静、胡青青、陈佳滨、肖昌波、杨泽鹏、叶慧琳、彭昱翔、张超扬、陈凯玲、王吴、陈妍颖、林剑峰、张凡妍、庄集龙、谢小钰、王小英、苏泽隆、王少鑫、李凯旋、曾俊鸿、陈立萍、陈海明、叶辉、林敏、胡志龙、邱斌斌、颜培强、吴莹莹、郑尧坤、许哲翔、刘心彦、冯佳欣、蒋江锋、曾晓青、郑志雄、方鸿强、陈鸿兰、李冰冰、欧阳梦滢、刘小玲、江冰森、黄冰冰、何燕达、何楠、王桂彬、张奕航、陈鑫鸿、王杰、骆倩、苏思达、王婉云、陈嘉丽、刘灿波、刘婉瑜、杨怡颖、张怡婷、张婷娥、张培添、刘桂花、周世涛、康芳灵、刘艳茹、王婉玲、陈锰钊、陈菁菁、陈若彤、周泽臻、张晓真、张泽嘉、吕凌、吴超凡、陈黎君、张燕贞、周冰冰、张亮亮、刘增堤、王少丽、张仁强、曾师尊、柳伟雄、张小冰、柳芸芸、张雪萍、庄少阳、黄心仪、张真真、刘艳芳、张燕芬、王凤玲、甘伟强、王佳贤、张

小萱、张友平、程乔铃、蔡倩云、郑臻权、庄思虹、陈瑜燕、王莹颖、方艺、曾青青、潘颖颖、谢怡莹、刘嘉敏、陈颖、林雅婷、许周颖、吴俊杰、饶馨、陈若冰、王树钰、黄卿卿、吴铮萍、郭艺蕾、吴梅琼、许宁静、陈冬玲、蔡黎莹、陈鑫红、黄艺、汪进煌、郑佳燕、张晶晶、黄建超、李倩倩、张三鹏、王旭霞、吴泽文、庄紫晴、林书全、张博权、曾杰祥、卢俊鑫、吴伟超、陈瑜霖、杨素黎、辛晓驰、苏福彬、曾芳梅、曾小阳、陈伟伟、张丹信、出瑜璇、曾晓云、王秋煌、张燕群、杨深英、黄玲玲、吴真真、李秋丽、何小露、杨引左、孙浩杰、张云婷、骆伟健、郭佩贤、谢键、王艺伟、郑惠铭、黄梅玲、詹明芳、董少彬、庄栋梁、潘建军、李桂忠、张伟强、陈桂煌、郑志杰、李俊锋、蔡俊鑫、王永鑫、钱心媚、张舒彤、蔡楚萍、林华玲、陈婷婷、欧堡钦、张梅程、庄自诚、孙小鸿、王文龙、庄少斌、柯毅东、林杰超、陈志彬、张新伟、陈添江、林恒惠、张小波、刘永裕、柯海文、曾月琴、何嘉敏、杨铭灿、曾标峰、骆滋强、柯雪娥、郑若凡、陈仪佳、张颖、李茹煊、张家麟、张雯菁、戴雨霏、陈佳、陈梓涵、江钧、胡可、李冰媚、王昊哲、张姗姗、钟怡茗、陈奕如、张洁颖、何帧暄、陈洁銮、陈曼泓、洪莹康、陈秋云、庄奕超、林景阳、洪柳佳、张小民、张宏杰、王静茹、黄震云、黄媚、林猛、苏巧玲、黄莹莹、陈永钧、张怡、张洵、欧茜茜、陈燕婷、孙易泉、李碧燕、姜晓月、曾惠芬、庄泽鑫、薛钏燕、黄菁菁、庄君伟、庄超、叶子义、陈招、徐斯园、庄泽航、王见欢、康婷凤、曾佳达、林心如、郭滢、张璇、卢玲萍、陈燕玲、郭虹青、康婷婷、洪雅婷、欧小菁、周灿河、吴路川、林博咏、陈鸿达、曾小江、毛伟伟、柯晓玲、陈顺良、周培海、陈珊珊、王思思、胡小香、李小燕、廖俊龙、庄月红、陈小东、林佳伟、陈燕娥、王婧妤、曾艺瑶、许燕萍、张智勇、陈森旭、林昭妍、林静苗、郑骏锴、陈蔡鸿、蔡枫泽、李晓彤、常耀兴、张凯、林若涵、张泽坤、任杰凤、庄惠杰、李万锴、钱奇妙、陈宏祥、曾纬纬、吴添勇、张宇沛、张少婷、张英杰、钱培攀、许伟雄、贺雅婷、辛婷婷、庄丽群、唐海军、周冬祥、周洁琼、黄莹、张福强、蔡超杰、杨苗苗、吴晓云、陈建祥、何月明、何诗婷、刘德欣、苏妍、陈畅洋、庄宇宇、丁媛媛、陈雅婷、洪宜煊、苏秋婷、陈楚怡、曾超扬、卢晓艺、郑怡莹、张诗宇、林薇、何珊珊、郑林静、许艺霞、陈舒晗、陈琪玥、许奕昕、潘佳芯、王晶、陈晓思、欧阳滢、黄昆达、何隆波、张栩艺、颜小艺、陈相如、苏丹祺、叶佳惠、曾家贤、陈子琳、周锶宇、胡群杰、王茜莹、蔡君仪、陈靖雯、汪晓慧、黄琳、汪嘉思、蒋林、郑淞玲、唐艳玲、程逸龙、陈滢滢、林欣、陈颖浈、李辉、张松、王夏颖、林小露、周珊、陈怡萱、郭丹丹、许瑞安、林少鑫、出锦燕、苏力铭、苏心铭、封佳珺、林榆晖、林俐娴、蔡炜敏、刘玉婷、林秋兰、王舒渝、陈巳红、刘含冰、孙惠平、陈温馨、黄清虹、缪艳芳、谢夏颖、赵小玲、蔡雨莎、赵艳妮、谢雅婷、许思婷、郑智文、孙泽强、庄婉诗、陈姿、林琳、李燕虹、陈千红、郑夏蓉、黄晓云、郑怡婷、张燕嫣、何佳佳、何婷、何晓艺、何俊婷、赵洁、陈姝涵、陈晓芬、曾真、甘雅婷、卢志锋、陈冰云、陈荣峰、陈小东、陈小真、陈婷、周柔暖、陈静仪、林敏、张湄岚、潘舒婷、方育芬、陈伟杰、柏佳敏、王云霆、张玲、蔡凌超、张珊珊、吕森森、陈小芬、张玲玲、刘诗明、蒋晓璇、张心贤、张润苇、苏晓桢、张静榆、张嘉鑫、张炜森、杨诗韵、杨青梅、孙彤、陈秋溶、张铥铥、陈娜平、李琼霞、李晓真、李涵璐、李楠、李东惠、李琼琼、庄雪颖、王小菲、汪培彬、庄彩芳、曾凯、黄文婷、庄佳添、陈云萍、陈慧坚、庄冰冰、谢煜恬、郭锶阳、曾雅婷、王森波、胡婷如、张亮、李婷、张紫艺、张旭艺、张冰冰、庄莉真、张晓芸、卢诗艺、张丽婷、张世昆、杨丹、余汉龙、勒雨涵、柳晓晶、余小芬、柳灿辉、许舒冰、范子教、许红玲、刘薇、张梦莹、许蓉蓉、余少波、庄锶达、张蓉萍、庄珂楚、许菀松、庄萍娥、庄晓娥、王云卿、庄婷婷、王双玲、邹书艳、王燕玲、吴亮亮、张茹婷、张晓萍、肖佳浈、黄雯、邱志月、陈志彬、杨静茹、陈伊莹、张芯如、杨怡宁、陈佳婷、吴超群、陈艺玲、杨晓燕、张婉婷、杨小英、邓毓苗、陈诗莹、周滢滢、周莎莎、黄杰龙、周玲玲、谢频频、杨薇薇、张燕萍、杨丽芬、黄巧云、李真真、黄晓瑜、李燕、康伟阳、黄晓菁、邱雅云、洪真真、庄婉珍、李惠雅、康燕妮、康鹏浩、任婷蓉、许艺伟、陈灿强、张晓尧、卢瑞芳、张泽圻、陈明艺、张幼真、潘敏、何雅晴、王晓珺、汪炜杰、刘岱瀛、黄婷婷、陈莹、唐筠薇、陈一婷、杨楠、潘诗萍、陈敏霞、江海萍、何少东、

李婷婷、何怡涓、曾薇、庄泽鑫、刘凌曦、黄泽宇、王雅楠、陈宇晴、周婉榕、郑嘉颖、王珊珊、邱集雄、刘元铭、周裔彤

2014年达利教育英才奖（小学）

张琳、杨蓓蓓、柯欣铌、高欣梦、辛蕾、王诗怡、吴昕妍、赵巧玲、陈寺遥、林靖贤、魏子翔、庄主虹、许苗怡、张婧、杨薇萍、杨洪玲、王乐婧、王擎宇、张航、陈棋超、吴梓茵、何艺、王羿权、李月蓉、陈宇堃、曾淳淳、黄瑄、曾一泓、陈祥诺、吴可凡、邹佳媚、孙可妍、陈莉莉、曾佳雯、吴菲璇、李娇娇、张恺恺、陈心盈、陈志杰、张婉如、庄世枫、吴书航、卢心怡、陈楚颖、庄诗婕、陈铠超、陈文尧、陈楠、林腾坤、汪锦诗、杨佳博、庄思婷、卢诗莹、曾乙婷、张彬靓、连晟、王敬康、杜铮、张嘉伦、张思娴、王婧鋆、张婉真、邱佳茵、陈双幸、陈佳煜、叶可莹、曾兆诣、陈曦、郑泽钦、张嘉欣、欧阳诗祺、何小艺、庄宇婷、张煜遥、蒋思思、赵清茹、庄喆、陈梓滢、潘可欣、陈任鑫、陈灿杰、曾超颖、郑琅少、陈晓榕、陈文轩、刘颖、林静雯、吴可薰、余洁莹、苏崖松、邱慕凡、陈榕、陈静、吴嘉琳、陈骋、王芊文、蔡子涵、杨雯、张垚、卢少炜、陈思苗、林晓婷、刘莲霞、黄非凡、赵俞骄、王佳萍、郑椰铃、陈怡薇、曾清燕、邱烨、程坚铭、陈新、许淑芬、张子逸、黄宣宣、许松蓉、潘素芸、苏鑫怡、郑娇艺、张滢滢、梁文桢、汪志建、郑婧芸、赵楠馨、潘炜萱、陈书咏、王丹妮、李麒翔、罗向伟、曾荣颖、林家馨、王书航、郑鹏、张宁鹏、林可青、李楷鸿、陈垚毅、连舒芯、刘冬亮、刘茜蓉、陈晓晨、黄曙锹、张艺君、李煜敏、蔡莹莹、许雨桐、郑佳艺、庄艺妍、曾诗云、李维、曾淑婷、陈栋耀

2014年达利教育英才奖（中考）

庄泽鑫、李玲丽、陈洁銮、柯逸涛、李萍萍、陈宇翔、何桢暄、周婉榕、陈竞翔、陈宇晴、周珊、江钧、庄鹏杰、胡婷如、李芝妍、洪莹康、陈炯光、吴晨睿、陈奕如、张姗姗、吴诗娴、郭鋆鋆、庄栎萍、卢一涵、杨凯婷、张昱瑾、张铔铔、潘一晓、吴嘉瑶、叶佳惠、张洁颖、许真、林薇、陈曼泓、庄灵熙、陈亦含、王乃森、吴思翰、康丹丹、刘舒婷、李冰媚、陈玲玲、何嘉雄、张严钊、李心萍、张亮、陈欣妤、周泽臻、王雅梅、

蔡泽峰、张敏、杨丽芬、郑如娴、邓勇军、王颖、陈慧坚、何隆波、王云卿、潘佳芯、王双玲、张燕嫣、曾薇、王夏颖、李承岱、黄晨、卢钊瑜、王思馨、谢慧欣、吴冰晶、林灿杰、叶俊杰、曾晨韵、杨惠平、王晶、李超艺、郭钊杰、康婉茹、陈子琳、苏心铭、庄静怡、孙泽强、曾扬帆、骆涵晴、张嘉鑫、郭奕鑫、钟傲雪、李真真、陈千红、陈小东、辛煌炜、陈艺兰、陈婧怡、张紫艺、张丹妮、黄萍萍、陈若彤、庄方舟、李美娥、连心缘、梁诗诗、黄卿卿、胡杰强、黄子峻、黄经纬、李真、林惠萍、何琦、许瑞安、曾昶晟、何晓钧、蔡鑫、江小帆、邓毓苗、何晴、张晓静、林婉冰、蔡晴婷、卢熠、张茹婷、胡燕玲、邱玲玲、曾靖茹、李颜茹、刘嘉敏、骆湄真、庄婉珍、黄为、陈雅婷、庄子薇、谢君、许呈锋、张帅帅、陈静、欧阳琪、陈泽贤、张小玲、王铭辛、张小雯、蔡画晴、刘凌曦、许宁静、吴泽阳、陈秋溶、庄伟冰、杨鸿、张雨婷、黄雅慧、孙文泓、潘莉津、陈菁菁、谢雨晗、洪志强、陈静、陈晓艺、饶馨、黄婉红、王苗红、陈怡萱、陈雯雯、刘尚贤、张真真、康鹏汉、王润泽、康婷婷、蔡芸莹、颜小艺、吴容嫣、王怡婷、李枝润、卢航挺、陈敏霞、许奕昕、蔡玲玲、曾梅芳、黄日彤、余孟阳、蔡泽玮、汪少聪、庄毓蓉、郑文静、吴晓榕、郭丹丹、王祯祯、康鹏浩、柯源琼、洪亮、李雯雯、张思远、郑家豪、郑小真、庄冰冰、辛涵露、何玮珊、吴珊珊、陈雯静、郑丹凌、陈诗韵、张少昆、洪怡玲、蒋诗函、庄诗雅、郑骏锴、张晓真、陈婉敏、陈雪红、王昊哲、胡可、林少白、佘俊颖、陈心如、谢华振、许敏、陈琪玥、李婧、庄丽群、何经腾、黄泽宇、卢雅芳、曾佳雯、郑冰冰、陈琼娥、陈欣欣、何劲繁、林秋兰、张惜珍、陈雨婷、王昱钧、郑睿扬、张小蝶、王怡璇、吕凌、张书劢、司明浩、李榕榕、陈燕红、叶娟、陈晓镞、陈坚、庄锶达、林秋艺、张铭红、夏蒸、王远鹏、康茹芳、郑思莹、王诗婷、陈伟鹏、邱雅云、苏铭航、张良皓、陈子洋、何馨莹、黄端、林凤娥、曾闽杰、潘思怡、吴俊杰、张梦莹、李鋆、孙文欣、郑忆称、钟怡茗、张炜森、谢文欣、郑智文、张泽祥、王晓鑫、庄云杰、卢梦妍、周垲鑫、陈艺云、张靖、封佳珺、林佳奇、陈家烜、林榆晖、吴梅琼、林少鑫、程雨婷、廖彩龙、张桑怡、林莉、曾鹏程、陈颖、何怡涓、张诗宇、汪嘉真、曾佳婷、卜婉婷、何西文、

潘洁仪、潘泽昆、陈晓萍、林泽斐、曾真真、陈慧玲、曾雅冰、林琳、庄爱卿、陈培航

2014年达利教育英才奖（高考）

江冰森、欧阳梦滢、刘小铃、张诗尧、曾慧娟、蔡俊鑫、黄舒静、李晓婷、卢凌、陈敏敏、潘玲珑、钟舒卿、许菊芬、蒋盈洁、郑铃玲、陈英杰、颜培强、徐炜鹏、胡云云、吴铮涛、郑立涛、邱斌斌、黄文豪、刘代融、郑尧坤、陈芷君、黄子键、张锦坚、陈君婧、张珊珊、柳爱玲、胡志良、吴莹莹、王舒婷、黄筝、何杰平、曾扬、许哲翔、李莉、胡伟峰、朱思静、庄远东、胡志龙、王婧云、杨凤玲、康国毅、王治平、曾伟宏、陈艺云、陈俊佳、吴晶晶、曾佳蕙、黄真真、杨奕恋、张志杰、蔡婷婷、朱巧煌、蔡双双、康争达、孙剑新、许诗云、刘静、李碧燕、卢萍静、王永鑫、曾杨杨、李婉霞、李冰冰、胡小真、吴思敏、张丹丹、陈小芸、王志晓、连媛、张楚红、郑佳莉、王庭观、陈铭键、林丝燕、张伟彬、陈学凌、杨真真、陈诗艳、黄钧玲、张心怡、刘佳腾、卢诗娟、黄钒郎、黄宏毅、李泓、陈溢涵、庄泽鑫、李焱阳、陈灿红、王馨萍、王崴、刘心彦、柯毅东、张铭榕、何楠、杨培阳、庄浩、陈京浩、张湧鋆、刘智勇、郑泽强、胡剑波、刘晓真、庄端端、陈安莹、黄小燕、许一宁、何不悔、郑洁莹、许冠斌、陈嘉豪、何晶、张燕红、陈一豪、许远晓、杜鹏强、王婷婷、陈志彬、林舒怡、吴鹏、王小易、张冰冰、周国澍、苏迪、许莉莉、康志鑫、曾晓青、彭书琪、曾标峰、王剑畑、张晓彬、冯佳欣、林燕娥、陈路阳、陈燊、杨岚、吴思杰、谢耀锋、占静茹、黄自强、陈一强、曾森惟、张嘉薪、陈彬志、曾晓阳、康婷婷、林苗君、许萍萍、郑樑、庄萍萍、刘灿波、卢慧艳、王雪琼、蔡顶桑、蔡曼婷、王婉云、黄璐璇、林瑛、张婷、周丹丹、黄冰冰、陈慧伦、骆建源、曾月红、钱心媚、方鸿强、施燕燕、庄思敏、黄诗月、程芮倩、庄琳伊、杨婷婷、陈雁玲、王思瑶、林思颖、吴婷婷、黄彬铭、王小思、任晓贞、陈圳池、柯小云、张杨思佳、黄雪云、林诚、郑香云、蔡楚萍、黄小玲、张妙群、黄星星、陈鸿兰、黄小凤、李梅玲、曾逸君、陈隆、张万峰、孙彦、洪少坡、蔡伟波、陈琳雯、许晓坚、张益哲、曹洪斌、王嘉铭、张鑫鹏、汪培侨、张伯宇、王捷阳、柯俊伟、

何燕达、庄桂元、柳玲玲、柯海文、廖志敬、叶惠红、庄雅芬、郭耿钊、李嘉亮、曾启贤、吴海燕、陈小霞、王佳瑜、王攀攀、张伟杰、陈舒婷、张小芬、吴宏凯、林东龙、陈达艺、陈海明、张炜、蒋言实、庄泽昆、王松波、苏涵、庄君伟、王竞、陈凯旋、刘婉芳、庄超、林泽锋、陈泽航、甘典、乔诗慧、郑书涛、陈志坚、出佳辛、林敏、曾清、张艺萍、康佳辉、骆少杰、谢婷、郑晓文、汪超毅、吴剑超、郭学伟、张晓川、王忆蓉、林介飞、吴跃锋、王威镇、潘勇鑫、曾佳达、曾志贤、卢泽彬、郑小燕、张伟泽、苏泽泽、曾镇猛、李坤隆、刘诗晨、王婷婷、潘昭江、曾俊鸿、邱莉莉、欧阳旭祥、陈舒瑶、施晓鸿、庄逸锋、陈朗湖、庄自诚、张彬彬、许月玲、李肇昕、张奕航、杨铭灿、孙文卓、骆耿阳、陈圣王、苏勇达、庄少阳、陈晓川、钱艺芳、潘靖达、洪晶

2014 年达利教育技能奖

国赛：曾浪辉、王森渊、林卫军、王省余、王子龙、张凯冰、曾培煌、陈松添

省赛：黄雅燕、康瑞燕、骆泽锋

市赛：张雪林、李燕红、陈婉真、许超云、王冬冬、林小强、陈远明、朱伟群、邱晓东、胡杨松、王森森、张国祥、张小军、陈小艺、蔡景铮、陈晓虹、陈杰、陈培峰、黄建源、张志强、连君韬

2014 年达利教育智慧奖

王武平、郑欣欣、程敏、曾瑞莹、陈澄钧、饶燕茹、李道林、陈泽凡、薛鑫、张恒琰、黄诗涵、杜玲玲、黄耀贤、黄燕榕、陈永欣、陈鸿滨、杨正瑜、陈惠玲、陈铮、陈锴、吴哲煌、庄夏云、张思旭、黄丹梅、陈惠萍、张凡妍、李依阳、林剑峰、谢小钰、赵洁莉、李泽雨、庄集龙、曾江强、陈泽伟、陈曦泓、胡宇煌、苏雅萍、张晓颖、何杰钡、郑君真、蔡学铮、彭莹真、陈芷薇、蔡雅晴、黄伟娟、李嘉葳、赵春红、黄冰冰、刘诗莹、张茹婷、刘少哲、王凌燕、王杰彬、张婷婷、张诗音、刘燕雯、吴如冰、康雪洁、刘婉婷、张怡婷、张梦婷、张楷龙、杨怡颖、詹艺红、康津津、张莹莹、龚丽冰、李晴晴、刘桂花、吴明强、张亚贞、刘佳坡、陈培东、周雅萍、陈冰瑜、程珊珊、陈婷婷、张燕贞、苏蓉、苏苗苗、张跃江、柳

佳强、张海昌、刘增堤、周冰冰、杨婉茗、张亮亮、黄婉玲、王超、庄嘉豪、王品睿、詹海霞、王霞、郑思婷、郑炜玲、曾佳梅、苏欣扬、郑泽泠、庄青青、王茜颖、戴瑜玥、曾书杭、李小慧、郑巧毓、吴琳瑜、杨露、曾青青、潘颖颖、谢怡莹、曾楷泉、曾燕如、王漩漩、王晓玲、陈诗玲、陈奕佳、林钟波、林慧婷、曾家栋、康泽强、蒋豪杰、郎丽、郭淑晶、汪进煌、陈冬玲、陈海阳、黄建超、张三鹏、陈婷如、郑佳燕、陈鑫红、吴真真、王旭霞、蒋志荣、庄紫晴、张琼真、苏婉芬、许静芬、黄静玲、董少彬、孙浩杰、林小玲、柯晓雄、詹明芳、庄栋梁、汪思达、潘建军、骆伟健、李桂忠、黄梅玲、谢键、李俊锋、杨引左、郑志杰、蔡秋生、刘明志、张静雅、林仲佳、何静云、洪杰锋、刘小婷、胡凌峰、任坚勇、陈梓豪、杜诗韵、杨刚、王健、蒋帆、陈鹏鹏、陈志杰、任志伟、黄斯凯、林思延、曾森彬、方舒棋、庄涵、勒懿、钟绮云、康曼曼、陈小艺、黄小叶、陈书祺、孙佳慧、黄婷婷、程汉红、林翠平、庄泽滨、黄刚姣、林景阳、陈欣、王奕煌、黄健、郑智超、蒋丹尼、张君润、施江鸣、苏浪标、孙圣锋、黄仁昌、黄真真、曾航杰、陈伟坚、黄小兰、王文龙、卢世萍、张鸿鹏、陈诗诗、黄灿鑫、陈尧坤、林冰莹、张彤桐、杨如意、孙雅清、陈泽鹏、蒋泽航、张燕群、林雅璇、林均驰、王泽焜、张苗、周雅茹、杨田丰、陈佳、陈昊、何莹楠、陈梓涵、戴雨霏、张家麟、张颖、陈仪佳、苏谈、李茹煊、郑若凡、李晓玲、郑家浓、王靖媛、叶冰冰、郑雯雯、卢海坤、谢小迁、陈仟仟、卢瑞玲、康璇璇、陈怡香、董叶荣、罗贤亮、叶静莹、蒋婷婷、庄惠纤、曾吉盛、李斌强、陈园园、洪雅婷、张婉婷、欧小菁、曾玲玲、张珊珊、张晶晶、陈思怡、王芊滢、孙均钞、王泽斌、朱灿、郑慧敏、林果、魏喆涵、何涵沁、刘淼、张若雯、符纬、张潇伟、梁慧艺、黄泽鹏、李嘉鸿、张龙滨、曾煌择、曾荣池、张杰强、柯伟云、李晓彤、蔡瑶兰、张诗玲、林思涵、刘飞燕、张泽洪、赵志富、谢德莉、谢达鑫、李桂良、杨志煌、何俊腾、黄莺、郑庄旻、刘祥程、王泽霖、曾渠、陈艺雯、王芸婷、吴筱灵、江南、郑柔依、林舒彤、陈婷芳、曾巍、庄艺翔、骆熠庭、王妍荷、刘德欣、柳凌镕、苏妍、林中鹏、陈锋、胡雪怡、庄日荣、蔡丹琳、洪宜煊、朱晗钰、陈筱宁、黄奕冰、邱姝眉、陈楚怡、曾超杨、庄日耀、郑怡莹、谢丽娟、谭瑶、胡秋敏、何洁、林如萍、王艺敏、吴卿怡、黄越、柯雨凝、何岸、廖卓烨、庄滢滢、何冰冰、连静怡、蔡君仪、陈婧雯、陈群炜、汪晓慧、黄琳、汪嘉思、陈达琪、江珊玲、封明玲、蔡泽强、陈雅馨、何玲娜、陈丹茹、吴旭丽、吴琳玲、孙悦、林瑜佳、林雅婷、林巧昀、杜仟仟、梁雯燕、曾丹丹、杜伟鑫、陈云镭、黄莹、赵静怡、赵琳静、刘思萍、赵雅芳、陈坤、孙绿芸、郑鸿杰、王小玲、张欣杰、陈小莲、赵紫玲、胡芬玲、陈红玲、郑雅婷、曾华勇、刘青青、吴佳欣、朱媛媛、陈小妍、陈元凤、汪清玲、何静怡、杨润、何婷、何佳佳、何雨、潘诗意、柯艺汝、赵艺婷、陈姗姗、潘祝婷、陈渊婉、何文静、程思源、陈昭泷、张凯丽、吴纬纬、吴云娥、程静虹、任舒玲、吴莹莹、陈怡晴、陈舒蓉、蒋伟杰、连云卿、谢雅萍、陈定均、张若涵、蒋诗函、蒋煌杰、黄敏芳、张思芸、张如芬、张静茹、张沁莹、张昀莹、张涵镕、张炜茹、张若君、张冰艺、张书格、蒋博强、陈若滢、庄莉莉、杨红、陈静雯、杨清洪、庄金燕、杨鉴莹、陈绍云、杨舒婷、曾鸿萍、李一煌、李鼎、李春婷、李杰龙、林汉峰、李夏明、李凯凌、庄小圣、陈雨晴、柯思萍、黄小瑜、康嘉杰、杨嘉伟、曾杰煌、张昭蓉、陈思怡、康晓松、汪培彬、王燕玲、王延鹏、林缘慧、陈诗莹、张森杰、张钧栋、张晶晶、吴佳鑫、庄悦婷、张旭艺、王冰冰、卢诗艺、曾娴静、张晓芸、庄莉真、张惠茹、张清清、柳大熔、龚秋月、柳晓滢、许昭冰、张晓艺、柳茹冰、许雪萍、许佳佳、柳晴晴、范子教、许佳佳、陈薇萍、张晶晶、陈雅茹、许怡婷、陈晓莹、曾燕梅、庄冰冰、曾诗诗、庄媛媛、陈泽煌、曾泽阳、张超瑜、王泽挺、张瑜婷、张燕如、吴晶晶、吴婉婷、洪惠婷、杨晓如、陈梦瑶、杨彬鸿、陈小婷、杨燕娥、邱丽婷、张佳琳、邱思婷、陈志彬、王祺昌、邱志月、肖佳滇、吴晓萍、邱怡凡、谢海煌、叶一豪、谢泽龙、刘鸿瑜、康诗芬、陈诗莹、周滢滢、周莎莎、黄杰龙、康幸、康振彬、庄碧茹、林锡镔、李燕、陈晶晶、洪培强、陈泰斌、黄巧云、庄佳佳、黄晓瑜、洪雅婷、李燕、黄晓菁、黄贤杰、王思杰、蔡大洋、杨昭灵、肖嘉明、张睿琦、陈宏权、郑腾龙、庄雅婷、刘汶钊、唐杰、柯依澜、许斌松、杨泽耀、吴景斌、王越乐、何佳峰、詹洵梓、曾雅玲、许翔铭、杜晓晴、陈小燕、许玟颖、李彦彦、陈媛、庄培峰、庄小滢、陈灵峰、李彬彬、黄凯滢、毛鹏龙、许阳帆、庄毅、张泽圻、周龙鹏、黄冰冰、张超、郑娴婧、许昌、唐诗雅、李睿、庄彬彬、陈璐、庄超群、丁潇、庄静怡、陈燊婷、巫颖琰、刘翊、蔡家鑫、卢静莲、陈瑜涓、杨纶、卢依婷、杨琳

2015 年第五届"达利集团许世辉惠安教育基金"奖学金（名单从略）

学生奖项分六大类，分别是"达利教育英才奖""达利教育特等奖（精英奖）""达利教育技能奖""达利教育智慧奖""达利教育卓越奖""达利教育励志奖"，共颁发奖学金 658.26 万元，2681 名学生获得奖励。其中，"达利教育特等奖（精英奖）"是新奖项。2015 年"达利集团许世辉惠安教育基金"奖校、奖教、奖学金共计发放 1115.26 万元。

2016 年第六届"达利集团许世辉惠安教育基金"奖学金（名单从略）

学生类奖学金共颁发 716.6 万元，2817 名学生获得奖励。其中，"达利教育英才奖"869 人、"达利教育特等奖（精英奖）"37 人、"达利教育技能奖"34 人、"达利教育智慧奖"590 人、"达利教育励志奖"762 人和"达利教育卓越奖"525 人。

2017 年第七届"达利集团许世辉惠安教育基金"奖学金（名单从略）

学生类奖学金共颁发 715.03 万元，2817 名学生获得奖励。其中，"达利教育英才奖"869 人、"达利教育特等奖（精英奖）"35 人、"达利教育技能奖"45 人、"达利教育智慧奖"590 人、"达利教育励志奖"762 人和"达利教育卓越奖"516 人。

2017 年第七届"达利集团许世辉惠安教育基金"奖学金（名单从略）

学生类奖学金共颁发 794.63 万元，共有 2812 名学生获得奖励。

江西省樟树市四特慈善基金会助学活动调查报告

陈昱然

一　引言

教育是个人成长、社会进步、国家繁荣的基础，但是教育投资的严重不足成为长期困扰我国教育发展的一个重大障碍。"科教兴国"战略的确立，强化了全社会的科教意识，激励起广大爱国民众捐资办学的热情。2007年党的第十七次全国代表大会报告提道，"以慈善事业……为补充，加快完善社会保障体系"。教育基金会的设立使莘莘学子在学业上得到了帮助，使学校的办学条件和教育教学环境得到了改善。

2018年，笔者所在的闽江学院历史学系教师组建了"闽台教育与公益文化事业发展研究"科研创新团队，并以暑期学科基础实习为契机，组织同学们利用暑期时间，就近在自己的家乡进行当代教育公益文化的访问调查。对于这一调研任务，笔者的理解是通过发现与描述身边的教育公益基金，揭示其产生、发展的基本过程、主要特色和社会意义，为全方位认识全国的教育公益活动提供研究个案，促进人们对中国特色教育公益文化的全面理解，使更多的人、更多的企业投身到教育公益事业中来。为此，笔者选取家乡所在地的江西省樟树市"四特慈善基金会"为调研对象，进行了多次采访、调研。樟树四特慈善基金会是四特酒有限责任公司主动承担起应有的社会责任，为教育事业做贡献的产物。笔者先通过网络检索，了解到该基金会的大致情况，然后根据老师的调研提纲，列出本次访谈将要涉及的相关问题的提纲。接着，笔者联系了四特酒公司总经办副主任熊琴江,以及部分基金会受助者和普通群众,与他们一一进行了访谈。

二 四特慈善基金会的创立

四特慈善基金会是江西省樟树市四特酒有限责任公司所附设的公益基金组织。樟树市是江西省宜春市下辖县级市,面积约1291平方公里,包括14个乡镇,5个街道,总人口56万余人。[①] 历史时期,樟树市因树而得名,因酒而立市,因药而扬名,因盐而闻世。当前,樟树市拥有各级各类全日制学校236所,其中高等院校2所、普通高级中学2所、普通完全中学4所、职业高中2所、教师进修学校1所、初级中学22所、九年一贯制学校11所、完小169所、初小及教学点22所、特殊教育学校1所。

作为一个县级市,樟树市的经济并不发达,还有一些乡镇较为落后。笔者当年就读的高中,就有不少同学的家庭较为困难,尤其是来自农村的同学,家中二胎情况较为普遍,靠着政府的低保才得以生存。贫困学子考上大学后,每年的学杂费、生活费以及学期首尾的往来交通费等,在普通人眼里再平常不过的开支,对他们而言却都是家庭的沉重负担。一些学子因为费用问题,不得不放弃去外地高水平大学就读的机会,只能留在本省普通的大学学习。

2008年8月18日,四特酒有限责任公司的董事长廖昶觉察到贫困大学生上学难的问题,他从四特公司"发展自我,贡献社会,回报人民"的企业发展理念出发,决定以四特酒公司的名义,向江西省慈善总会捐款500万元,成立了"四特慈善基金会"。自此每年安排专用资金,对地方困难家庭和学生进行帮扶。四特慈善基金会每年资助经费的主要来源是公司出资,同时在江西省慈善总会的官网进行网上募捐。

三 四特慈善基金会管理制度

四特慈善基金会采取留本付息的形式,每年按5%的利息合计出资25

[①] 樟树市人民政府官网:《樟树市情简介》,发布日期:2018年5月10日,http://www.zhangshu.gov.cn/yzs/002001/20180123/0e454c67-98d0-4063-9bfc-a49a407226a2.html。

万元，开展贫困学生救助项目。基金会向江西省慈善总会登记报备，接受其业务监督，同时接受江西省宜春市民政局的业务指导。

四特慈善基金会的具体管理由四特有限责任公司挑选本公司中高层管理人员组成的基金理事会负责，包括总经办、财务部、行政后勤部等相关人员，合计10人左右。管理者的主要职责是核实受助人信息，确定资助对象，颁发助学金，负责本基金管理等。管理部门没有固定的轮值年限，但会根据公司人才离职、入职等相关人才流动情况进行相应的调整。自2008年该基金会设立以来，四特酒有限责任公司副总经理张翔、廖钟亮等先后承担该基金会的主管任务。

四特慈善基金会每年会举办助学金发放仪式，邀请江西省慈善总会、宜春市民政局、樟树市政府、市教委、樟树中学等单位领导出席发放仪式。在助学金发放仪式上，基金管理者会宣读受助者的名单，但不会去张榜公布他们的名单。这是因为基金的受助者都是青少年，他们正处于自尊心最强的人生阶段。如果直接向社会大众公布贫困生的捐助名单，可能会不同程度地伤害到部分贫困生自尊心，对于他们的健康成长产生不利影响。正是基于这样的考量，尽管每年的基金发放仪式都接受媒体采访，以便接受大众监督，但对于受助者的详细名单则进行了隐私保护，不对外进行公示。而本次调研过程中，笔者也未能获得历年来受助者的名单。

四　四特慈善基金会的奖助学金发放

据采访，自从建立以来，四特慈善基金会主要开展了贫困学生助学活动、最美乡村教师评选活动和故乡建言征文活动。其中，贫困学生助学活动是其公益重心所在。

从2008年到2016年，四特慈善基金会的发放对象为江西省学籍的应届高考学子，高考成绩在一本分数线以上的孤儿或城乡低保户子女。四特慈善基金会在每年7~8月份通过相关政府部门、学校、媒体向樟树市公开征集需要资助的应届贫困大学生。在经过严格的资料筛选、走访调查后，公司于8月底确认受资助贫困大学生名单，并发放助学资金。

从 2008 年到 2016 年的 9 年间，四特慈善基金会共捐助了 464 名贫困生，共 808900 元。其中 2008 年至 2013 年的 6 年中，四特慈善基金会向樟树市 404 位贫困学子进行了资助，资助总额 508900 元。其中，2009 年 8 月，资助 65 名（2008 年、2009 年共资助 100 多人，助学金逾 15 万元）；2010 年 8 月，资助 60 名；2012 年 8 月，资助 70 名，共 97900 元；2013 年 8 月，资助 80 名，共 99000 元。而从 2014 年到 2016 年的 3 年中，该基金会调整了助学金发放策略，限定了助学金发放人数，但提高了单人助学额度，即每年资助 20 名应届贫困大学生，每人提供助学金 5000 元。3 年中，合计发放助学金 30 万元。

从 2017 年开始，该基金会再次调整助学金发放策略，决定不再捐助樟树市的高考应届毕业生。据四特慈善基金会管理人员解释，其原因是"因为经过 2008 年到 2016 年的捐助，发现效果并不好，应届高考生上大学后很难再联系到，后续跟进也变得很困难，影响也不大"。因此，2017 年四特慈善基金会选择在樟树市以外的江西本省及福建省其他县市开展学习成绩优秀的贫困生助学活动和优秀学生奖学活动。其中，分别在 2017 年 7 月 28 日、8 月 10 日、8 月 17 日为宁德市、福鼎市、古田县三个地区各 10 名优秀学子每人发放了 3000 元助学金，共发放助学金 90000 元。2017 年 12 月，四特慈善基金会又向江西省金溪县金溪一中的 2017 级学生定期捐助四特奖助学金，用于激励、帮助同学们努力学习。每学期期中、期末捐助 2 次，高中 3 年共计 6 学期 12 次。奖学金捐助的内容分为卓越奖、优秀奖、进步奖和助学奖。"卓越奖"主要奖励成绩位列年级前茅、学习认真、积极上进、表现突出的学生；"优秀奖"主要奖励 A 班层次品学兼优的同学；"进步奖"主要奖励开学以来学习进步大的学生；"助学奖"主要奖励学习努力、家庭困难的学生。每个奖项奖励的对象为 5 人，共计 20 人，每人 300 元。综上，四特慈善基金会在 2017 年捐助 50 人，共 96000 元。

2018 年夏天，四特慈善基金会开始组织各地的捐资助学公益活动。2018 年 8 月 20 日，"同心汇力·情暖乐平"四特东方韵助学公益活动在江西乐平市举行，基金会资助了 20 名品学兼优、家庭困难的准大学生每人 2000 元，累计 40000 元。2018 年 8 月，基金会资助了福建省邵武市 9 位贫困学子（包括一对双胞胎姐妹）每人 2000 元，共 18000 万元。2018 年 8 月

21日，为江西赣州寻乌当地10名贫困大学新生每人颁发助学款2000元，共计捐赠20000元。2018年8月24日，联合共青团蕉城区委员会资助来自福建省宁德市蕉城区各个乡镇的9名贫困优秀学子，资助金额为每人2000元，共计18000元。2018年金秋入学季前夕，为江西省丰城市的优秀学子及贫困学子进行捐助，文理科状元分别获得10000元助学金，自主招生第一名获得5000元助学金，文科和理科第二、三名其4人各获得3000元助学金，其余13名贫困生每人获得600元助学金，累计为20名考入各大院校的贫困学生发放圆梦助学金44800元。2018年9月接受江西省铅山县的推荐，资助10名品学兼优的学子，每人受助2000元。综上，四特慈善基金会在2018年捐助78名学子，共160800元。

五　回首过去，展望未来

对于四特慈善基金会过去在教育公益方面所做出的贡献，社会各方面都对其给予赞赏。如江西省慈善总会副会长郭爱华女士在应邀出席2014年助学金发放仪式的讲话中，就肯定并感谢四特酒有限责任公司对慈善事业的贡献，她认为"爱心助学是一项关注民生、关心教育、关爱学子的民心工程，也是一项体现爱心、温暖人心、凝聚信心的公益事业。多年来，四特酒有限责任公司积极地投身社会公益事业，不仅资助了贫困学生，还扶贫济困、救济救灾，已经累计为慈善事业捐款达3000多万元，有力地推动了江西省公益事业的发展。"受助的学子们对四特酒慈善基金十分感激。在2014年的助学金颁发仪式上，以优异成绩被江苏常州大学录取的受助人周梦甜即表示："我向你们保证：我决不辜负你们的热心资助和殷切期望，决不辜负各位领导的关心和培养……将来我也希望能到像四特酒公司一样有责任心的公司工作。"同年的助学金颁发仪式上，廖钟亮副总经理表示，四特酒有限责任公司将永远向优秀学子们"敞开怀抱"，并热切期待学子们的成长与成才："我们也希望看到，将来载入史册的名字也有你们在列，对你们寄予厚望。"

为了未来更好的发展，四特慈善基金会还有一些可改进之处。第一，基金会必须加强管理，完善各项规章制度，严格基金的使用方向，坚持办事公开透明。第二，要提高基金会工作人员的专业素质。四特慈善基金会的工作人员主要是公司内部的中高管人员，一人身兼二职甚至数职，并没有成立专门的管理部门，工作人员相对缺乏基金会的专业管理知识。第三，要加强宣传力度，扩大基金会在社会的影响，形成基金会的"品牌效应"。建立于消费者口碑之上的无形资产，往往才能具有真正的市场价值。四特基金的影响力目前为止还不算大，许多本地人也不了解这个基金会。所以首先要与其他各级基金会形成团队力量。各级基金会之间需要交流、协作、咨询，需要在一定区域内协调开展某些影响较大的公益活动。为了四特慈善基金会的发展壮大，应当与樟树市其他教育公益基金加强交流等，例如樟树市政府的太阳工程基金等。应主动积极经营微信公众号、官方微博等，发动微信、微博等新兴新闻媒体的力量，使信息更好地传递出去。同时发动群众的力量，举办群众可以参与到慈善中的活动，例如每卖一瓶酒捐出 1 元钱等活动。

助学是一项伟大而光荣的事业，是弘扬中华民族"乐善好施、扶困济贫"的传统美德，是体现大爱和善举精神的实践。四特酒有限责任公司自成立以来，一直秉承"发展自我，贡献社会，回报人民"的企业发展信念，积极投身于教育公益事业。从 2008 到 2018 年，10 年共捐助 592 名贫困学子，共计 1065700 元。作为樟树市仅有的几个大型企业之一，四特酒有限责任公司积极承担其社会责任，起到了表率作用，它努力帮助贫困学子完成他们的大学梦，改变了他们的人生。或许现在四特慈善基金会还不够完善、不够系统，但是四特人会继续努力，希望爱心能一代一代传承，希望在将来能帮助到更多的贫困学子。

附录　　四特慈善基金会开展爱心助学活动的通知

为了帮助在艰苦中奋斗、在逆境中成长，并在今年高考中取得优异成绩的贫困学子圆大学梦，四特慈善基金拟于 2015 年继续开展爱心助学活动，现将有关事项通知如下：

一　资助对象

本省学籍的应届高考学子，考取一本以上院校的城乡特困户子女或孤儿，免学费专业和已获得其他资助的特困考生原则上不再资助。

二 资助人数及标准

全省资助20名特困生，每名受助特困生一次性资助人民币5000元，资助金额10万元。

三 资助程序

1. 向社会公告并协调教育部门深入调查摸底，了解和掌握特困考生高考录取情况，对符合资助的考生，由考生填写《四特慈善基金2015爱心助学申请审批登记表》（一式两份）；

2. 省慈善总会及四特酒公司汇总申报材料，在8月13日前确定受助学生名单；

3. 八月中旬，省慈善总会与四特酒公司在樟树市现场发放助学金。

四 报名时间

2015年7月29日-8月10日，休息日可正常报名。

五 报名详情及咨询电话

1. 报名地点：樟树市药都北大道11号四特酒公司大门门卫室；

2. 申报材料要求：

2.1 认真填写《四特慈善基金2015爱心助学申请审批登记表》，包括致贫原因、家庭收入情况、家庭人员结构、从事职业等，且需户口所在地村（居）委会盖章；

2.2 提供相关证件（录取通知书、户口本、学生本人身份证、低、残疾证等）复印件各两份；

2.3 两张2寸近期免冠照片；申请表可在附件中下载打印或至四特酒公司大门门卫室和省慈善总会等处领取。

3. 咨询电话：四特酒公司总经办，0795-7333213；省慈善总会，0791-86100873。

附件：《四特慈善基金2015爱心助学申请审批登记表》

四特慈善基金理事会
二〇一五年七月二十九日

河南省商城县杨发之先生慈善教育奖学金调查报告

朱婷婷

一 引言

《礼记》云："建国君民，教学为先。"自古以来，教育便是事关国家繁荣发展的大事。各种奖学金的设立激励了无数学子积极学习，努力向上，也让成绩优异却家庭贫困的学生得到帮助。奖学金的发放，不仅对学生有着直接的益处，还是对老师的一种激励，更对学校的运营和名誉有着极大的推动作用，对教育事业和慈善事业的发展也有助益。

本次暑假学科实习，笔者根据历史学系"闽台教育与公益文化事业发展研究"科研创新团队教师的指导，决定以家乡河南省商城县"杨发之先生慈善教育奖学金"为调查对象。在了解杨发之先生慈善教育奖学金基本情况之后，以微信、QQ、面谈等方式，多方位找寻访谈对象，对该奖学金设立的缘起、管理制度、奖学方式等相关内容进行了调研采访。

二 奖学金的设立

（一）奖学金设立的背景及社会环境

商城县位于河南省东南隅，大别山北麓，属信阳市。东临安徽省金寨县，南界湖北省麻城市，西与光山县、新县接壤，北与潢川县、固始县毗邻。据商城县人民政府官网资料，全县总面积2130平方公里，辖23个乡镇、370个自然村，人口80万。尽管近年来商城县先后被评为全国科技进步先进县、国家油茶发展重点县、全国重点产茶县、美丽中国创新示范县、全国休闲农业与乡村旅游示范县①，但由于地理位置相对偏僻，经济资源相对匮乏，作为革命老区、山区、库区的商城县仍然位列国家级贫困县行列，面临脱贫攻坚战役的巨大挑战。

商城县观庙乡位于县西部。据商城县委史志研究室主办的商城县情网资料显示，观庙乡总面积 91.4 平方公里，辖观庙、凤凰、姜寨等 20 个行政村，468 个村民组，8011 户，人口 36632 人。全乡以种植水稻和小麦为主，人均耕地面积 0.73 亩。全乡有六年制小学 20 所，小学教师 176 人，在校学生 4687 名。有初级中学 3 所，教职工 116 人，在校学生 2185 名。有高级中学即观庙高中 1 所，教职工 88 人，在校生 2340 名。② 观庙高中的教学质量一直名列全市农村高中前三名，观庙乡也被誉为"大别山里的状元乡"，先后获得《人民日报》、《教育时报》、《大河报》、《河南日报》、《信阳日报》、河南卫视、新华社、中央电视台、大河网以及韩国国家 KBS 电视台的采访报道。

（二）奖学金缘起

杨发之先生慈善教育奖学金的创立者杨发之，1961 年出生在商城县的一个小山村，是地地道道的农民之子，现为山东福缘来装饰有限公司董事长。该公司成立于 1997 年，注册资金 5698 万元，拥有员工 1093 人，是一家以室内装饰、幕墙装饰设计施工为主体的专业化集团性装饰公司，下设济南利尚劳务有限公司、山东福缘来木业有限公司、山东厚美石材有限公司、山东福乐幕墙有限公司、山东恒座房地产有限公司、山东福缘来布艺有限公司共六家子公司，是山东省资质等级较高的建筑装饰企业之一。公司以打造百年民族品牌为长远发展目标，坚持"诚信合作、敬业学悟"的价值观，以专业的精神、专业的技术、专业的服务打造客户满意、同行赞扬的工程；致力于美的创造，引领行业发展潮流，努力成为客户首选的公司。经过十多年的发展和市场历练，福缘来的品牌、商业模式、管理团队、

---

① http://www.hnsc.gov.cn/html/zjcs/scgk/scjj/。
② http://www.scxx.ha.cn/scsz/scgl/xzgk/201110/86090.html。

研发能力、社会信誉均在业界获得充分认可，已在省内成为行业标杆。2008至2016年，连续7年获得中国装饰行业百强企业称号；2016年全国装饰行业排名第41位，是山东省十佳企业之一。

作为一个成功公司的总经理，杨发之先生发现，在自己的家乡商城县还有很多孩子因为家庭贫穷上不起学。为此，他多次为家乡的小学、初中、高中进行教育捐款。用他的话说，就是"人虽富但不能忘本。现在我的身份变了，但我仍是一名共产党员，我建设祖国、繁荣家乡的一片爱心永远都不会改变"。2011年，河南省商城县观庙高中高考提升率居全县第一，全县中小学德育工作会议在观庙高中召开。有鉴于此，杨发之先生决定向商城县慈善总会捐资50万元，以留本付息的形式，设立"杨发之先生慈善教育奖学金"，用于专项奖励观庙高中高考成绩优异的师生。2012年2月10日，观庙高中举行了2012年春季开学典礼暨杨发之先生奖学金发放仪式。山东福缘来装饰有限公司副总经理、财务总监柳士知先生宣读了杨发之先生慈善教育奖学金章程，并介绍了公司情况和设立该项奖学金的目的。本次会议也是该项教育基金首次向观庙高中优秀师生颁发奖学、奖教经费，获奖师生分别发表了感言。商城县教体局副书记、副局长杨旭升在其讲话中肯定了杨发之先生捐设奖学金的积极贡献。观庙高中校长罗良双作了热情洋溢的讲话，对杨发之先生表达了诚挚的谢意，对全体师生提出了明确要求，鼓励师生勤奋工作，努力学习，以优异成绩回报社会。

三 奖学金的奖助经费发放

在调研采访的过程中，我们了解到，杨发之先生教育奖学金发放的公益经费主要有两类，一是奖学金与奖教金，二是助学金。

（一）发放门类与金额

具体来说，杨发之先生慈善教育奖学金的奖助对象主要包括3种类型。

第一，从2011年起，凡是从观庙高中考入清华大学、北京大学、中央美术学院、中央音乐学院、中国人民解放军艺术学院等5所高校的应届毕业生，每考上 1 人合计发放奖励金 10 万元，其中学生本人给予奖学金 5 万元，所在班教师共同发给奖教金 5 万元。

第二，当年考取复旦大学、浙江大学、上海交通大学、中国科技大学、南京大学、中山大学、华中科技大学、武汉大学、北京体育大学、同济大学建筑系 10 所高校的观庙高中应届毕业生，每考上一人发放奖励金 3 万元，其中学生本人获得奖学金 1.5 万元，所在班级老师共同获得奖教金 1.5 万元。

第三，凡是从观庙高中考入以上大学的贫困学生，毕业后有意到山东福缘来装饰有限公司工作的，可先期到公司考察，经公司考核同意后，双方签订定向培养协议，公司将预借 2 万元作为其大学期间的学杂费、生活费。

以上 3 种奖助经费，前面两种属于奖学金、奖教金，而第三种则应归为助学金，它在为家庭贫困的优秀学子解了燃眉之急的同时，也为公司培养了潜在的人才，同时为该教育公益基金埋下了希望的种子。

（二）申请发放流程

每年高考结束后，满足以上三种奖学金、奖教金、助学金相关条件的观庙高中应届毕业生，均以大学录取通知书和高中毕业证为凭证，报经山东福缘来装饰有限公司考核批准后，兑现奖助经费。

满足第一、二种奖励类型的奖教、奖学申请，在经相关管理人员审核通过后，再报经商城县慈善总会，从"杨发之先生慈善教育奖学金"中发给；满足第三种助学条件的相关申请，其助学经费由山东福缘来装饰有限公司从公司账户拨付。

2011 年、2012 年、2014 年、2016 年、2018 年，每年各有 2 组的应届毕业生及其班级教师获得"杨发之先生慈善教育奖学金"颁发的奖学、奖教金。2013 年，共有 6 组师生获得奖学金、奖教金。6 年总计 16 组，每生获得奖学金 1.5 万元，其所在班级教师获得奖教金 1.5 万元，共计发放 48 万元。

需要指出的是，颁发给每位获奖学生所在班级教师的 1.5 万元奖教金，其分配方式为：班主任2000元，剩下的13000元除以5.2，语文、数学、外语三科教师占3，综合科教师占2.2。其中语、数、外三科任课教师分得的比例是1∶1∶1，即每位教师各获得2500元。综合科教师的奖教金中，如获奖学生为文科生，则其文科政治、历史、地理三科任课教师分得的比例是1∶1∶1，即每位教师约分得1833元。如获奖学生为理科生，则其理科物理、化学、生物三科任课教师分得的比例是1.1∶1∶0.9，即分别为2017元、1833元和1650元。

杨发之先生慈善奖学金颁奖仪式一般举办于观庙高中的春、秋季开学典礼之际。如首届奖学金发放仪式便是在2012年2月观庙高中春季开学典礼上举行的，同时邀请了商城县教体局相关领导出席。2018年奖学金发放仪式则是在2018年9月观庙高中秋季开学典礼上举行的。当然，也有个别年份的发放仪式举行于非开学典礼之际。如2013年的奖学金发放仪式便是在是年4月3日举行的，同期举行的还有观庙高中郑州校友会捐资仪式，时任河南德润金兰公司董事长的张力代表观庙高中郑州校友会向母校捐赠10万元人民币，用于学校各项基础设施建设。

四　社会各方对奖学金的评价

这次调研，为了获知不同人群对于杨发之先生慈善教育奖学金的看法，笔者通过多种渠道，深入采访了多位与之相关的人员。其中获奖者主要有A、B同学，某年考入某大学；C、D老师，商城县观庙高中任课教师；E校长，曾任观庙高中校长。笔者发现，对于杨发之先生慈善教育奖学金，大家都从不同的角度给予了积极评价。

受助人A：杨发之先生慈善教育奖学金的作用主要有两个方面，一方面是能够起到一个激励的作用，实行竞争性质的奖学金，能够激励学生更好地学习；另一方面是真的能够帮助一些困难的同学，让她们可以减轻家人和自己的压力。

受助人B：杨发之先生慈善教育奖学金是非常好的，给学生奖励，激发学生的学习积极性，并且在一定程度上给贫困学生带来帮助。从某种意义上来说,获奖学金的意义并不在于"金",更在于"奖"这一字,这些奖学荣誉旨在奖励学子、鼓励学子。对于获得荣誉的她们来说,最令她们感到激动以及欣慰的就是获得了某种承认和嘉许。而"金"是在精神奖励基础上的物质奖励。

任课老师C:杨发之慈善教育奖学金代表了社会和学校对优秀学生的深切关怀与帮助。一直以来,这项奖学金可以激励学生努力学习、积极进取,体现了杨发之先生对家乡的关心。并且,得到奖学金的学生会抱有一颗感恩与感激的心去回报学校、家乡和社会。

任课老师D:对这项奖学金的评价有三点:第一,杨发之奖学金为我们那个贫困的小山区带去了希望,受助的同学可用奖学金继续读书,减轻了家庭的负担;第二,杨发之奖学金是一种激励制度,即是对上学期间优秀同学的努力成果的肯定,同时也能激励到大部分的同学,在学习上形成良好的竞争;第三,杨发之先生作为社会人士,成功之后不忘回报家乡,这种感恩之心以及重视教育的精神值得我们每一个人学习。

校长E:非常感谢杨发之先生,他设立的奖学金对学校的发展有很大的帮助。它不仅能够激励学生努力学习,还能够使教师更加细心、用心地教学。这项奖学金也使老师、同学的用心和努力都得到回报,共同促进学校的长期发展。这很好地诠释了"一分耕耘,一分收获"这句谚语的道理,对我们的学生和老师都有着极大的激励作用。

五 结语

通过此次调查和采访,我了解到要想获得杨发之先生慈善教育奖学金还是挺困难的,只有真正足够优秀的同学才能够得到这笔奖学金。虽然这笔奖学金并不是很容易得到,但是奖学金的数额还是比较大的,对学生的吸引力还是挺强的。大部分人对杨发之奖学金都给出了很高的评价。奖学金不仅给予成绩优异的高考毕业生以极大的荣誉,还对其高中三年的努力奋斗做出了回馈。杨发之先生慈善教育奖学金对观庙高中的老师以及观庙高中都有着重要的作用。

杨发之先生是商城县颇为知名的企业家。笔者认为，这不仅是因为杨发之先生的成功经历，更是因为他对社会的回报、对家乡的关心和对教育的重视带给人们以"富而知义""以先富带动后富"的思考。杨发之捐资助学的行为，给观庙高中的学生起了很好的带头作用，他让同学们懂得了"吃水不忘挖井人"的道理，激励他们将来如果获得成功，一定不要忘了回报家乡、回报社会、回报国家。

附录1 商城县教体局杨旭升副局长在2013年杨发之先生慈善奖学金颁奖仪式上的讲话

尊敬的山东福缘来装饰有限公司副总经理柳士知先生，尊敬的观庙高中老师们，亲爱的同学们，大家下午好！

今天，我们在这里隆重举行"杨发之先生奖学金发放仪式"。首先，请让我代表教体局对设立此奖项的山东福缘来装饰有限公司董事长杨发之先生表示衷心的感谢并致以崇高的敬意！向出席颁奖仪式的杨发之先生的代表人，公司副总柳士知先生表示热烈的欢迎！向观庙高中广大教职工表示真诚的感谢！向获得"杨发之奖金"的同学表示热烈的祝贺！

老师们，同学们，"杨发之奖金"的设立是我县教育系统的一件大事。杨发之先生致富不忘家乡，发达不忘母校的善举是值得我们颂扬和学习的。这充分地证明山东福缘来装饰有限公司作为一个大型企业有强烈社会责任感，和杨发之先生大爱无疆无私奉献的崇高精神！我们要向杨发之先生学习，学习他志存高远、脚踏实地、艰苦创业的奉献精神；学习他那种谦虚好学、孜孜不倦、永不满足的高贵品格，学习他那种低调做人、高调做事、精益求精的处事风格；学习他真挚诚信、善待他人的高尚人格！

各位老师，同学们，"杨发之奖金"的设立，充分体现了杨发之先生对母校的信赖，对广大学子的厚爱。观庙高中是信阳市农村高中的一面旗帜，三十多年高高飘扬，以其辉煌的成绩赢得了状元学府的美誉。尤其是近几年来，观庙高中一班人不等不靠、锐意进取、务实创新继续书写出一个又一个神话。2013年高考，学校本科进线突破700人大关，达到757人，创造了新的辉煌；学校应届生的提升率连续多年全县第一。励志班 81% 的本一升学率成绩惊人。对观庙高中近几年的进步和变化，教体局是充分肯定和认可的。借此机会也真诚地感谢观庙高中的每位教职员工，你们辛苦了！

同学们，借此机会我也要向受奖励的同学表示祝贺！你们志存高远，聪明睿智；尊师爱友，团结协作；勤学苦思，持之以恒；正是你们自身坚强的意志和可贵的品质，才能走上今天的颁奖台。同学们，今天的获奖是万里长征迈出了第一步，我希望你们在新的征途上再接再厉，戒骄戒躁，不屈不挠，以优异的成绩回报母校，回报生育我们的父母、养育我们的土地、资助自己的公司。

同学们，21 世纪，是充满竞争的世纪，机遇与挑战并存。希望你们树立远大的理想，志存高远，发奋读书，打好基础，接触自然，了解社会，开阔眼界，为将来走上社会打好坚实的基础。希望你们养成优良品德，从一点一滴、一言一行做起，逐步养成文明礼貌、团结互助、诚实守信、遵纪守法、勤俭节约、热爱劳动的好品行，努力成为一个品学兼优、全面发展的人。用一种积极的心态去面对困难，面对挑战，学有所成，将来以最大的可能回报社会。同学们，是泥土，就烧成砖瓦；是铁矿，就百炼成钢；是金子，就放出光彩。学会做事，学会做人，学会合作，学会学习，拥有走向社会，服务社会的本领，成为有知识、有学问、有教养、有理论、有实践的人。

最后衷心祝愿山东福缘来装饰有限公司事业飞黄腾达！祝愿观庙高中全体教职工身体健康，家庭幸福，工作顺利！祝愿全体同学新学年百尺竿头，更进一步！谢谢大家。

附录 2　观庙高中鄢照学校长在 2013 年杨发之慈善奖学金发放仪式上的欢迎辞

各位领导、各位来宾、老师们、同学们：

驼峰山上，喜鹊欢唱贵宾来；

万象河畔，流水高歌福星到。

今天，我们怀着无比激动的心情迎来了捐资助学的嘉宾们。首先，让我代表全校3800余名师生对山东福缘来公司杨总、柳总来校捐资奖教奖学表示衷心的感谢！对莅临我校的安徽人民出版社副总编辑、河南大学特聘教授李旭先生及教体局杨局长和新闻界各位领导、朋友表示热烈的欢迎！对获奖的各位同学表示诚挚的祝贺！对各位老师卓有成效的辛勤劳动表示崇高的敬意！

杨总致富不忘桑梓，腾达心系教育，在我校斥资巨款设立杨发之慈善奖学金。今年，我校考入本一79人，其中考入符合杨发之奖学金的全国十大名校的达6人。杨总从奖励基金里一次拿出18万元奖教奖学。

杨总这一善举是关心教育事业，扶贫济困，支持公益的具体行动，更是他高尚人格的充分体现。他送来的不仅仅是物质资助，更是精神奖赏；送来的不仅仅是金钱，更是一份真情，一份支持，同时承载着无限的关爱和希望！

希望同学们奋发努力，刻苦奋进，树立远大理想，用优异的成绩回报杨总的深情厚谊；希望在座的各位，在2014年高考中有更多的同学获得杨发之慈善奖学金这一殊荣。

我们全体教师将带着杨总的殷切期望，勤奋工作，尽忠竭智，精心育人，再创佳绩，用实际行动和骄人的成绩感谢杨总对观高人的鞭策和鼓励！

赠人玫瑰，手有余香。衷心祝愿福缘来公司蒸蒸日上，佳绩频传；衷心祝愿杨总事业腾达，更上层楼！祝愿各位领导来宾工作顺利，身体健康！祝愿同学们学习进步，好梦成真！祝愿关心、支持观庙高中的社会各界人士家庭幸福，心想事成！对各位来宾的光临，再次表示热烈而诚挚的欢迎！

谢谢大家！

贵州省铜仁市"习酒·我的大学"公益助学活动调查报告

黄 甜 邓明静

一 引言

  教育在整个人类社会当中起着举足轻重的作用。通过设立一些教育公益基金，能够使家庭困难的学子上得起大学，重新点燃孩子们的求学信心。教育公益基金的设立，有助于教育事业不断向前发展。本次暑期学科基础实习，我们在系科研创新团队老师的指导下，结成二人调研小组，2018年8月以"习酒·我的大学"公益助学活动为调研对象，通过面谈的方式，对铜仁市碧江区相关工作人员进行采访，结合网上收集的资料，完成了本篇调研报告。

二 "习酒·我的大学"公益助学起源

  贵阳北去300余里习水县，有座十里酒城，依山傍水，这便是贵州习酒酒厂所在地。钟方达，习酒有限责任公司（以下简称习酒公司）总经理，曾是从山区走出来的大学生，还当过乡村老师，他对山里少年成长的坎坷感同身受。他说："少年智则中国智。孩子们穷且益坚，不坠青云之志。他们需要我们，也值得我们一起去关注，去帮助他们实现心中的梦想。"这是习酒公司兴起公益助学项目的出发点，也是公司"兴我习酒，奉献社会"企业精神的自然体现。几代习酒人深山创业，团结友爱，润泽乡里。2006年，习酒公司传承公益传统、承担社会责任，联合共青团贵州省委、贵州省青少年发展基金会共同创办了"习酒·我的大学"公益助学项目。从创办以来，此项公益助学活动到今年已开展了13年。该公益助学活动的助学对象主要为贵州全省各地市贫困家庭的在学子弟，后更扩充至全国各地贫困家庭的在学学生。

三 "习酒·我的大学"公益助学对象

（一）资助对象

1. 属于扶贫办建档立卡的贫困家庭子女，在享受国家及其他部门给予的各种资助或补助后，如其家庭经济情况仍特别困难的，可提出资助申请，但须提供县（市、区）扶贫办下发的贫困户卡复印件及县扶贫办出具的特殊原因须继续给予资助的证明。

2. 不属于扶贫办建档立卡的贫困家庭子女，符合下列条件的，可以提出资助申请：确实存在经济困难的农村、城镇低保家庭之子女，但须提供家庭成员的低保证复印件及县民政局出具的贫困证明；因突发疾病或灾害导致家庭返贫的子女，但须提交一份同时加盖有村委会、乡（镇）人民政府、县民政局公章的贫困证明。

（二）申请流程

1. 贵州省青少年发展基金会（以下简称省青基会）结合各地区实际情况，将资助名额分配到团市（州）委希望办，团市（州）委希望办再结合各县（市、区）的实际情况将名额分配到各县（市、区）团委，由各县（市、区）团委将资助名额、资助条件及申请受理时限等相关信息，通过各种媒介在县域范围内进行公布，同时开通咨询和举报热线，接受学生和社会的咨询和举报。

2. 贫困学生可向各县（市、区）团委自主申请，填写"习酒·我的大学"圆梦奖学金申请表，并提交其他所需的证明材料。也可在"习酒·我的大学"公益助学基金官网（http://gy.gzxijiu.com）在线填写表格，提交资助申请。在线申请需填写申请人的真实姓名、性别、联系电话、出生年月、家庭地址、籍贯、民族、高考录取学校与专业、本人身份证号、联系邮箱等信息，并点击上传本人的照片及相关证明材料，在填写完申请原因后，即可点击提交。

3. 各县（市、区）团委按照资助条件和优先次序，对提出申请的学生进行初步审核，通过走访学生家庭，核实学生家庭经济情况，遴选出本县拟资助的学生名单。该名单在团委官方网站进行公示，3天后如无人提出异议，则上报市（州）希望办审核，市（州）希望办对各县（市、区）上报名单进行审核，如无异议，汇总报省青基会复核。

4. 省青基会复核合格后，将确定最终受助学生名单提交到各市（州）委希望办。

（三）资助标准

一般情况下，每名学生一次性资助5000元。当然，也有例外（详后）。

四 "习酒·我的大学"公益助学在铜仁

此项公益活动经费是由国家财政拨款以及习酒公司赞助，在铜仁市碧江区的基金发放方式是由习酒公司把酒给共青团碧江区团委，碧江区团委通过卖酒换取资金来进行助学活动。资助对象除满足以上条件外，还要均为参加全国普通高考并被全日制二类本科高等院校以上录取的学生。只针对铜仁市碧江区各个中学的学生，每人一次性资助5000元。

共青团贵州省团委的主要职责是维护青少年的合法权益。2018年的圆梦奖学金活动由共青团碧江区委和习酒公司驻铜仁市碧江区办事处经过层层筛选、统一审核，最终确定郑梦鑫、刘江松2名学生为受助对象。我们在调查铜仁市碧江区2018年公益助学情况时，也进一步了解到对整个铜仁市的资助情况。

2012年6月19日，"2012习酒·我的大学"大型公益助学活动在铜仁市隆重举行。贵州茅台酒厂（集团）习酒有限责任公司现场向共青团铜仁市委捐赠公益助学金25万元，用于资助50名品学兼优的贫困学子完成学业。

2013年8月20日，习酒公司向铜仁市捐赠助学金50万元，资助100名品学兼优的贫困大学生完成学业。

2015年8月26日，习酒公司向铜仁市出资20余万元，资助67名贫困学子顺利进入大学。

2016年8月26日，"习酒·我的大学"公益助学活动向铜仁市出资40万元，资助贫困学生133名。

2017年8月25日，习酒公司向铜仁市发放助学款30万元，资助贫困学生60名。

2018年8月24日，习酒公司向铜仁市发放助学金30万元，资助品学兼优的贫困学生60名。

五 公益总历程

早在20世纪末期，习酒公司就开展了各种形式的公益助学活动，如捐资兴建小学，改善偏远农村小学的相关教育设施，招募应届大学生解决他们的就业问题等。后来，习酒人又开始关注少年人的成长，员工开始自发组织关注本厂职工的大学生子弟，给他们精神和物质上的鼓励。继而这种关怀逐渐扩散开来，从厂内到厂外，从习水县到贵州省，习酒公司确定了援助贫困大学生的公益项目，帮助那些有更大抱负，却也背负更大包袱的朝气人群。

2006年，"习酒·我的大学"公益助学品牌创办。习酒公司捐赠10万元，旨在关注贵州贫困山区上学难问题。

2007年，习酒公司捐赠60万元，其中20万元用于支持贵州志愿公益服务事业，40万元用于资助100名当年考上大学的品学兼优的贫困生，每人4000元。

2008年，习酒公司向四川地震灾区捐款100万元，向贵州凝冻灾区捐赠25万元。

2009年，捐资150万元，其中100万元用于资助2009年参加高考并被二本以上（含二本）大学录取的 200 名家庭特别贫困、成绩特别优异的大学生，每人 5000 元；35 万元用于继续资助在大一学年综合考察成绩优秀的 50 名优选学生：其中 40 名学生每人一次性资助 5000 元；10 名学生每人资助 15000 元（分 3 学年发放）。

2010 年，捐赠 200 万元，"习酒·我的大学"走出贵州，资助贵州、重庆、云南三地贫困学子近 400 人。

2011 年，捐资 1000 万元，资助学子近 2000 人，在全国更大范围内资助贫困学子，受助学子扩散到国内近百所知名高校，包括贵州、云南、广西、湖南、重庆、河南、山东等地。

2012 年，捐资 1500 万元，当年即资助了近 3000 名学子，并开展创业起跑线，为有创业想法的年轻人提供资金、创意等方面支持。

2013 年，由习酒公司独力出资 1200 万元，习酒全国经销商响应公益号召，共同出资 800 多万元参与当中，帮助全国包括河南、贵州、广西、四川、陕西、黑龙江、重庆、湖南、新疆、云南、西藏、山西、辽宁、甘肃、山东等在内的 25 个省市自治区的优秀贫困高中毕业生及高校在校学生。捐资 100 万成立励志奖学金，用于贵州高校社会实践活动。另外，在"4·20 雅安大地震"发生后，习酒公司率先捐出 300 万元，指定用于雅安应届高考学子上学问题，该笔专项助学金被归入 2013 年"习酒·我的大学"大型公益助学活动中，活动助学金也由原定的 2000 万元增加到 2300 万元。

2014 年，尽管行业遭遇最严峻考验，但是习酒公司坚持公益理念，捐资 1000 万元，资助 1787 名贫困学子。

2015 年，公司发展进入调整期，依然坚持承担社会责任，捐资 500 万元，资助学子 1207 名。

2016 年，"习酒·我的大学"在贵州、河南等地捐资 600 万元，资助 2016 级高考学子，并在贵州高校组织了"习酒·我的大学公益创业实践大赛"，提供价值 380 万元的习酒给贵州省 30 个创业实践团队。

2017 年，习酒公司捐资 760 万元，帮助 1370 名贫困学子圆梦大学。

2018 年，习酒公司向贵州省青基会捐赠 760 万元，资助 1466 名学子。

十多年以来，善意有了一个公开、便捷的传递渠道。手持大学录取通知书的困难学子，可得到5000元的援助，这实实在在地吹去了众多困难家庭的愁云。另外，在抗震救灾等活动中，习酒也不遗余力，先后捐赠了共计1000万元。

13个春秋，善行影响与日俱增。今天的"习酒·我的大学"已发展为集公益助学、励志奖学金、创业扶持等多个项目为一体的公益品牌体系。爱心泽被，独木成林，习酒的公益梦想正慢慢变成现实。

多年的公益活动，使得习酒公司感召了更多的人参与其中。2013年，网易、凤凰网、永达传媒、时代风尚等合作伙伴便在成都现场捐赠了134万元，加入该助学公益活动，共同帮助贫寒学子完成大学梦想。

六　结语

通过本次调研，我们获知"习酒·我的大学"已经成为行业乃至社会的公益品牌榜样。从2006年开展"习酒·我的大学"大型主题公益助学活动以来，至2018年，该公益助学项目从贵州出发，逐步迈向全国，13年间足迹遍布全国25个省份，累计发放助学金9000多万元，受助学子累计达到20000多名。这项公益助学活动帮助更多寒窗学子读完大学，有动力读好大学，有条件参与创业。习酒的公益助学活动没有拘于条件的限制，单纯地进行物质援助，它不断寻找更加合适的方式，把善意和爱心传递出去。这就是习酒的丰富公益内涵所在。

艰辛知人生，实践长才干。这次短暂的学科基础实习，也让本调研小组的成员对公益教育基金的内涵有了更为深刻的认识。

附录 1　申请表

2018 "习酒·我的大学" 圆梦奖学金申请表

姓名		性别		政治面貌		照片
民族		籍贯		出生年月		
身份证号				健康情况		
高中毕业学校				科别		
业余爱好				QQ 号码		
曾获荣誉、奖励						
准考证号				高考成绩		
录取院校				专业		
家庭地址				联系电话		
家庭主要成员及基本情况						
申请理由	申请人签名：　　年　月　日 （注：学生本人如实填写，可另附材料）					
当地意见（社区、乡/镇/村等基层）意见						
团县（市、区）委、习酒公司驻各县（市、区）办事处意见	年　月　日					

附录2 2017年贵州省助学名单（男生286人，女生444人）

姓名	性别	地区	录取学校
肖金余	男	黔西南州	贵州工程应用技术学院
李　锐	男	黔西南州	南京信息工程大学
岑　婷	女	黔西南州	贵州师范大学
罗发斌	男	黔西南州	海军工程大学
罗金美	女	黔西南州	凯里学院
何勇方	男	黔西南州	汉口学院
冯芯叶	女	黔西南州	湖南中医药大学
罗　帅	男	黔西南州	湖南衡阳师范学院南岳学院
涂光品	男	黔西南州	贵州省师范大学求是学院
杜友益	男	黔西南州	南京理科大学泰州科技学院
孙庆磊	男	黔西南州	江西理工大学
张吉莲	女	黔西南州	中华女子学院
王安跃	男	黔西南州	遵义医学院
程　鸯	女	黔西南州	贵州民族大学
贝永双	男	黔西南州	凯里学院
文　川	男	黔西南州	贵州民族大学
何治郎	男	黔西南州	北京科技大学
陈靖霖	男	黔西南州	贵州理工学院
阳章锦	男	黔西南州	贵州民族大学
张海萍	女	黔西南州	贵州医科大学
杨姗姗	女	黔西南州	海南师范大学
王功丽	女	黔西南州	贵州大学
黄吉年	男	黔西南州	重庆工商大学
易忠沈	男	黔西南州	北京交通大学
王国建	男	黔西南州	华中农业大学
何祖洋	男	黔西南州	西南大学
岑福兰	女	黔西南州	南京师范大学
包德翠	女	黔西南州	上海立信会计金融学院

续表

姓名	性别	地区	录取学校
梁龙彩	女	黔西南州	重庆交通大学
黄德奕	女	黔西南州	东华大学
潘国焕	女	黔西南州	贵州民族大学人文科技学院
朱婷婷	女	黔西南州	广西师范大学
夏春艳	女	黔西南州	武汉理工大学
罗阳雪	女	黔西南州	兰州大学
杨序德	男	黔西南州	贵州大学
王忠策	男	黔西南州	茅台学院
张永馨	女	黔西南州	岭南师范学院
韦　明	男	黔西南州	贵州大学
王登桃	女	黔西南州	贵州财经大学
骆仕超	女	黔西南州	济南大学泉城学院
卢　万	男	黔西南州	四川大学
马梅梅	女	黔西南州	天津城建大学
王元川	男	黔西南州	贵州商学院
周仕鑫	女	黔西南州	遵义医学院
罗荣焕	女	黔西南州	贵州师范大学
韦邦花	女	黔西南州	贵州医科大学
马　静	女	黔西南州	福建农林大学
柏　柯	男	黔西南州	东南大学
陈玉飞	男	黔西南州	内蒙古科技大学
李　桃	女	黔西南州	闽南师范大学
周官富	男	黔西南州	贵州大学
李选亮	男	黔西南州	贵州民族大学（民族班）
龚官和	女	黔西南州	南京审计大学
翟　燕	女	黔西南州	贵州民族大学
娄孝坤	男	黔西南州	湖南城市学院
王振灿	女	黔西南州	龙岩学院
张　强	男	黔西南州	北京建筑大学
罗道迎	女	黔西南州	南京财经大学
杜友发	男	黔西南州	贵州大学

续表

姓名	性别	地区	录取学校
邓正秀	女	黔西南州	贵州师范大学求是学院
何 港	男	黔南州	贵州工程应用技术学院
庞开荣	男	黔南州	长春工业大学
杨海菜	女	黔南州	贵州民族大学
石云朗	男	黔南州	贵州大学
陈 龙	男	黔南州	西北农林科技大学
陆广祝	女	黔南州	重庆大学
徐海燕	女	黔南州	凯里学院（民族班）
李秋琳	女	黔南州	贵州大学科技学院
宋延英	女	黔南州	贵州师范大学
周举合	男	黔南州	河北工程大学
卢成鑫	男	黔南州	吉林建筑大学
吴启萍	女	黔南州	西南财经大学
周 获	男	黔南州	南昌航空大学
文博涵	男	黔南州	上海电机学院
陆晓彤	女	黔南州	上海商学院
赵颖一	女	黔南州	武汉体育学院
李筹著	男	黔南州	天津大学
杨媛媛	女	黔南州	南京信息工程大学
曾帝邦	男	黔南州	贵州理工学院
严忠灵	女	黔南州	丽水学院
曹品璇	女	黔南州	广东医科大学
彭冰冰	女	黔南州	复旦大学
何江杰	男	黔南州	中国科学技术大学
马 静	女	黔南州	山西省吕梁学院
许品婷	女	黔南州	上海第二工业大学
王小丽	女	黔南州	贵州财经大学
卢昌莲	女	黔南州	四川农业大学
熊佳佳	女	黔南州	江南大学
韦东强	男	黔南州	贵州大学明德学院
李 燕	女	黔南州	贵阳学院

续表

姓名	性别	地区	录取学校
梁小靖	女	黔南州	南京中医药大学
蒙慧	女	黔南州	复旦大学
许明弘	女	黔南州	河北工程大学科信学院
陶娲	女	黔南州	贵州大学明德学院
潘红庆	男	黔南州	江西服装学院
潘晓曼	女	黔南州	四川农业大学
覃国强	男	黔南州	西北农林科技大学
莫生凯	男	黔南州	哈尔滨工业大学
陈文霞	女	黔南州	西南大学
石加富	男	黔南州	北方民族大学
黄照金	女	黔南州	贵州大学
梅启银	女	黔南州	湖州师范学院
何娇娇	女	黔南州	贵州医科大学
陈开能	男	黔南州	贵州财经大学
韦堂芬	女	黔南州	泉州师范学院
王帮羊	女	黔南州	贵州医科大学
任仕兰	女	黔南州	遵义医学院
花王星	男	黔南州	贵州财经大学
杨莎琴	女	黔南州	贵州大学
罗德坤	男	黔南州	西南民族大学
王洪兵	男	黔南州	贵州大学
秦明凯	男	黔南州	佳木斯大学
王文耀	男	黔南州	电子科技大学
刘时微	女	黔南州	四川农业大学
刘金颖	女	黔南州	四川外国语大学成都学院
田绍杨	男	黔南州	大连大学
廖福莉	女	黔南州	北京大学
赵庆玲	女	黔南州	天津城建大学
谈福云	女	黔南州	南京医科大学
韦小滔	女	黔南州	安徽财经大学
黄同柠	男	黔东南州	合肥工业大学

续表

姓名	性别	地区	录取学校
刘小鹏	男	黔东南州	贵州大学
龚卫安	男	黔东南州	贵州大学
熊荣康	男	黔东南州	贵州民族大学
杨金玉	女	黔东南州	湖北民族学院
杨胜英	女	黔东南州	天津外国语大学
王焕义	男	黔东南州	贵州大学
李小花	女	黔东南州	天津科技大学
杨世敏	女	黔东南州	贵州师范学院
杨明仁	男	黔东南州	北京交通大学
韦金花	女	黔东南州	贵州民族大学
罗文雯	女	黔东南州	贵州大学
姚敦带	女	黔东南州	贵阳学院
吴征民	男	黔东南州	贵州大学
石将辉	男	黔东南州	四川大学
吴世全	男	黔东南州	贵州大学
龙光辉	男	黔东南州	中国矿业大学
吴玉交	女	黔东南州	西南大学
吴晓银	男	黔东南州	贵州大学
吴荣第	男	黔东南州	贵阳学院
高雨琪	女	黔东南州	贵州师范大学
吴杨洋	男	黔东南州	贵州师范大学
吴 霞	女	黔东南州	安顺学院（民族班）
欧阳文武	男	黔东南州	烟台大学
欧小冰	男	黔东南州	南京邮电大学
石菊昌	女	黔东南州	贵州民族大学
杨承昌	男	黔东南州	中国科学技术大学
袁丽君	女	黔东南州	六盘水师范学院
杨裕尧	男	黔东南州	贵州大学
潘盛洪	男	黔东南州	兴义民族师范学院
杨 娟	女	黔东南州	凯里学院
杨 兰	女	黔东南州	南京审计大学

续表

姓名	性别	地区	录取学校
杨昱暄	女	黔东南州	山东农业大学
石胜梅	女	黔东南州	华侨大学
潘雨飘	女	黔东南州	武汉大学
胡尤佳	女	黔东南州	陕西师范大学
胡莺	女	黔东南州	东北林业大学
吴玉屏	女	黔东南州	贵州师范大学
冯伟	男	黔东南州	贵州医科大学
周梅英	女	黔东南州	闽南师范大学
王云贵	男	黔东南州	贵州大学
唐先玲	女	黔东南州	上海第二工业大学
张芝珊	女	黔东南州	武汉纺织大学
吴帮兰	女	黔东南州	贵州民族大学
王廷兰	女	黔东南州	贵州师范大学
杨春兰	女	黔东南州	华侨大学
沈秋明	女	黔东南州	中国药科大学
周鑫林	男	黔东南州	贵州大学
聂登琴	女	黔东南州	贵州师范学院
龙云	女	黔东南州	海南热带海洋学院
李佳凤	女	黔东南州	贵州民族大学
龙小明	男	黔东南州	荆楚理工学院
刘秀兰	女	黔东南州	湖南大学
王小娇	女	黔东南州	凯里学院
金邦会	女	黔东南州	凯里学院
龙晓英	女	黔东南州	贵阳中医学院
李想	男	黔东南州	长春工业大学
张志远	女	黔东南州	铜仁学院
顾姮	女	黔东南州	黑河学院
梁贤	女	黔东南州	哈尔滨商业大学
龙秀珍	女	铜仁市	遵义医学院珠海校区
陈华芳	女	铜仁市	贵州大学
田晴	女	铜仁市	遵义医学院

续表

姓名	性别	地区	录取学校
吴忠卫	男	铜仁市	铜仁学院
吴 莹	女	铜仁市	上海海事大学
石 琪	女	铜仁市	贵州师范大学
龙 锋	男	铜仁市	东北大学
冉 妮	女	铜仁市	贵州师范学院
田 露	女	铜仁市	海南师范大学
樊林敏	女	铜仁市	武汉大学
刘建霖	男	铜仁市	南京农业大学
田 鑫	男	铜仁市	贵州大学
严 欢	女	铜仁市	哈尔滨师范大学
田 豪	男	铜仁市	兴义民族师范学院
田荷叶	女	铜仁市	贵州大学科技学院
冉芳林	男	铜仁市	贵州大学
冯 帅	男	铜仁市	贵州理工学院
涂青松	男	铜仁市	东北大学
陈 晨	女	铜仁市	温州医科大学
李 彦	男	铜仁市	中央财经大学
杜鹭鹭	女	铜仁市	南京航空大学
张青青	女	铜仁市	贵州大学
田浩文	男	铜仁市	贵州大学
张小霞	女	铜仁市	西南医科大学
何海新	女	铜仁市	上海财经大学
肖艳旭	女	铜仁市	贵州民族大学
涂露瑶	女	铜仁市	贵阳中医学院
张明会	男	铜仁市	贵州理工学院
丁 丽	女	铜仁市	贵州工程应用技术学院
张 杰	男	铜仁市	西南交通大学
张 颖	女	铜仁市	清华大学
汪虎成	男	铜仁市	华东交通大学理工学院
简颖惠	女	铜仁市	沈阳农业大学
汪洪霜	女	铜仁市	贵州师范大学求是学院

续表

姓名	性别	地区	录取学校
花　穗	女	铜仁市	铜仁学院
何俊仙	女	铜仁市	西北民族大学
李文清	女	铜仁市	苏州大学
田旭斌	男	铜仁市	贵州大学
申贵云	男	铜仁市	贵州大学
叶治东	男	铜仁市	北京中医药大学
王纯洁	男	铜仁市	中央司法警官学校
杨光彩	女	铜仁市	贵州财经大学商务学院
吴露梅	女	铜仁市	贵州大学
谭凤琴	女	铜仁市	遵义医学院珠海校区
黄智勤	女	铜仁市	贵阳学院
罗　滕	女	铜仁市	西北民族大学
姚栋瀚	男	铜仁市	贵州大学
杨小红	女	铜仁市	集宁师范学院
李　倩	女	铜仁市	西北师范大学
刘飞杨	男	铜仁市	大连民族大学
杨振华	男	铜仁市	衢州学院
张益飞	男	铜仁市	湖北文理学院
苏敏敏	女	铜仁市	贵阳学院
万　勇	男	铜仁市	中山大学
王　菲	男	铜仁市	中国农业大学
侯雪梅	女	铜仁市	湖北工业大学
何　飞	男	铜仁市	北京化工大学
滕　鹏	男	铜仁市	安徽工业大学
何通琴	女	铜仁市	贵阳中医学院
张　晨	男	铜仁市	天津工业大学
余晓灵	女	毕节市	江西应用科技学院
李　苇	女	毕节市	贵州民族大学
舒浴雅	女	毕节市	遵义医学院
舒　甫	男	毕节市	南开大学
王　艳	女	毕节市	山东农业大学

续表

姓名	性别	地区	录取学校
石宝万	男	毕节市	贵州民族大学
周雨秋	女	毕节市	中南民族大学
汤　旭	女	毕节市	贵州师范大学
汤旭利	女	毕节市	贵州民族大学
彭　芸	女	毕节市	山东理工大学
聂　玥	女	毕节市	贵州大学
毛守城	男	毕节市	北京大学
聂容棋	女	毕节市	天津商业大学
龙生浩	男	毕节市	贵州师范学院
温　刚	男	毕节市	桂林理工大学
杨　欢	女	毕节市	贵州师范学院
陈琴琴	男	毕节市	天津职业技术师范大学
樊海鑫	男	毕节市	遵义医学院
李　梅	女	毕节市	贵州财经大学
杨小萍	女	毕节市	重庆第二师范学院
江会增	女	毕节市	北京中医药大学
项　芮	女	毕节市	贵州民族大学人文科技学院
刘　容	女	毕节市	贵州大学
刘　相	女	毕节市	贵州民族大学
文　阳	男	毕节市	西南民族大学
邓才香	女	毕节市	贵州工程应用技术学院
崔　雷	男	毕节市	重庆师范大学涉外商贸学院
周沛统	男	毕节市	海南大学
袁月心	女	毕节市	贵州工程应用技术学院
周前进	男	毕节市	贵阳中医学院
卢　芳	女	毕节市	贵州工程应用技术学院
宋俊涛	男	毕节市	北京航空航天大学
唐崧荀	男	毕节市	遵义医学院
张晓锋	男	毕节市	淮阴师范学院
王金杰	男	毕节市	东南大学
郭　娅	女	毕节市	贵州医科大学

续表

姓名	性别	地区	录取学校
龙小艳	女	毕节市	贵州医科大学
邹代凤	女	毕节市	贵州民族大学
郭真方	男	毕节市	南开大学
任汝刚	男	毕节市	黔南民族师范学院
胡雍友	男	毕节市	贵州理工学院
邹　倩	女	毕节市	北京信息科技大学
孙国萍	女	毕节市	茅台学院
孙　雪	女	毕节市	贵州医科大学神奇民族医药学院
张世壹	男	毕节市	西安财经学院
张　琴	女	毕节市	西华大学
李国林	男	毕节市	延边大学
查　江	女	毕节市	贵州医科大学
马明金	男	毕节市	贵州大学民德学院
彭　倩	女	毕节市	贵州工程应用技术学院
杨　雪	女	毕节市	贵阳中医学院
高雨蝶	女	毕节市	贵州财经大学
黄　萌	女	毕节市	天津财经大学
熊　玲	女	毕节市	贵州师范大学
刘　梅	女	毕节市	贵州工程应用技术学院
徐　雪	女	毕节市	贵州师范学院
罗　欢	女	毕节市	贵州大学
龙　浩	男	毕节市	东北电力大学
陈绍鹏	男	毕节市	上海交通大学
周乃杰	男	毕节市	西北工业大学
伍黄梅	女	安顺市	南京工程学院
李　霞	女	安顺市	贵阳中医学院
雷春海	男	安顺市	上海应用技术大学
高　霞	女	安顺市	贵阳学院
汪　玉	女	安顺市	贵州师范大学
齐子微	女	安顺市	贵阳中医学院
吴管吉	男	安顺市	贵州大学

续表

姓名	性别	地区	录取学校
田丹	女	安顺市	贵州工程应用技术学院
王国消	女	安顺市	贵州师范大学
贺茂丹	女	安顺市	贵州财经大学
金文芬	女	安顺市	北京信息科技大学
张小凤	男	安顺市	河南农业大学
吴牧秀	男	安顺市	安顺学院
王泽买	女	安顺市	重庆理工大学
韦小梦	男	安顺市	贵州工程应用技术学院
杨婷	女	安顺市	贵州师范大学
韦仕香	男	安顺市	河南科技大学
艾德超	女	安顺市	北海艺术设计学院
蔺心蒙	女	安顺市	贵州大学明德学院
郑焕琴	女	安顺市	西安体育学院
黄紫茜	女	安顺市	湖北文理学院理工学院
高忠建	男	安顺市	贵州民族大学人文科技学院
蔡芳	女	安顺市	贵州大学
王连连	女	安顺市	遵义医学院医学与科技学院
王天戏	女	安顺市	西南政法大学
王倩倩	女	安顺市	四川农业大学
王温	女	安顺市	武汉轻工大学
王二妹	女	安顺市	武汉科技大学
陈曼	男	安顺市	贵州大学明德学院
孙伟	女	安顺市	贵阳学院
王希闲	男	安顺市	常州大学怀德学院
潘继刚	女	安顺市	北京联合大学
方国菁	男	安顺市	莆田学院
郑惜惜	女	安顺市	贵州师范大学求是学院
杨卫	男	安顺市	天津大学
黄小柳	女	安顺市	龙岩学院
李祚龙	男	安顺市	贵州大学
陈馨	女	安顺市	上海电力学院

续表

姓名	性别	地区	录取学校
张　振	男	安顺市	贵州财经大学
徐　慧	女	安顺市	贵州师范学院
许雪飞	女	安顺市	吉林农业大学
丁盛平	男	安顺市	江苏第二师范学院
邹桌顺	男	安顺市	贵州商学院
邹小玉	女	安顺市	昆明学院
董假若	女	安顺市	西北农林科技大学
刘　欢	男	安顺市	贵州大学
杨文艺	女	安顺市	德州学院
李书倩	女	安顺市	遵义医学院
刘　杏	女	安顺市	常州工学院
伍枭枭	男	安顺市	贵州大学
叶小壮	男	安顺市	黑龙江科技大学
方志豪	女	安顺市	重庆师范大学
徐忠婷	女	安顺市	营口理工学院
张秘蜜	女	安顺市	江南大学
郭　曼	男	安顺市	天津科技大学
柏贵航	女	安顺市	江西科技师范大学理工学院
温　安	女	安顺市	曲阜师范大学
高志煜	男	安顺市	东南大学
郑莉君	女	安顺市	遵义医学院
杨　刊	女	安顺市	复旦大学医学院
杨　丹	女	六盘水市	江南大学
周　涛	男	六盘水市	南京工业大学
苏永海	男	六盘水市	南京师范大学
王　杰	男	六盘水市	北京化工大学
陈兴付	男	六盘水市	武汉工程大学
吴正政	男	六盘水市	南京大学
陈永平	男	六盘水市	贵州民族大学
孙荣宇	男	六盘水市	西南大学
潘定祥	男	六盘水市	天津财经大学

续表

姓名	性别	地区	录取学校
罗　静	女	六盘水市	黑龙江大学
陈　甜	女	六盘水市	贵州大学
蒋　圣	男	六盘水市	贵州理工学院
冷文波	男	六盘水市	天津工业大学
李华华	男	六盘水市	浙江财经大学
张　林	女	六盘水市	贵州师范学院
李世民	男	六盘水市	上海海洋大学
李碑云	女	六盘水市	武昌首义学院
陈　娟	女	六盘水市	常州大学
黄继敏	女	六盘水市	贵州师范学院
牛　江	男	六盘水市	莆田学院
周建鹏	男	六盘水市	贵州理工学院
余梦碧	女	六盘水市	贵州师范学院
陶欢欢	女	六盘水市	天津大学
杨　腾	男	六盘水市	遵义师范学院
陈　旭	男	六盘水市	兴义民族师范学院
许木兰	女	六盘水市	海南大学
邓献波	男	六盘水市	齐齐哈尔大学
张奎云	女	六盘水市	贵州民族大学
邓献兰	女	六盘水市	辽宁大学
王　帅	男	六盘水市	贵州医科大学
肖值跃	男	六盘水市	吉林农业大学
方　回	男	六盘水市	贵州医科大学
方成照	男	六盘水市	六盘水师范学院
陈政耳	男	六盘水市	贵州民族大学
吕道云	女	六盘水市	贵州大学科技学校
张　露	女	六盘水市	贵州民族大学人文科技学院
王玉磊	男	六盘水市	浙江大学
汤春梅	女	六盘水市	贵州大学
李小青	女	六盘水市	贵州大学
袁　桃	女	六盘水市	遵义医学院

续表

姓名	性别	地区	录取学校
余 算	女	六盘水市	贵州医科大学
廖梦珍	女	六盘水市	贵州大大学
杜绍帆	男	六盘水市	哈尔滨理工大学
李云梅	女	六盘水市	铜仁学院
苏方方	男	六盘水市	南京工业大学
李金敏	女	六盘水市	贵州大学
赵建雄	男	六盘水市	贵州医科大学
谢 伟	男	六盘水市	天津大学
张 优	女	六盘水市	贵州民族大学人文科技学院
张 飘	女	六盘水市	遵义医学院
彭 丽	女	六盘水市	遵义医学院医学与科技学院
杨 创	男	六盘水市	华中科技大学
陈旺旺	女	六盘水市	沈阳医学院
伍韦敏	女	六盘水市	湖南城市学院
饶 丹	女	六盘水市	齐齐哈尔医学院
汪朝虎	男	六盘水市	内蒙古大学
付 祥	男	六盘水市	贵州师范大学求是学院
罗粉菊	女	六盘水市	西南大学
刘小敏	女	六盘水市	安顺学院
代美锦	女	六盘水市	贵州师范学院
黄佳玲	女	遵义市	贵州医科大学神奇学院
陈丹丹	女	遵义市	贵州民族大学
罗 瑶	女	遵义市	杭州师范大学钱江学院
张 艳	女	遵义市	上海外国语大学贤达经济人文学院
杨国一	男	遵义市	贵州财经大学商务学院
陈 涛	男	遵义市	贵州大学明德学院
袁章柱	男	遵义市	南阳师范学院
王 麟	男	遵义市	山东农业工程学院
王敏聪	男	遵义市	贵州师范大学
陈佳丽	女	遵义市	淮阴师范学院
袁涛平	男	遵义市	贵州商学院

续表

姓名	性别	地区	录取学校
朱 海	男	遵义市	贵州民族大学
刘 星	男	遵义市	贵州师范学院
陈 禹	女	遵义市	安顺学院
袁 燕	女	遵义市	贵阳中医学院
刘 磊	男	遵义市	遵义师范学院
雷洪飞	男	遵义市	贵阳学院
马 智	男	遵义市	湖北工程学院
任竹佳	女	遵义市	贵阳中医学院
汪 肖	男	遵义市	贵阳学院
刘小英	女	遵义市	贵州医科大学
赵方会	女	遵义市	贵州民族大学
杨雄宇	男	遵义市	湖南城市学院
马勇飞	男	遵义市	贵州医科大学
曾 煜	女	遵义市	天津商业大学
袁 伟	男	遵义市	厦门医学院
袁 燕	女	遵义市	贵州财经大学
袁红爱	女	遵义市	贵州财经大学
黄琼莹	女	遵义市	贵州师范大学（中外合作办学）
陈月霞	女	遵义市	海口经济学院
王 杰	男	遵义市	成都工业学院
梁 竺	女	遵义市	贵州医科大学
杨丹黎	女	遵义市	贵州民族大学人文科技学院
颜云昌	男	遵义市	贵州财经大学
何淋莉	女	遵义市	贵州医科大学
马斗群	女	遵义市	贵州民族大学人文科技学院
万小燕	女	遵义市	贵州民族大学人文科技学院
杨俊先	女	遵义市	贵州财经大学
范 爽	男	遵义市	四川工业大学
吴 帅	男	遵义市	上海第二工业大学
吴 丹	女	遵义市	贵州大学科技学院
陈 锐	男	遵义市	上海第二工业大学

续表

姓名	性别	地区	录取学校
李媛媛	女	遵义市	贵州财经大学
欧 梅	女	遵义市	浙江海洋大学东海科学技术学院
陆 鹏	男	遵义市	贵州财经大学
汪明霞	女	遵义市	贵州财经大学商务学院
陆冰道	女	遵义市	贵州财经大学商务学院
陈林萍	女	遵义市	贵州财经大学
张万里	男	遵义市	江苏科技大学
张华飞	男	遵义市	贵州大学
黄耀帮	男	遵义市	贵州财经大学
朱 旭	男	遵义市	兰州理工大学
胡王芬	女	遵义市	贵州大学
胡 婷	女	遵义市	大连大学
丁婕婕	女	遵义市	集美大学
袁小伟	男	遵义市	贵州大学
简海誉	女	遵义市	贵州大学
陆修勤	女	遵义市	武汉纺织大学
王 珊	男	遵义市	贵州大学
范 琼	女	遵义市	六盘水师范学院
彭 燕	女	遵义市	凯里学院
冯桂花	女	遵义市	湖南科技学院
刘小凤	女	遵义市	凯里学院
赵小飞	男	遵义市	贵阳学院
刘 钰	女	遵义市	贵州医科大学
陈利梅	女	遵义市	贵阳中医学院
李东栩	女	遵义市	重庆科技学院
邹小宇	男	遵义市	贵州大学
钱志航	男	遵义市	南京工业大学
何 攀	男	遵义市	贵州大学
罗小敏	女	遵义市	遵义师范学院
范钰虹	女	遵义市	贵州师范大学
叶 峰	男	遵义市	贵州民族大学人文科技学院

续表

姓名	性别	地区	录取学校
陈红元	男	遵义市	中国人民公安大学团河校区
赵宁宁	男	遵义市	西南医科大学
熊涛	女	遵义市	盐城师范学院
丁庆	男	遵义市	南京邮电大学
杨建	男	遵义市	中国地质大学
辛泰宇	男	遵义市	武汉理工大学
杨伟会	女	遵义市	贵州财经大学
赵玉连	女	遵义市	贵州财经大学
刘露瑶	女	遵义市	郑州大学
杨碧	男	遵义市	山东理工大学
王裕华	女	遵义市	上海商学院
吴粤婷	女	遵义市	中央民族大学
何青松	男	遵义市	深圳大学
陆小绿	女	遵义市	贵州师范大学
李建	男	遵义市	中南大学
焦永莉	女	遵义市	贵州大学
钟丽莎	女	遵义市	重庆大学
蔡玉珍	女	遵义市	华中师范大学
张丽丽	女	遵义市	南京信息工程大学
曾苏苏	女	遵义市	贵州大学
王梅	女	遵义市	贵州大学
陈媛媛	女	遵义市	四川大学
刘俊	男	遵义市	贵州师范大学
周雪梅	女	遵义市	浙江师范大学
刘冬梅	女	遵义市	南方医科大学
袁辉	女	遵义市	河海大学
袁会	女	遵义市	华东政治大学
李兆麒	男	遵义市	贵州大学
陈梅	女	遵义市	北方民族大学
张丹	女	遵义市	贵州医科大学
张慧玲	女	遵义市	遵义师范学院

续表

姓名	性别	地区	录取学校
杨 雪	女	遵义市	遵义师范学院
张 旭	女	遵义市	贵阳中医学院
殷 康	男	遵义市	贵州理工学院
韦勤群	女	遵义市	宿迁学院
肖 垚	女	遵义市	贵州师范学院
庞 丹	女	遵义市	贵州大学
雷 鑫	男	遵义市	长安大学
周 栀	男	遵义市	华北科技学院
梁 平	男	遵义市	凯里学院
张 窈	女	遵义市	贵州师范大学求是学院
宋玲玲	女	遵义市	遵义师范学院
冯彬欣	女	遵义市	浙江大学
王 灿	女	遵义市	湖北大学
景源源	女	遵义市	江汉大学
张 迅	男	遵义市	兰州大学
朱 立	男	遵义市	天津医科大学
周 旭	男	遵义市	贵阳中医学院
江 跃	女	遵义市	西安培华学院
赵 玲	女	遵义市	安顺学院
杨腾飞	男	遵义市	西北工业大学航空学院
王 懿	女	遵义市	华东师范大学
胡艳娇	女	遵义市	贵州医科大学
陈 川	男	遵义市	铜仁学院
殷 红	男	遵义市	贵州大学
邓 霞	女	遵义市	贵州民族大学
陈 兵	男	遵义市	黑龙江八一农垦大学
张倩倩	女	遵义市	遵义师范大学
李 涛	男	遵义市	贵州大学
传 琴	女	遵义市	贵州民族大学人文科技学院
张前英	女	遵义市	贵州师范大学
李 璇	女	遵义市	凯里学院

续表

姓名	性别	地区	录取学校
周　姚	女	遵义市	洛阳师范学院
韩远勤	女	遵义市	沈阳师范大学
何俊攀	男	遵义市	浙江大学
胡　康	男	遵义市	中国人民大学
简　易	男	遵义市	湖南中医药大学
梁　陈	女	遵义市	南昌大学
杨昭华	男	遵义市	北京交通大学
王　敏	女	遵义市	贵州师范大学
郑祥丽	女	遵义市	武汉商学院
王　平	男	遵义市	遵义医学院
董腾飞	男	遵义市	沈阳农业大学
李继会	女	遵义市	贵州师范学院
罗前冬	男	遵义市	山东建筑大学
税火强	男	遵义市	安顺学院
李田梅	女	遵义市	西华大学
穆会仁	女	遵义市	兰州大学
徐林波	男	遵义市	贵州医科大学
何泰鑫	男	遵义市	贵州理工学院
朱　敏	女	遵义市	贵州师范大学
袁鹏钧	男	遵义市	武汉科技大学城市学院
陈玉容	女	遵义市	贵阳中医学院
罗　炜	男	遵义市	贵州大学明德学院
赵　沁	女	遵义市	辽宁锦川医科大学医疗学院
张中英	女	遵义市	贵州财经大学
袁　烨	女	遵义市	苏州科技大学
李　军	男	遵义市	上海理工大学
何　颖	女	遵义市	贵州财经大学
杨小洪	男	遵义市	贵州医科大学
李　游	女	遵义市	海口经济学院
袁仕勤	女	遵义市	东北林业大学
杨　淋	女	遵义市	山东中医药大学

续表

姓名	性别	地区	录取学校
唐尚丽	女	遵义市	贵州财经大学
姜栓栓	女	遵义市	贵州民族大学
龚　丽	女	遵义市	苏州大学应用技术学院
雷清清	女	遵义市	潍坊学院
裴贤红	女	遵义市	齐齐哈尔大学
张承灏	男	遵义市	南京邮电大学
曾德勤	女	遵义市	贵州财经大学
罗跃钦	男	遵义市	贵州大学
梁峻宁	男	遵义市	潍坊学院
王小玲	女	遵义市	河南大学
张由健	男	遵义市	福建工程学院
胡青青	女	遵义市	盐城师范学院
刘　霞	女	遵义市	贵阳中医学院
黄　兰	女	遵义市	贵州财经大学
张　涛	男	遵义市	贵州大学
肖　雨	女	遵义市	贵州财经大学
赖绍秋	女	遵义市	佳木斯大学
官世钰	女	遵义市	榆林学院
刘　鸿	女	遵义市	安顺学院
李春银	女	遵义市	常熟理工学院
王园园	女	遵义市	湖北大学知行学院
陈炫金	女	遵义市	西安欧亚学院
张瑞琦	女	遵义市	重庆工商大学
段钰洁	女	遵义市	泉州师范学院
夏宇欣	男	遵义市	贵州大学
赖　林	男	遵义市	重庆科技大学
易　茂	女	遵义市	东北农业大学
沈　杰	男	遵义市	贵阳中医学院
余　奎	男	遵义市	贵州大学
陈雨柯	女	遵义市	武汉理工大学
方　华	男	遵义市	广东工业大学

续表

姓名	性别	地区	录取学校
胡江涛	男	遵义市	哈尔滨工业大学
邓丽珠	女	遵义市	贵州大学明德学院
孙 燕	女	遵义市	贵阳学院
韦 益	女	遵义市	长春理工大学
胡宇柔	女	遵义市	南通大学
代肖红	女	遵义市	贵州大学明德学院
湛青平	女	遵义市	广州医科大学
文冰冰	女	遵义市	天津外国语大学
杨 念	男	遵义市	海南大学
肖珍霞	女	遵义市	贵州师范学院
田淑丽	女	遵义市	大连民族大学
邹加兵	男	遵义市	遵义医学院
邹智力	男	遵义市	上海海事大学
吴宗桃	女	遵义市	遵义医学院
陈丹丹	女	遵义市	沈阳农业大学
王晓杰	男	遵义市	常熟理工学院
廖鸿昊	男	遵义市	东北石油大学
韩 豪	男	遵义市	上海商学院
田 苗	女	遵义市	贵州大学
熊 辉	男	遵义市	中原工学院
夏胡艳	女	遵义市	贵阳中医学院
欧家林	男	遵义市	北方民族大学
肖 丹	女	遵义市	贵州大学
杨 鹏	男	遵义市	吉林农业科技学院
邓国卫	女	遵义市	贵州医科大学
罗 伟	男	遵义市	遵义医学院
徐盈盈	女	遵义市	贵州大学
王 娅	女	遵义市	安顺学院
余娇娇	女	遵义市	贵阳学院
肖 丽	女	遵义市	贵阳中医学院
陈 姝	女	遵义市	贵州财经大学

续表

姓名	性别	地区	录取学校
谢宇	女	遵义市	贵州民族大学
李月	女	遵义市	福州大学
龚会	女	遵义市	贵州大学
王吉林	男	遵义市	贵州师范学院
杨倩	女	遵义市	贵州大学
谢林君	女	遵义市	福建师范大学
王芳芳	女	遵义市	吉林农业科技学院
欧阳胜男	女	遵义市	遵义师范学院
杨萌	女	遵义市	南京大学金陵学院
李寿莹	女	遵义市	西南大学
李太凤	女	遵义市	贵州医科大学神奇民族医药学院
潘毕刚	男	遵义市	湖南文理学院
杨文亚	女	遵义市	上海电机学院
代新	男	遵义市	重庆邮电大学
秦朝燕	女	遵义市	遵义医学院
吴颖	女	遵义市	上海交通大学
宴卯	男	遵义市	山东大学
左玉霞	女	遵义市	贵州财经大学
陈永友	男	遵义市	浙江工业大学
赵友恒	男	遵义市	茅台学院
王秀月	女	遵义市	上海政法学院
李姗鸿	女	遵义市	贵州师范大学
代凤娇	女	贵阳市	河南工学院
曾凡燕	女	贵阳市	吉林华侨外国语学院
李瑶	女	贵阳市	贵阳中医学院
陈倩	女	贵阳市	营口理工学院
陈一帆	男	贵阳市	天津农学院
杨丹	女	贵阳市	福建师范大学
宋文霞	女	贵阳市	天津师范大学
李文雨	女	贵阳市	贵州财经大学
刘启辰	男	贵阳市	上海理工大学

续表

姓名	性别	地区	录取学校
罗亚	女	贵阳市	贵州大学明德学院
杨健	男	贵阳市	青岛科技大学
黄巧玲	女	贵阳市	海南大学
张新芸	女	贵阳市	贵州师范大学
何梦	女	贵阳市	景德镇陶瓷大学
邓富玉	女	贵阳市	贵州医科大学
晋萍	女	贵阳市	武汉工程学院
张孝梅	女	贵阳市	沈阳医学院
王江南	女	贵阳市	贵州师范学院
肖静	女	贵阳市	遵义医学院
蒋金丽	女	贵阳市	贵州大学
吕旺	男	贵阳市	贵州财经大学商务学院
蔡惠麒	女	贵阳市	湖南中医药大学
陶德亮	男	贵阳市	贵州医科大学
邓秋艳	女	贵阳市	上海杉达学院
周芸	女	贵阳市	贵州财经大学商务学院
吴卿瑞	女	贵阳市	东南大学成贤学院
冯卿卿	女	贵阳市	天津外国语大学
龚延吉	女	贵阳市	贵州民族大学
向容	女	贵阳市	武汉纺织大学
黎威	女	贵阳市	安顺学院
罗雪兒	女	贵阳市	南京信息工程大学
杨江平	女	贵阳市	西安建筑科技大学
韩杰	女	贵阳市	上海海关学院
胡清	女	贵阳市	西南财经大学
詹可芳	女	贵阳市	闽江学院
周天云	男	贵阳市	凯里学院
吴凤胄	男	贵阳市	贵州大学
勾兴燕	女	贵阳市	遵义师范学院
赵旭涛	男	贵阳市	华南理工大学
朱海义	女	贵阳市	黄冈师范学院

续表

姓名	性别	地区	录取学校
蒋紫晴	女	贵阳市	温州医科大学
陈婷霞	女	贵阳市	云南大学
王海飞	女	贵阳市	天津体育学院
袁文友	男	贵阳市	贵阳中医学院
胡志游	女	贵阳市	贵州民族大学人文科技学院
白　露	女	贵阳市	重庆理工大学
孙　薇	女	贵阳市	贵州财经大学
罗鸿远	男	贵阳市	贵州大学
宋　洹	男	贵阳市	贵州大学
方艺蓓	女	贵阳市	武汉东湖学院
陈　锐	男	贵阳市	中山大学
陈昕怡	女	贵阳市	成都体育学院
彭文军	男	贵阳市	沈阳航空航天大学
鄢　琳	女	贵阳市	重庆师范大学
杨永琴	女	贵阳市	黑龙江八一农垦大学
吴奉道	男	贵阳市	南京信息工程大学
郑云誉	女	贵阳市	贵州大学
胡　涛	女	贵阳市	重庆大学
李云飞	男	贵阳市	贵州理工学院
沈清心	女	贵阳市	江西农业大学

七
其他教育公益基金

福建自古号为佛国，宗教信仰颇为多元。秉承怜悯慈悲的宗教理念，利用信众捐赠赈济灾黎、扶助学子，是古今寺庙常见的公益行为。在当今宗教信仰自由的时代背景下，看似消极出世的宗教，却走出寺观的大门，用积极入世的态度，帮助最需要帮助的学子完成求学的梦想。与此同时，一群身处繁华都市的公司职员，却在从喧嚣的尘世走进西南大山深处，用私募的公益基金，帮助大山里的孩子。看似逆向而行的两条轨迹，最终却殊途同归，在教育公益文化的大爱里，彼此都觅得了心灵的宁静。

福建省平和县崎岭乡天湖堂奖学基金调查报告

曾舒栾

一 引言

教育是民族的未来，一个地区，无关大小，教育都是万众瞩目的事情。随着教育事业的不断发展，教育公益基金逐渐为人们所认识。教育公益基金是教育问题的重要组成部分，历史上有宋代的贡士庄、清代的宾兴等，都曾为古代的读书人提供经费支持。而今，随着教育事业的推广与发展，教育公益基金的数量不断增加，规模不断扩大，制度规则也在不断完善，逐渐为人们所认识、了解，并且引起了学术研究界的重视，研究视角也日渐多样化。

天湖堂位于福建省漳州市平和县崎岭乡南湖村，是一个主要供奉保生大帝的庙宇。作为闽南地区的一个颇具代表性的道教活动场所，天湖堂具有较为深厚的历史文化渊源。据天湖堂微信公众号的信息，早在元惠宗至元五年（1339），天湖堂从石鼻头庵坑岭马氏庵迁到大埔寨（又名庵寨，即今之崎岭乡），扩建庙宇，供奉保生大帝、观音菩萨宝像等，并在庙宇南边设立一座文昌宫，奉祀至圣先师孔子，同时在其中设立私塾，聘请有名望的先生任教。元明清时期，文昌宫发展成为崎岭社学的校址，培育出许多文武贤才，其中包括1名林氏武进士、1名石氏提督、1名黄氏万户侯、1名陈氏太子太保等历史人物。

天湖堂特别重视周边地区教育事业的发展。2003年开始，崎岭乡天湖堂利用信众的捐款，设立奖学基金，支持教育，激励学子，惠及福建省平和县崎岭乡及周边地区的 14 牌[①]的乡民。2018 年，天湖堂又向漳州市文化局申请筹建图书馆，作为崎岭乡综合文化服务中心，图书馆于当年 12 月 26 日投入使用，名为天湖堂图书馆，又名阳明传习室，是平和县首个乡镇图书馆。2018 年国庆期间，组织民众、邀请领导在天湖堂广场举行升国旗仪式，以弘扬爱国精神、培育青少年的爱国之情。

2017 年、2018 年暑假期间，笔者作为闽江学院历史系"闽台教育与公益文化事业发展研究"科研创新团队的一员，先后在漳州市平和县九峰镇曾氏祖庙和崎岭乡天湖堂完成学科基础实习和从事福建民间教育公益文化调研活动。其中，2018 年暑假期间，笔者和课题组的老师、同学一道，专程赴天湖堂进行调研，此后又多次独立跟踪采访天湖堂的相关教育公益活动，近距离接触、观察、采访了崎岭乡天湖堂奖学基金的管理人员、获奖学生和普通民众，对其历史缘起、发展现状和社会影响做了较为深入的了解，并最终完成了本份调研报告。

二　天湖堂奖学基金的创立与目的

（一）天湖堂周边社会环境

天湖堂坐落于漳州市平和县崎岭乡南湖村。崎岭乡位于福建省漳州市平和县西部山区，东临霞寨镇，西接秀峰乡，南依九峰镇，北临芦溪镇，省道公路贯穿崎岭腹地。根据平和县人民政府官网数据显示，截至 2018 年 3 月 19 日，崎岭乡总面积为 127.3 平方公里，耕地面积为 1.73 万亩。现辖溪头、时陂、南湖等 13 个自然村，含 171 个村民小组，总人口 24760 多人。

天湖堂始建于南宋嘉定十年（1217），其建造历史比平和县建县历史（明代正德十二年即公元 1517 年析南靖、漳浦县地建平和县）整整早了 300 年。天湖堂建成之后，历代屡次修葺。今天天湖堂的主体建筑为二进皇宫

[①] "牌"为古代行政单位，《清史稿》卷 120《食货一·户口》载："世祖人关，有编置户口牌甲之令。其法，州县城乡十户立一牌长，十牌立一甲长，十甲立一保长。户给印牌，书其姓名丁口。"

式庙宇，主要供奉保生大帝吴夲，是平和县最大的保生大帝庙宇。此外，庙中还供奉观音菩萨、三宝佛、弥勒佛、广济祖师、侍者公、浸水佛像，左走廊安置崇源、有余、文凯三位主持僧神主牌位，右走廊供有福德正神、伽蓝、文武状元塑像，是福建地区典型的佛道相融的宗教庙宇。

天湖堂的信众主要分布于崎岭乡，以牌划分不同信众区，共有14个牌，除了崎岭乡所辖的13个自然村，还有国强乡的岩坑村，霞寨镇的联荣村、高山村，都是在14牌的范围。据南湖村曾四夷先生介绍：天湖堂古代为清宁里五图崎岭约，约属有天湖、桂竹、合溪、高山、彭溪、时坡、联荣、承卿、浮坪、石寨、溪头、岩坑12社，称为12牌。每年的正月初，保生大帝及众神明也都会出巡到这些地方。属于崎岭乡的牌有10个半：包括南湖牌、桂竹牌、新南牌、浮坪牌（其中包含浮坪、际头村信众）、下石牌（其中包含下石、崎南村信众）、顶寨牌、诗坑牌、合溪牌、彭溪牌、时坡牌，另溪头牌中有半个；属于霞寨镇的牌有：高山牌、联荣牌；属于国强乡的牌有1个：岩坑牌；属于九峰的牌有半个，即溪头牌中的半个，与崎岭乡的溪头村合成一牌。

（二）天湖堂奖学基金的设立与增值方式

天湖堂奖学基金始设于2003年，时任天湖堂管理委员会经过讨论，一致同意每年从本堂信众的善款中拨出经费，奖励参加当年高考被各类高等院校录取的本堂信众的子女。对于考取硕士、博士的14牌信众的子女，也给予相应的奖励。至2008年，天湖堂奖学基金对获奖学生的奖金额度做了调整，同时增加了初考前十名和中考前十名的奖励类别。

天湖堂奖学基金的资金来源主要是信众捐款，统一纳入天湖堂账目经费中进行管理，其奖学基金并没有独立分拨出来的账簿与具体数额。目前，天湖堂所有经费均采取存入银行的方式进行增值。

事实上，来自信众的慷慨捐资便是天湖堂奖学基金实现其本金增值的最直接途径。据天湖堂管委会张贴于办公室楼下外墙的一张喜报显示，2018年春节期间，仅"戊戌年保生大帝合庵众神出巡"仪式过程中所收到的各牌信众"诚心款"便达到了2158677元。另外，根据天湖堂内外各"捐资芳名功德碑"，每逢天湖堂发起某一建设工程项目，都能得到14牌信众的踊跃捐款。如2003年天湖堂在完成"中心剧场"的建设之后，又计划兴建"安生楼"，以及庙宇周边环境绿化和自来水饮水工程等项目向信众发动募捐。此次募捐，仅捐款数额在500元~8000元的捐资者便有75人，其余捐款在120元~500元的捐资者则有516人。一些周边市县的宗教庙宇也主动捐款，如漳州保元宫、广德堂便都捐助了620元。有些信众则独力或独家进行捐资，专门用于修建天湖堂某一建筑。如1999年溪头牌信士赖添枝便与其4个儿子德顺、建辉、建平、德雄一起合力捐造了天湖堂的钟楼。2018年，天湖堂在寺观外面山坡下临江岸边建造了一所保生大帝文化园，投入经费达900万元，也都是来自信众的捐款。

正是由于有信众源源不断的捐款，天湖堂奖学基金才能维系每年数额不菲的奖学活动。据了解，天湖堂创设至今的15年间，已经向考取各级各类高校硕博士研究生、本一、本二高校学生以及初考、中考前十名的学生发放了总额达120万元左右的奖学金。

（三）天湖堂奖学基金的奖励对象与额度

2003年，天湖堂始设奖学基金，并经过讨论，统一规定了对各级各类学生进行奖励的标准。以2003年为例，当年14牌信众学子中有1人考上本一类高等院校，获得了600元的奖励费；有12人考上了本二类高等院校，每人奖励360元；有8人被本三类高职高专院校录取，每人奖励160元。这一年，合计向21名高考新生发放了6200元的奖学金。到了2008年，天湖堂管理委员会经过研究，决定增设对初考、中考成绩优异者的奖励条款，即成绩为所在学区的前十名者，每人奖励200元（见表1）。

表1 平和县崎岭乡天湖堂奖学基金奖励门类

单位：人

年份	博士	硕士	本一	本二	本三	初考前十	中考前十
2003	1200	800	600	360	160	无	无
2008	800	600	360	260	无	200	200

向各牌考上各类高等院校的大学生、研究生颁发奖金，是天湖堂奖学基金最大的公益项目。据统计，从 2003 年至今，天湖堂已经完成了 16 次相应的奖学活动，其中 2007 年以来的奖学名单及其录取通知书基本上都完整保存了下来，成为这一教育公益行为的宝贵历史见证。总体来看，获得天湖堂奖学基金奖励的学生人次呈历年逐年上升的态势，从最初 2007 年的全年奖励 30 人次，到 2014 年首次超过 100 人次，再到 2018 年首次超过 200 人次，迄今为止天湖堂已经向 1168 名以上的 14 牌大学新生和硕博士研究生颁发了奖励经费。获奖人次的逐年增加，既是天湖堂奖学基金的公益职责日渐扩大的具体体现，也从一个侧面说明了崎岭乡天湖堂所涵盖的区域内高等教育状况不断提升的事实，反映了天湖堂奖学基金对当地教育的显著促进作用（见表 2）。

表 2 平和县崎岭乡天湖堂奖学基金历年奖学人次

单位：人

年份	研究生	本一	本二	年度人次
2007		1	29	30
2008	5	10	30	45
2009	2	21	24	47
2010	5	24	45	74
2011	3	29	45	77
2012	6	20	33	59
2013	5	29	64	98
2014	6	37	72	115
2015	9	54	90	153
2016	8	70	110	188
2017				160
2018	13	68	140	221
合计	72	363	682	1267

天湖堂历年奖励高考录取学生的情况，详见文末附录。

（四）天湖堂奖学基金的奖学金发放程序

每年的 8 月 25 日，都会在天湖堂举行隆重的颁奖大会，邀请获奖学子及其家长参与。此外，参加大会的还有县有关部门领导及团体负责人，包括平和县民宗局局长或副局长，分管民宗局的平和县统战部副部长，平和县道教协会会长，平和县文化局局长、副局长，以及崎岭乡乡长、书记、崎岭中学校长、崎岭中心小学校长等。颁奖大会由管委会主持，邀请统战部领导讲话。会上向到会学生统一发放奖学金，并邀请学生代表发言。

在召集会议之前，天湖堂基金管委会的财会人员负责收集当年参加高考、中考、初考的信众子女的升学录取信息，以便确定获奖者名单。其中，参加本年度初考、中考且考试成绩位居本学区前十名的学子，需由录取学校配合提供成绩证明。考上本科或研究生的信众子女，需提交录取通知书的复印件作为奖励凭证。经过管委会的开会审核与集中讨论，最终确定获奖学生的名单。所有通过了审核的同学，将应邀出席本年度的获奖典礼。对于笔者所提出的是否有人伪造录取通知书从而骗取奖励的疑问，基金会会长表示，所有提交了录取通知书复印件的同学或者其家长，都属于天湖堂的信众，"一般不会说谎"。这也表现了对各牌信众们的信任。

天湖堂与"闽南文化看漳州"微信公众号合作，及时将奖励情况录制成视频，发布在该公众号上。据2018年8月26日该公众号上发布题为"【金榜题名】闽南平和崎岭天湖堂奖励高考优秀生"报道："8月25日，闽南平和崎岭天湖堂举行大型颁奖大会，奖励2018年度高考优秀学生221名，其中博士生1名、硕士生12名、本一生68名、本二生140名。本次奖励的优秀大学生均为天湖堂十四牌的学子。据了解，天湖堂励志奖学活动已连续开展10年，奖励资金达60多万元。今年，天湖堂拿出10万多元资金用于奖励高考优秀生。"

三　天湖堂奖学基金的组织管理与监督机制

（一）天湖堂奖学基金的组织管理制度

天湖堂奖学基金附属于天湖堂整体经费之中，没有独立的奖学基金账户。基金的管理人员也由天湖堂管委会的相关成员兼任，没有组成额外的基金理事会等类似管理机构。

天湖堂管委会的成员，一般由信众所居住、分布的 14 牌代表中选举产生。天湖堂 14 牌信众，每牌各选举 1 人，成为管委会成员。各牌所推举的管委会成员的候选人，必须是从村干部里退下来的，并经过乡镇党委审核的人。管委会主要包括主任 1 人、副主任 1 人，成员 12 人。管委会还另外设有顾问 5 人，主要为前任管委会成员。天湖堂管委会主任、顾问等不领取工资，只是给予每人每月 200 元的生活补贴。天湖堂还有其他 10 多名员工，包括扶乩 6 人，3 人一组，每周无休，每月 1200 元，免费吃住，另可得扶乩过程中所收红包的 20%，其余 80% 必须上交天湖堂。环卫工 1 人，每月报酬为 900 元；厨师 1 人，每月 1600 元；文保 1 人，每月 1200 元。员工全部包吃住，要求年龄都必须在 65 岁以下（见表 3、表 4）。

天湖堂管委会的成员由 14 牌选举产生，14 位代表在天湖堂管委会中具体负责的相关事务，尤其是管委会主任的人选安排，一般用扔"三圣杯"的方式决定。其大致的"选举"仪式，是 14 牌代表共聚于天湖堂正殿神龛之前，采取丢筊杯的方式决定具体人选。"三圣杯"实为"筊杯"，是中国古代流行的占卜用具。14 牌代表依次掷筊杯于地，根据筊杯所呈现的正反、向背的情况，决定最终的主任人选。经过若干轮次的掷筊，获得"吉祥"次数最多的一位候选人，即当选为本届管委会主任。这种以掷筊优胜概率高低选择管委会主任的方式，被认为是因为其道德品行、综合能力都得到神的认可，是神定的获胜者。这种依靠"神意"决定管理者的选举方式，不仅普遍流行于闽南地区，在台湾地区也颇为常见。

表 3　平和县崎岭乡天湖堂 2004 年管委会成员名单

职务	姓名
主任	曹清水
副主任	曾长庚
成员	陈泽豫、林国民、何民生、林春福、林新华、林幸福、黄传敏、陈金水、林木再、石辉凤、林汉生、曾茅香
顾问	曾凡猛、曾焕章、林会福、林镇西、石楼田、黄烈辉、赖茂生
扶乩手	林南厘、曾鲁雄

表 4　平和县崎岭乡天湖堂 2018 年管委会成员名单

职务	姓名
主任	周五镇
副主任	曾为国
成员	林明清、曾庆模、曾泳才、石金天、曾振城、林丙成、黄美生、曾凡文、林贵顺、刘建平、林长东、林建荣
顾问	曾金阵、林荣豪、林成万、陈木大、杨民权
扶乩师	曾鲁雄、林哲生
抄写	林福春、龚其和
管理员	杨金春

天湖堂的日常办公经费、水电费用等相关费用，统一从管委会的账目上进行报销和支付。其中，办公经费、水电费为每月 6000 元人民币。天湖堂奖学基金会虽然没有将一些基金的信息编辑成册、印刷发行，但是对奖学过程中的原始资料，则加以完整保存。

（二）天湖堂奖学基金的外部监督

天湖堂经费主要由会计、出纳、文书各 1 人进行共同管理，而天湖堂管委会主任、委员、顾问等对其也具有监管责任。根据天湖堂的传统，在每年的重大民俗活动如正月初五保生大帝出巡中，都会采取张贴红纸告示的形式，对去年整个年度的经费收支情况予以公示，供群众了解、监督。随着网络时代的到来，天湖堂也会将信士捐来的钱公示于"平和县崎岭天湖堂"这一微信公众号。尽管其出发点主要是为了彰显捐款信士的善行与荣誉，鼓励大众踊跃捐款，但也在一定程度上打开公众监督的窗口。

值得指出的是，在近些年的奖学金发放仪式上，很多获奖学生及其家长在领取了奖学金后，会直接将其投入天湖堂正殿的功德箱里，也就是捐回给天湖堂。据不完全统计，这种回捐奖学金的情况在获奖学生中的比例可达 30%，可见天湖堂的信众对待奖学金以及奖学活动所持有的态度是，他们只希望获得这份荣耀、这份关怀、这份神的褒奖与庇佑，同时展现了对这种公益与大爱回馈自己的态度。

四　天湖堂奖学基金的社会评价与影响

（一）社会评价

管委会主任周五镇的评价：这是我们天湖堂对乡里、对社会的一种贡献，它对我们崎岭乡的学子起到一种激励作用。

获奖学子周少娟的评价：是一种激励，同时也是一种肯定，作为获奖者，心里肯定是很感激的，很开心的！

其他社会人士的评价：在我看来是一件好事，这是对教育的支持，也是近年来许多宗教团体试图融入现代社会所探寻的一种方法。

（二）综合影响

大湖堂教育基金不仅以其富于公益的行为激励其信众学子努力学习，立志成才，而且扩大了天湖堂在周边地区的影响力，使其探索的新时期宗教团体融入社会新模式得以弘扬。同时，从奖学活动到爱国教育等的一系列活动中，我们可以窥得其作为现代宗教团体为融入现代社会所做出的努力，也深刻体会到天湖堂以其神秘的宗教色彩，对信众起到一种无形的心灵作用，对本地区的民众产生潜移默化、深远持久的影响。

不过，可以肯定的是，在传统的宗教观念还相对浓厚的崎岭乡，宗教本身所带有的迷信色彩以及基金会及乡里只关注着自己本庙信众的教育事业，会对本地区的教育发展产生固有的消极影响。

附录　平和县崎岭乡天湖堂奖学基金历届获奖者名单

年份	姓名	牌属	高校类别	高校名称
2007	林小荷	（建立初期地区、本科类别不明）		漳州师范学院
	林明凤			福建师范大学福清校区

续表

年份	姓名	牌属	高校类别	高校名称
2007	林伟华	（建立初期地区、本科类别不明）		集美大学
	林小娇			泉州师范学院
	黄毅民			仰恩大学
	何惠生			福建农林大学
	周文杰			莆田学院
	何明城			福建工程学院
	周少娟			闽江学院
	石银泉			福建农林大学
	石燕滨			厦门理工学院
	林宝卿			闽江学院
	何燕惠			泉州师范学院
	林少唯			福建医科大学
	石福龙			厦门理工学院
	黄舒婧			复旦大学上海视觉艺术学院
2008	林明宏	时坡	博士	美国加州理工学院
	曾登辉	联荣	硕士	福建中医药大学
	陈永波	南湖	硕士	福州大学
	黄婉秋	浮坪	硕士	厦门大学
	林仁杰	高山	本一	中国石油大学
	林小丽		本一	厦门大学
	林凯生	新南	本一	厦门大学
	杨金龙	溪头	本二	闽江学院
	曾汉标	桂竹	本二	闽江学院
2009	黄永城		硕士	上海交通大学
	曾思宏	南湖	硕士	福建师范大学
	朱　恒	高山	本一	上海交通大学
	林誉城	南湖	本一	福州大学
	陈君亮	合溪	本二	闽江学院
	林惠贞	南湖	本二	闽江学院
	石智平	时坡	本二	闽江学院

续表

年份	姓名	牌属	高校类别	高校名称
2010	胡学芳	诗坑	研究生	美国加州州立大学富尔顿分校
	黄添枝	浮坪	硕士	浙江大学
	石明奇	下石	硕士	哈尔滨工业大学
	黄晓璐		硕士	福建医科大学
	黄若诚	浮坪	本一	厦门大学
	林昱东	顶寨	本一	福州大学
	林泽鹏	顶寨	本一	福州大学
	何于彬		本一	北京大学
	何焕文	彭溪	本一	厦门大学
	林坤彬	高山	本一	武汉大学
	黄坤松	浮坪	本一	福州大学
	林玥涵	顶寨	本一	福州大学
	林晓烙	溪头	本一	华侨大学
	林凤玲	顶寨	本一	福州大学
	曾绍洲	桂竹	本一	福建农林大学
	曾舜斌	岩坑	本一	福建农林大学
	曾炳成		本一	中国人民解放军信息工程大学
	陈晓晨	南湖	本一	福州大学
	朱文秋	高山	本一	福建医科大学
	曾晶晶	新南	本一	暨南大学
	黄敏华		本一	东北林业大学
	朱海东	小尖	本一	福建师范大学
	林燕凤	顶寨	本一	福建农林大学
	黄泽民		本二	福建工程学院
	曾嘉葵	岩坑	本二	龙岩学院
	何林远	彭溪	本二	闽江学院
	石秋芸	时坡	本二	泉州师范学院
	石维巍	时坡	本二	宁德师范学院
	石达光		本二	泉州师范学院
	林威辉	诗坑	本二	三明学院
	赖立兴	溪头	本二	宁德师范学院

续表

年份	姓名	牌属	高校类别	高校名称
2010	石维保	时坡	本二	三明学院
	曾新池		本二	厦门理工学院
	石正法	时坡	本二	仰恩大学
	石晓静	联荣	本二	集美大学
	蔡黄华	浮坪	本二	中国刑事警察学院
	林阳财	南湖	本二	龙岩学院
	何睿达	彭溪	本二	闽江学院
	黄长洋	合溪	本二	福建工程学院
	林泽辉	顶寨	本二	仰恩大学
	石鸿文	下石	本二	福建工程学院
	石铭东	下石	本二	集美大学
	曾少娟	桂竹	本二	仰恩大学
	曾通	南湖	本二	闽江学院
	林振隆	新南	本二	福建工程学院
	曾艺雅		本二	福建警察学院
	曾丽娟		本二	龙岩学院
	林丹凤		本二	厦门理工学院
	何跃欣		本二	湖北民族学院
	林龙鹏		本二	漳州师范学院
	曾泽鑫	联荣	本二	福建工程学院
	石吴杰	时坡	本二	江西科技师范学院
	曾智成	桂竹	本二	中国计量学院
	曾思婷		本二	中国传媒大学南广学院
	何俊达	溪头	本二	仰恩大学
	石源鸿		本二	泉州师范学院
	石泽群	时坡	本二	福建工程学院
	石艺珍	联荣	本二	莆田学院
	陈贵	合溪	本二	昆明学院
	曾紫茹	新南	本二	莆田学院
	石玲丽	下石	本二	福建师范大学协和学院
	黄必锋	浮坪	本二	厦门理工学院

续表

年份	姓名	牌属	高校类别	高校名称
2010	黄金城	浮坪	本二	福州大学至诚学院
	曾泽辉	新南	本二	闽江学院
	钟晓莉		本二	集美大学
	曾丽璇	岩坑	本二	广东轻工职业技术学院
	曾冰艺	南湖	本二	青岛理工大学
	林金庆	高山	本二	菏泽学院
	林俊强	南湖	本二	集美大学
2011	石艺平	联荣	硕士	福建师范大学
	林 琳	溪头	硕士	福建农林大学
	曾育民	桂竹	本一	福建师范大学
	何艺芬	彭溪	本一	泉州师范学院
	曾小川	桂竹	本一	福建师范大学
	林德仝	溪头	本一	福建师范大学
	曾思静	南湖	本一	福建师范大学
	林景奇		本一	福建师范大学
	杨镇江	合溪	本一	河北工业大学
	杨昆明	合溪	本一	江西财经大学
	林夏波	新南	本一	福建警察学院
	林伟杰	新南	本一	中国人民解放军空军航空大学
	石镇斌	联荣	本一	福建农林大学
	杨宗明	合溪	本一	华侨大学
	林怡彬	南湖	本一	北京化工大学
	曾妙艺	南湖	本一	华侨大学
	曾高发	新南	本一	厦门大学
	黄 璐	际头	本一	青岛理工大学
	林 杰	顶寨	本一	浙江大学
	黄东明	浮坪	本一	福州大学
	杨镇辉	合溪	本二	福建医科大学
	林裕山		本一	贵州大学
	林志烘	新南	本一	福建农林大学
	林衍鑫	新南	本一	厦门大学

续表

年份	姓名	牌属	高校类别	高校名称
2011	石凤玉	下石	本一	华侨大学
	林松平	顶寨	本一	福建农林大学
	林正宏	顶寨	本一	天津美术学院
	陈泽昀	南湖	本一	杭州电子科技大学
	林伟平	高山	本一	华东理工大学
	石定芳	诗坡	本一	电子科技大学
	黄小洪	浮坪	本一	福建医科大学
	石若昕	下石	本一	江西财经大学
	曾锦阳	桂竹	本一	华南农业大学
	陈俊标	南湖	本一	华侨大学
	谢文雄	新南	本一	中南大学
	石智贤	诗坡	本一	福建农林大学
	曾少娟	桂竹	本一	福建师范大学
	林煜铭		本一	湖南科技大学
	陈富榕	彭溪	本一	电子科技大学
	林怡婷	南湖	本一	浙江财经学院
	曾小娟		本一	河北联合大学
	曾智伟	桂竹	本二	广西中医学院
	石泉龙	彭溪	本二	宁德师范学院
	周洪涛		本二	厦门大学嘉庚学院
	黄凯娴	浮坪	本二	厦门大学嘉庚学院
	林志红	南湖	本二	福州外语外贸学院
	朱榕城	顶寨	本二	集美大学
	何艺彬	彭溪	本二	武夷学院
	曾聪信	新南	本二	福州大学至诚学院
	石晨璐	联荣	本二	闽江学院
	赖燕萌	溪头	本二	福建师范大学协和学院
	曾燕华	桂竹	本二	漳州师范学院
	石小倩	下石	本二	福建江夏学院
	林良平		本二	集美大学
	曾炎明	南湖	本二	怀化学院

续表

年份	姓名	牌属	高校类别	高校名称
2011	曾雪娇	桂竹	本二	上海杉达学院
	陈建全	彭溪	本二	福州大学至诚学院
	陈斯婷	南湖	本二	漳州师范学院
	林怡婷	诗坑	本二	福建工程学院
	何佳铭	彭溪	本二	龙岩学院
	林炎光	新南	本二	泉州师范学院
	石盛龙	下石	本二	仰恩大学
	何金海	彭溪	本二	安徽科技学院
	周春竹	南湖	本二	武夷学院
	林赞扬	新南	本二	集美大学诚毅学院
	何佳明	彭溪	本二	漳州师范学院
	陈仲渊	南湖	本二	广西师范大学漓江学院
	曾雅静	南湖	本二	莆田学院
	林丽平	顶寨	本二	三明学院
	黄鸿超	浮坪	本二	北京理工大学珠海学院
	林志成	溪头	本二	泉州师范学院
	陈 婷		本二	华侨大学厦门工学院
	黄 婷	浮坪	本二	漳州师范学院
	林海彬	诗坑	本二	福建农林大学金山学院
	周凌伟	浮坪	本二	福建工程学院
	石林涛	上湖	本二	厦门大学嘉庚学院
	黄智斌	浮坪	本二	泉州师范学院
	曾炜圣	新南	本二	华侨大学厦门工学院
	杨志君	合溪	本二	集美大学
	林景辉	新南	本二	集美大学诚毅学院
2012	陈少娜	时坡	博士	哈尔滨工业大学
	石金进	时坡	博士	哈尔滨工业大学
	林仁杰	高山	硕士	石油大学
	林晓静	南湖	硕士	漳州师范学院
	石 炻	下石	硕士	深圳大学
	陈小剑	南湖	硕士	漳州师范学院

续表

年份	姓名	牌属	高校类别	高校名称
2012	陈琮化	顶寨	硕士	云南民族大学
	林恣伶	溪头	本一	中国人民大学
	曾耿狄	岩坑	本一	西北农林科技大学
	赖嘉琳	溪头	本一	厦门大学
	陈杰辉	合溪	本一	华侨大学
	周顺兴	合溪	本一	集美大学
	钟艺斌	合溪	本一	福建师范大学
	陈才佳	彭溪	本一	中国地质大学
	朱彦瑾	高山	本一	集美大学
	石阳中	下石	本一	上海交通大学
	黄 冰	浮坪	本一	福建农林大学
	林匡寒	南湖	本一	福建师范大学
	曾时兴	新南	本二	赣南师范学院
	何婉君	彭溪	本二	福建师范大学
	石 方	下石	本一	北京语言大学
	黄玮鑫	浮坪	本一	中国农林大学
	林志伟	新南	本一	福建农林大学
	曾炜达	新南	本一	嘉应学院
	何小月	彭溪	本一	福建中医药大学
	龚斯婷	时坡	本一	福建师范大学
	何伟民	彭溪	本一	福州大学
	周晓满	南湖	本一	华侨大学
	曾聚培	新南	本二	闽江学院
	石雅婷	时坡	本二	三明学院
	林 婷	南湖	本二	福建农林大学东方学院
	周小璐	合溪	本二	江夏学院
	曾晓敏	新南	本二	福建农林大学金山学院
	杨俊达	合溪	本二	泉州师范学院
	周志圣	新南	本二	赣南师范学院
	刘宁光	顶寨	本二	漳州师范学院
	林少新	下石	本二	湖南第一师范学院

续表

年份	姓名	牌属	高校类别	高校名称
2012	林佳萍	顶寨	本二	闽南理工学院
	陈如钰	南湖	本二	广西民族师范学院
	林思捷	新南	本二	福建工程学院
	曾明新	新南	本二	赣南师范学院
	曾俊良	南湖	本二	福建师范大学
	何国伟	彭溪	本二	漳州师范学院
	石福斌	时坡	本二	辽宁中医药大学杏林学院
	曾锦标	桂竹	本二	莆田学院
	石建成	时坡	本二	青海农业大学海都学院
	曾瑞生	彭溪	本二	福建师范大学协和学院
	周培元	浮坪	本二	黄河科技学院
	陈灿光	彭溪	本二	武夷学院
	林佳吐	南湖	本二	集美大学
	林洋东		本二	福州大学至诚学院
	林枝在	南湖	本二	云南大学滇池学院
	曾李凤	彭溪	本二	宁德师范学院
	曾任平	南湖	本二	福建师范大学闽南科技学院
	曾祥瑞	桂竹	本二	闽南理工学院
	陈小凤	合溪	本二	乐山师范学院
	陈军铭	南湖	本二	莆田学院
	曾 鸣	新南	本二	天津工业大学
	林志伟	顶寨	本二	福建工程学院
	曾笛涛	桂竹	本二	福建师范大学
	林 峰	南湖	本二	华侨大学厦门工学院
2013	曾良滨	岩坑	硕士	北京化工大学
	陈锦旗	彭溪	硕士	福建师范大学
	陈 斌	南湖	硕士	福州大学
	杨福来	合溪	硕士	福州大学
	石定芳	时坡	本一	中国人民解放军空军航空大学
	陈良琴	彭溪	本一	山东方杰医学院
	曾柏琳	岩坑	本一	厦门理工学院

续表

年份	姓名	牌属	高校类别	高校名称
2013	朱琳	溪头	本一	西北政治大学
	黄俊铭	高山	本一	福建工程学院
	林坤平	顶寨	本一	莆田学院
	曾英杰	联荣	本一	华北电力大学
	林玮杭	新南	本一	南京农业大学
	石妙蓉	时坡	本一	集美大学
	石南洋	联荣	本一	福建农林大学
	林菁菁	南湖	本一	福建工程学院
	曾泽超	桂竹	本一	闽南师范大学
	林逸宁	诗坑	本一	福建师范大学
	陈星佐		本一	闽南师范大学
	黄坤全	浮坪	本一	福建医科大学
	林煜峰	新南	本一	南京理工大学
	杨晓燕	溪头	本一	福建农林大学
	林煜程	新南	本一	江南大学
	曾美娜	桂竹	本一	福建医科大学
	曾祥邻	彭溪	本一	集美大学
	林彧	下石	本一	海南大学
	曾增峰	新南	本一	西安电子科技大学
	林焙鑫	高山	本一	厦门大学
	陈毅斌	彭溪	本一	南京林业大学
	曾杰煌	桂竹	本一	河海大学
	何涵	彭溪	本一	集美大学
	石皓	下石	本二	集美大学诚毅学院
	周坤鑫	浮坪	本二	莆田学院
	石乃丹	下石	本二	福州大学阳光学院
	石祥云	下石	本二	福州外语外贸学院
	林增荣	南湖	本二	北京交通大学海滨学院
	杨思贤	溪头	本二	闽南理工学院
	石倩	联荣	本二	福建师范大学闽南科技学院
	曾国俊	岩坑	本二	福建工程学院

续表

年份	姓名	牌属	高校类别	高校名称
2013	石伙平	时坡	本二	广西中医药大学赛恩斯新医学院
	石圳荣	时坡	本二	福建师范大学协和学院
	何晨虹	彭溪	本二	集美大学诚毅学院
	石乙淋	下石	本二	闽江学院
	石伟宏	下石	本二	南昌大学共青学院
	林枝和	南湖	本二	河池学院
	曾紫雯	联荣	本二	龙岩学院
	陈岱樱	南湖	本二	华南理工大学广州学院
	石小清	时坡	本二	三明学院
	石桢玲	彭溪	本二	福建师范大学协和学院
	曾少芳	南湖	本二	福建农林大学东方学院
	周秋芬	南湖	本二	闽南理工学院
	杨双智	合溪	本二	华侨大学厦门工学院
	杨双慧	合溪	本二	福建师范大学
	黄文樟	浮坪	本二	福州外语外贸学院
	黄汪洋	浮坪	本二	福州外语外贸学院
	何丽燕	彭溪	本二	闽江学院
	曾丽璇	联荣	本二	福建农林大学金山学院
	曾鸣	联荣	本二	集美大学诚毅学院
	曾宇婷	桂竹	本二	集美大学诚毅学院
	林美丽	新南	本二	仰恩大学
	朱兆钰	溪头	本二	杭州电子科技大学
	朱毅钦	小尖	本二	湖南工业大学科技学院
	林炳周	顶寨	本二	厦门大学嘉庚学院
	林小雄	下石	本二	闽南理工学院
	朱坤城	小尖	本二	福建农林大学东方学院
	黄小雅	新南	本二	福建农林大学东方学院
	曾韦陵	新南	本一	上海应用技术学院
	林珊珊	新南	本二	湖南工业大学
	周镇林	浮坪	本二	福建工程学院
	林登仕	顶寨	本二	宁德师范学院

续表

年份	姓名	牌属	高校类别	高校名称
2013	黄艺敏	浮坪	本二	福建工程学院
	曾志超		本二	三明学院
	林士智	顶寨	本二	福建师范大学协和学院
	何媛妍	溪头	本二	北京石油化工学院
	石炜华	下湖	本二	龙岩学院
	林晓娜	南湖	本二	集美大学诚毅学院
	林婷婷	新南	本二	仰恩大学
	曾少艺	溪头	本二	厦门理工学院
	赖巧玲	溪头	本二	广西师范大学漓江学院
	赖洪泉	溪头	本二	莆田学院
	曾煌堃	新南	本二	福建师范大学协和学院
	石雅云	时坡	本二	闽南理工学院
	石天祥	下石	本二	泉州师范学院
	陈　新	南湖	本二	福建工程学院
	陈耿贤	合溪	本二	福建师范大学协和学院
	曾志坤	联荣	本二	长春理工大学光电信息学院
	林同和	溪头	本二	福建师范大学
	赖淑儿	联荣	本二	平顶山学院
	曾思妍	岩坑	本二	福建师范大学
	林士达	顶寨	本二	福建师范大学协和学院
	曾瑞强	彭溪	本二	宜宾学院
	赖晏萍	溪头	本二	福建江夏学院
	石淑贞	合溪	本二	集美大学诚毅学院
	黄艺娟	合溪	本二	福建师范大学
	黄晓明	浮坪	本二	福建师范大学协和学院
	陈进境		本二	龙岩学院
2014	曾艺敏	彭溪	硕士	南京师范大学
	曾嘉葵	岩坑	硕士	昆明理工大学
	陈昱州	南湖	硕士	华中师范大学
	林珊怡	南湖	留学生	美国俄亥俄州立大学
	林艺君	诗坑	硕士	厦门大学

续表

年份	姓名	牌属	高校类别	高校名称
2014	林坤彬	高山	硕士	上海财经大学
	曾增峰	新南	硕士	复旦大学
	石福斌	时坡	硕士	福建中医药大学
	杨 苑	时坡	硕士	福建师范大学
	陈锦标	南湖	硕士	暨南大学
	曾小川	桂竹	硕士	中共福建省委党校
	林菁菁	南湖	硕士	广西大学
	曾时薇	新南	硕士	福建中医药大学
	曾泽辉		硕士	中共福建省委党校
	黄俊铭	高山	硕士	福州大学
	黄青华	下湖	硕士	闽南师范大学
	曾雪满	际头	硕士	闽南师范大学
	陈安艺	合溪	本一	集美大学
	林添裕	新南	本一	江南大学
	黄顺原		本一	西安交通大学
2015	周文彬	联荣	本一	集美大学
	陈舒宇	南湖	本一	福建医科大学
	曾诗乘	南湖	本一	福州大学
	何先发	彭溪	本一	福建医科大学
	陈诗涵	南湖	本一	福建中医药大学
	钟晓薇		本一	闽南师范大学
	曾璐涵	岩坑	本一	福建医科大学
	曾依娜	高山	本一	华东理工大学
	曾奕锟	彭溪	本一	福州大学
	曾锦莉		本一	安徽师范大学
	何智洪		本一	福州大学
	林亮达	新南	本一	福建工程学院
	黄思诗	浮坪	本一	福建医科大学
	曾嘉宝	岩坑	本一	厦门大学
	杨瑞兴	溪头	本一	东北财经大学
	曾艺斌	南湖	本一	福建中医药大学

续表

年份	姓名	牌属	高校类别	高校名称
2015	朱俞宝	高山	本一	闽江学院
	曾文淼	新南	本一	厦门理工学院
	陈先达	合溪	本一	福州大学
	林洲达	顶寨	本一	厦门理工学院
	赖俊玮	溪头	本一	中北大学
	曾文宝	际头	本一	集美大学
	陈炎光	南湖	本一	嘉兴学院
	林金贵	高山	本一	福建师范大学
	曾金煌	桂竹	本一	中南大学
	赖川平	溪头	本一	厦门理工大学
	周艺敏	南湖	本一	集美大学诚毅学院
	林耿权	夏室	本一	福州大学
	曾晓玲	南湖	本一	泉州信息工程学院
	曾勇杰	南湖	本一	厦门理工学院
	林祥童		本一	集美大学
	林冰清	溪头	本一	福建师范大学
	林陈语	新南	本一	集美大学
	曾俞新	南湖	本一	西安理工大学
	何英辉	彭溪	本一	美国南加州大学
	林俊贤	新南	本一	厦门理工学院
	林淑萍	顶寨	本一	集美大学
	林小棠	南湖	本一	福州大学
	曾钰祺	彭溪	本一	福州大学
	陈琦铭		本一	厦门理工学院
	周泽镇	南湖	本一	福建医科大学
	朱婉婷	崎南	本一	集美大学
	周昊	合洋	本一	西北农林科技大学
	陈晓婷	彭溪	本一	华侨大学
	林婧	南湖	本一	华南农业大学
	朱勇兴	小尖	本一	集美大学
	林瑞涵	顶寨	本一	福州大学

续表

年份	姓名	牌属	高校类别	高校名称
2015	何佳欣	彭溪	本一	福州大学
	曾铭涛	高山	本一	闽南师范大学
	曾韵致	际头	本一	福州大学
	黄泽伦	浮坪	本一	集美大学
	林琨岚	新南	本二	华北科技学院
	杨舒雅	合溪	本二	宁德师范学院
	曾依婷	际头	本二	泉州师范学院
	黄雯馨	浮坪	本二	吉林大学珠海学院
	陈镇杰	南湖	本二	华南理工大学广州学院
	黄琳琪	浮坪	本二	武夷学院
	黄胜蓝		本二	福州外语外贸学院
	曾琪富	新南	本二	泉州师范学院
	何智远	彭溪	本二	福建师范大学
	曾彬彬	南湖	本二	福州理工学院
	林盈盈	新南	本二	四川外国语大学
	陈炎生	南湖	本二	丽水学院
	曾欣兰	岩坑	本二	仰恩大学
	林锦涛		本二	福建警察学院
	何昔东	彭溪	本二	泉州信息工程学院
	刘秋荣	顶寨	本二	江西科技学院
	杨雅婷	合溪	本二	厦门华夏学院
	曾忠源	新南	本二	武夷学院
	曾嗣泽	南湖	本二	石油大学胜利学院
	黄艺芳	高山	本二	福建商学院
	曾雪妮	南湖	本二	闽南理工学院
	钟雨柔		本二	福建师范大学协和学院
	石艺君	联荣	本二	泉州信息工程学院
	钟源平	合溪	本二	福建师范大学
	陈顺天	彭溪	本二	福建农林大学金山学院
	林茂生	新南	本二	福建商学院
	曾伟鹏		本二	福州大学阳光学院

续表

年份	姓名	牌属	高校类别	高校名称
2015	曾亮达	彭溪	本二	集美大学诚毅学院
	周妙晶	南湖	本二	福建江夏学院
	黄岩熠	浮坪	本二	福州大学阳光学院
	黄江伟		本二	福建江夏学院
	黄碧璐		本二	福州大学阳光学院
	龚思萍	时坡	本二	福建工程学院
	林泽鑫	南湖	本二	福建师范大学协和学院
	林于峰		本二	闽南理工大学
	林娜辉	新南	本二	莆田学院
	黄艺婷	浮坪	本二	福建江夏学院
	黄泽铭		本二	海南医学院
	周煜真	南湖	本二	三亚学院
	何小婷	彭溪	本二	泉州师范学院
	石艺莲	下石	本二	福建师范大学闽南科技学院
	陈信华	南湖	本二	江西财经大学现代经济学院
	曾宇泽	桂竹	本二	长江大学工程技术学院
	陈璐	合溪	本二	福州外语外贸学院
	林坤岩	顶寨	本二	福建师范大学协和学院
	林董育	新南	本二	北海艺术设计学院
	曾志鹏	联荣	本二	长江大学文理学院
	林文泉	顶寨	本二	福建江夏学院
	陈锴	彭溪	本二	浙江大学城市学院
	赖洪玲	溪头	本二	福建工程学院
	曾艺惠	桂竹	本二	集美大学诚毅学院
	曾汉文		本二	闽江学院
	黄芬	浮坪	本二	安阳工学院
	何铭平	彭溪	本二	福州外语外贸学院
	陈灿颖		本二	潍坊医学院
	曾长葵	联荣	本二	福州大学阳光学院
	林鑫	新南	本二	福建师范大学协和学院
	黄林伟	浮坪	本二	闽南理工学院

续表

年份	姓名	牌属	高校类别	高校名称
2015	林宗越	南湖	本二	福建师范大学协和学院
	石裕宝	顶寨	本二	厦门华夏学院
	朱锦鑫	小尖	本二	华北科技学院
	曾国滨	岩坑	本二	西南民族大学
	赖凤婷	溪头	本二	泉州师范学院
	石慧铭	崎南	本二	福建师范大学
	曾成锴	岩坑	本二	福建信息职业技术学院
	陈志杰	彭溪	本二	运城学院
	陈伟雄	南湖	本二	华东交通大学理工学院
	陈文鑫	溪头	本二	莆田学院
	曾慧妹	新南	本二	泉州师范学院
	石佳鑫	时坡	本二	福建农林大学东方学院
	林 婷	南湖	本二	仰恩大学
	林隆钦	高山	本二	福州软件职业技术学院
	林宗伟	新南	本二	安徽科技学院
	曾银辉	南湖	本二	厦门工学院
	林增钦		本二	福建江夏学院
	林贵榕	新南	本二	莆田学院
	林儿心		本二	福州大学阳光学院
	陈 熙	彭溪	本二	福建江夏学院
	林映华	南湖	本二	集美大学诚毅学院
	林小霞	新南	本二	福建师范大学
	朱娜芬	小尖	本二	福州大学阳光学院
	林小钦	溪头	本二	福州理工学院
	林菊花	溪头	本二	厦门华夏学院
	朱 泓	崎南	本二	龙岩学院
	林岩杰	顶寨	本二	南昌大学科学技术学院
	林煜凯	南湖	本二	上海工程技术学院
	林志超	新南	本二	武夷学院
	林泽凌	高山	本二	厦门工学院
	黄艺娴	高山	本二	福建中医药大学

续表

年份	姓名	牌属	高校类别	高校名称
2015	曾玫珺	联荣	本二	广西师范学院师国学院
	林乐谊	溪头	本二	集美大学诚毅学院
	赖佳莉		本二	福州外语外贸学院
	周银伟	联荣	本二	闽江学院
	陈 荣	彭溪	本二	楚雄师范学院
	林映红	南湖	本二	福建医科大学
	曾 颖	际头	本二	温州医科大学
	林舒蓉	溪头	本二	福建农林大学金山学院
2016	朱文涛	崎南	博士	暨南大学
	朱小雅	南湖	博士	哈尔滨医科大学
	曾妙艺	南湖	硕士	美国阿什兰大学
	曾小娟		硕士	福建医科大学
	石林山	下石	硕士	中国科学技术大学
	曾耿狄	岩坑	硕士	海南大学
	冯珊珊	彭溪	硕士	对外经济贸易大学
	林 津	诗坑	本一	东华大学
	林子童	南湖	本一	福建工程
	朱津津	顶寨	本一	福建农林大学
	林勇池	诗坑	本一	闽南师范大学
	黄智育	合溪	本一	福州大学
	何伟彬	彭溪	本一	福建工程学院
	石福平	时坡	本一	福建工程学院
	谢伟臻	新南	本一	福建农林大学
	曾玮琦	桂竹	本一	集美大学
	石茂荣	下石	本一	福建师范大学
	周小雨	南湖	本一	福建农林大学
	赖衍林	溪头	本一	福州大学
	曾 鹭	合溪	本一	福建师范大学
	曾燕丹	新南	本一	闽南师范大学
	曾佩琪	新南	本一	福建师范大学
	石小伟	时坡	本一	大连外国语大学

续表

年份	姓名	牌属	高校类别	高校名称
2016	曾俊议	桂竹	本一	福建工程学院
	林月明	岩坑	本一	闽南师范大学
	曾瑶	联荣	本一	山西大学
	曾浦楠	联荣	本一	北京理工大学
	曾宝玲	溪头	本一	福建师范大学
	黄江丽	浮坪	本一	福建师范大学
	林宏斌	顶寨	本一	华侨大学
	林璐	诗坑	本一	福建工程学院
	黄艺芬	浮坪	本一	福建中医药大学
	林小淳	南湖	本一	集美大学
	何小巧	彭溪	本一	福建师范大学
	曾潮荣	联荣	本一	福建江夏学院
	周兆钦	联荣	本一	集美大学
	朱敏桢	小尖	本一	厦门理工学院
	周宁	浮坪	本一	厦门大学
	杨琳	合溪	本一	广州医科大学
	陈艺娜	彭溪	本二	福州外语外贸学院
	石舒源	下石	本二	福州大学阳光学院
	曾育梅	新南	本二	厦门华夏学院
	曾双武	岩坑	本二	福州轻工职业学院
	杨少丹	溪头	本二	广西中医药大学赛恩斯新医药学院
	林秋婷	溪头	本二	福州外语外贸学院
	何燕腾	彭溪	本二	福建师范大学东方学院
	林大清	新南	本二	三亚学院
	林丰植	新南	本二	厦门理工学院
	曾丽云	南湖	本二	商丘师范学院
	曾亦晨	桂竹	本二	厦门华夏学院
	曾胜景	桂竹	本二	福建农林大学金山学院
	黄晨新	合溪	本二	福州外语外贸学院
	曾锦洲	桂竹	本二	闽江学院
	曾志键	新南	本二	仰恩大学

续表

年份	姓名	牌属	高校类别	高校名称
2016	朱梁群	小尖	本二	厦门医学院
	陈泽鑫		本二	天津商业大学
	黄立荣	浮坪	本二	福州大学至诚学院
	陈宜静	合溪	本二	厦门工学院
	陈琪	合溪	本二	集美大学诚毅学院
	林斯琳	南湖	本二	福州理工学院
	曾伟民	新南	本二	莆田学院
	曾斌	新南	本二	福建师范大学协和学院
	林佩婷	南湖	本二	云南大学滇池学院
	杨思娜	合溪	本二	福建江夏学院
	林舒敏	新南	本二	厦门华夏学院
	林蔓珍	南湖	本二	厦门华夏学院
	林增平	南湖	本二	厦门工学院
	黄仕灵	新南	本二	龙岩学院
	钟欣泉	南湖	本二	厦门大学嘉庚学院
	石思维	合溪	本二	萍乡学院
	杨玉珍		本二	福建省闽北职业技术学院
	陈圳源	彭溪	本二	福建工程学院
	曾绍婷	新南	本二	漳州卫生职业学院
	林子超	顶寨	本二	福建农林大学金山学院
	曾震华	际头	本二	厦门工学院
	杨佳宝	时坡	本二	江苏第二师范学院
	沈文星	合溪	本二	三明学院
	林汪东	新南	本二	福州大学阳光学院
	曾惠祥	际头	本二	仰恩大学
	陈志坤	彭溪	本二	河北科技大学
	林艺斌	顶寨	本二	闽南理工学院
	林琳	下石	本二	闽南理工学院
	陈诗涵	南湖	本二	沈阳医学院
	石生财	时坡	本二	湖南工业大学
	石天宇	时坡	本二	聊城大学

续表

年份	姓名	牌属	高校类别	高校名称
2016	何奕婷	溪头	本二	福州外语外贸学院
	曾煜智	桂竹	本二	福州大学至诚学院
	陈淑娜	彭溪	本二	北京中医药大学东方学院
	曾紫财	桂竹	本二	福建江夏学院
	石文娟	时坡	本二	厦门工学院
	林凯俊	顶寨	本二	泉州信息工程学院
	林凡颅	时坡	本二	福建师范大学协和学院
	赖艺鑫	溪头	本二	赣南师范大学
	曾琳瑛	桂竹	本二	仰恩大学
	赖跃生	溪头	本二	河北工程大学
	何舒婷	彭溪	本二	福州大学阳光学院
	曾丽贞	桂竹	本二	福建农林大学东方学院
	曾志彬	际头	本一	福建农林大学东方学院
	曾 欣	际头	本二	海口经济学院
	林 晖	南湖	本二	广东石油化工学院
	林婉琪	南湖	本二	厦门大学嘉庚学院
	曾增钞	新南	本二	三明学院
	黄顺凯	浮坪	本二	福建师范大学协和学院
	朱雪芬	小尖	本二	武夷学院
	黄艳梅	浮坪	本二	福州理工学院
	曾明凰	岩坑	本二	宁德师范学院
	朱彩凤	小尖	本二	福建农林大学金山学院
	陈 静	合溪	本二	仰恩大学
	曾程科	岩坑	本二	福建信息职业技术学院
	黄欣智	际头	本二	许昌学院
	林奕键	桂竹	本二	三明学院
	林妙珍	南湖	本二	闽南理工学院
	曾泽鑫	岩坑	本二	泉州信息工程学院
	曾元艺	际头	本二	三明学院
	石惠方	时坡	本二	福州外语外贸学院
	林铖斌	时坡	本二	福建农林大学东方学院

续表

年份	姓名	牌属	高校类别	高校名称
2016	陈相伟	南湖	本二	西南财经大学天府学院
	石豪杰	时坡	本二	福建农林大学金山学院
	石冠鸿	顶寨	本二	福建农林大学金山学院
	林斯婷	新南	本二	武昌理工学院
	石智伟	崎南	本二	龙岩学院
	林伟达	岩坑	本二	华北科技学院
	曾莹莹	新南	本二	肇庆学院
	陈志荣	彭溪	本二	仰恩大学
	陈惠丹	合溪	本二	福建师范大学协和学院
	曾诗静	南湖	本二	福建江夏学院
	杨瑞全	溪头	本二	厦门工学院
	何月宝	彭溪	本二	福建农林大学金山学院
	曾锦涛	际头	本二	武夷学院
	何宗伟	彭溪	本二	宁德师范学院
	林　铮	南湖	本二	福建师范大学
	何燕凤	彭溪	本二	闽南师范大学
	林珊彤	南湖	本二	大理大学
	叶宸兆		本二	厦门理工学院
	朱镇松		本二	龙岩学院
	曾国栋	岩坑	本二	福建水利电力职业技术学院
	曾巧玲	岩坑	本二	泉州理工职业学院
	曾　茜	新南	本二	福州大学至诚学院
	朱小柳	小尖	本二	福建农林大学金山学院
	朱远标	崎南	本二	福州大学阳光学院
	朱智伟	崎南	本二	福建农林大学东方学院
	石玮东	合溪	本二	福建师范大学
	林炉成	新南	本二	武夷学院
	朱海彤	小尖	本二	龙岩学院
	林冠中	新南	本二	华北理工大学
2017	曾萌薇	新南	本一	福建中医药大学
	黄庭娟	彭溪	本一	华侨大学

续表

年份	姓名	牌属	高校类别	高校名称
2017	曾铭涛	高山	本一	闽南师范大学
	黄俊铭	高山	硕士	福州大学
2018	曾妙艺	南湖	博士	美国佛罗里达州立大学
	曾舒铭	合溪	硕士	福建师范大学
	石莉蓉	顶湖	硕士	集美大学
	曾杰煌	桂竹	硕士	西南财经大学
	何峰鑫	彭溪	硕士	福建师范大学
	何雅静	彭溪	硕士	北京大学
	林梓	诗坑	硕士	北京理工大学
	石群	顶寨	硕士	上海财经大学
	石珊珊	联荣	硕士	福建师范大学
	陈悦妹	新南	硕士	福建省委党校
	林明辉	南湖	硕士	厦门大学
	曾泉鑫	际头	硕士	福建师范大学
	赖燕华	溪头	硕士	闽南师范大学
	朱洪华	崎南	硕士	广东工业大学
	何镇海	彭溪	本一	厦门大学
	林成辉	新南	本一	中国人民解放军陆军装甲兵学院
	曾映辉	际头	本一	南京理工大学
	曾淏峰	合溪	本一	福州大学
	曾泳翔	桂竹	本一	武汉科技大学
	石小丹	时坡	本一	闽南师范大学
	林燕琳	南湖	本一	福建中医药大学
	陈金雄	彭溪	本一	泉州师范学院
	黄思敏	浮坪	本一	福州大学
	周湧集	联荣	本一	福建师范大学
	林照雄	新南	本一	福建医科大学
	黄琪凯	浮坪	本一	福州大学
	林芳煜	新南	本一	福州大学
	陈宇腾	南湖	本一	福建医科大学
	朱宇	高山	本一	福州大学

续表

年份	姓名	牌属	高校类别	高校名称
2018	朱镕丙	崎南	本一	华侨大学
	陈政林	彭溪	本一	福州大学
	何杰彬	溪头	本一	昆明理工大学
	曾辉煌	桂竹	本一	中南大学
	陈金伟	彭溪	本一	厦门理工学院
	赖圳源	溪头	本一	东南大学
	陈建宏	南湖	本一	南京理工学院
	林泽添	高山	本一	福州大学
	石莉萍	时坡	本一	江西师范大学
	曾正小树	桂竹	本一	南京邮电大学
	曾焕朋	彭溪	本一	武汉体育学院
	周洋	南湖	本一	厦门大学
	林加彬	新南	本一	河北医科大学
	朱琪茵	小尖	本一	福州大学
	林泽伟	南湖	本一	集美大学
	赖志伟	溪头	本一	华东交通大学
	石锦光	合溪	本一	厦门理工学院
	林欣炜	诗坑	本一	集美大学
	陈鹭	南湖	本一	中国航空学院
	林亮光	顶寨	本一	闽南师范大学
	何旭阳	彭溪	本一	重庆大学
	林心燕	高山	本一	集美大学
	黄晓娟	浮坪	本一	闽南师范大学
	石奇巧	下石	本一	福建中医药大学
	林金城	新南	本一	福建农林大学
	曾俊鸿	际头	本一	闽南师范大学
	陈虹	合溪	本一	闽南师范大学
	曾建富	桂竹	本一	福建师范大学
	曾旭珊	际头	本一	闽南师范大学
	黄淑婕	浮坪	本一	湖南科技大学
	朱俊斌	崎南	本一	南京理工大学

续表

年份	姓名	牌属	高校类别	高校名称
2018	朱清辉	崎南	本一	福建农林大学
	曾盛斌	桂竹	本一	福建农林大学
	赖泳言	溪头	本一	山东大学
	石旻弘	下石	本一	常州大学
	石煜川	时坡	本一	福州大学
	陈铮言	南湖	本一	湖南农业大学
	林雅婷	南湖	本二	广西中医药大学赛恩斯新医药学院
	石坤一	下石	本二	福建师范大学协和学院
	何淑娟	彭溪	本二	赣南师范大学科技学院
	黄立婷	浮坪	本二	闽南理工大学
	杨菲	合溪	本二	河池学院
	杨雅晨	合溪	本二	广西师范大学漓江学院
	曾俊智	桂竹	本二	南宁学院
	曾馨燕	桂竹	本二	南昌工学院
	钟舒萍	合溪	本二	广西民族师范学院
	陈惠滨	彭溪	本二	莆田学院
	赖德元	溪头	本二	福州大学阳光学院
	陈汉斌	彭溪	本二	苏州科技大学天平学院
	杨庚银	合溪	本二	福建师范大学协和学院
	曾毓锋	桂竹	本二	福建师范大学协和学院
	陈小？	南湖	本二	福建农林大学东方学院
	赖东平	溪头	本二	厦门理工学院
	林伟杰	南湖	本二	福州大学阳光学院
	林煜凯	南湖	本二	泉州信息工程学院
	钟燕青	合溪	本二	福州大学阳光学院
	石小颖	顶湖	本二	三明学院
	石裕华	时坡	本二	武夷学院
	林巧艺	顶寨	本二	三明学院
	陈伟	彭溪	本二	集美大学诚毅学院
	赖欣	溪头	本二	福建农林大学东方学院
	何小静	彭溪	本二	福州大学阳光学院

续表

年份	姓名	牌属	高校类别	高校名称
2018	曾杰民	新南	本二	莆田学院
	石忠伟	联荣	本二	湖南科技学院
	黄新萍	浮坪	本二	莆田学院
	陈镇泉	南湖	本二	闽南理工学院
	黄舒萍	浮坪	本二	湖南工业大学科技学院
	黄境智	浮坪	本二	福州大学阳光学院
	方小珊	彭溪	本二	福建农林大学金山学院
	赖灵珊	溪头	本二	莆田学院
	曾镇伟	联荣	本二	福建师范大学
	周俊全	南湖	本二	武夷学院
	陈伟杰	彭溪	本二	福州大学阳光学院
	何小彬	彭溪	本二	泉州师范学院
	郑嘉铭	高山	本二	成都学院
	曾舒婷	岩坑	本二	兰州财经大学
	曾金莹	联荣	本二	福建师范大学协和学院
	林子翔	诗坑	本二	福建商学院
	赖小涵	溪头	本二	福州外语外贸学院
	林泽煌	顶寨	本二	长江大学工程技术学院
	林和生	新南	本二	福建师范大学协和学院
	何智敏	溪头	本二	宁德师范学院
	曾莉莉	桂竹	本二	福建江夏学院

广东省深圳市山野公益基金会调查报告

范玉萍

一 引言

近年来，我国的公益组织在数量和资产规模上都获得了较快的增长，正逐渐成为社会管理的参与者、社会服务的提供者、群众权益的维护者和社会矛盾的调处者，在社会建设中的作用得到彰显。尤其是2008年汶川大地震后，人民群众慈善热情高涨，民间公益捐赠数额大幅上升，激励了公益组织的全面发展。随着我国经济社会的发展，对教育的巨大需求不断凸显，这为公益组织的运作提供了广阔空间，教育公益发展步伐明显加快。

"走过的地方越多，越觉得人生而不平等；走过的地方越多，越发现自己的幸运；走过的地方越多，越难以心安理得；走过的地方越多，越明白拉起手可以走得更远。"2003年10月，一群"驴友"成立了一个助己和助人的平台——深圳山野公益基金，他们因旅游、登山而相识，因助人为乐而相聚。因为助人，内心变得明亮，变得更愿意付出、关怀他人。这16年，与其说是助人，不如说也是一个自助的过程。

2017年暑假，为完成学科基础实习的任务，在系科研创新团队老师的指导下，很偶然的机会，笔者近距离接触了深圳山野公益基金会。通过网络、微信等诸多信息交流方式，笔者积极联系基金会主要成员，在咖啡厅的缕缕清香中，在微信头像的闪烁跳动里，"深圳山野"，这个由一些我国改革前沿城市的白领阶层自发、自愿创设的民间公益基金组织，逐渐掀开了她朦胧的面纱。从捐资集款到走近山区，从牵手孩童到捐赠教具，一帧帧鲜活的剪影，日渐清晰地展现在笔者的眼前。

二 深圳山野公益基金会的创设

(一) 基金会所在地概况

众所周知,深圳市是中国最早设立的经济特区,是中国改革开放的窗口和新兴移民城市,享有"时尚之城""志愿者之城"等美誉。数据显示,截至 2016 年年末,深圳市常住人口 1190.84 万人,较上一年增加 53.0 万人,增加人数较上一年减少 7.0 万人,其中户籍人口增加 49.8 万人,外来人口增加 3.2 万人。近 5 年来,深圳常住人口保持增长的态势。

(二) 基金会的设立及其助学对象

2003 年 10 月,深圳山野公益基金会诞生。基金会的倡议发起人是一对夫妇,丈夫叫老邓,妻子叫"简单"。按照他们的说法,创立该基金会的基本目的,是"一群热心的朋友,希望在自己能力范围内做点事情"。目前,深圳山野基金会活动的地域范围主要包括中国西藏自治区扎囊县沙布村、林芝市墨脱县、重庆直辖市大足区的贫困学子。

由于规模尚小,山野基金会尚未向相关行政部门注册登记。几个有兴趣的朋友一起商量后做的这些事情,纯属自觉自愿,因此没有管辖机构,甚至没有专门的办公地址,没有办公费用,一切靠着成员的志愿付出。

三座山,是深圳山野公益基金会的标志(见图 1)。基金会源自志同道合的"驴友",他们的足迹留在了大山深处,也希望自己的爱心能在大山深处留下痕迹,让山里的孩子沿着他们的足迹,走出深山。

图 1 基金会的标志

以上调研内容,除部分为笔者的叙述外,其余大部分表达均来自基金会财务"柠檬"接受笔者采访时的原话,其原始陈述比笔者的行文更为简单。"简单",既是基金会发起人的网络昵称,也是她对生活、对工作的态度。事实上,在笔者看来,她和她的朋友们所做的这件事情,一点也不简单。用"简单"的心态,做成功的事情。

三 深圳山野公益基金会的管理

(一)基金会的公益项目与经费安排

1. 沙布基金:首先是几个"玩户外"的朋友,基于对彼此的信任,由成员个人进行捐款,用于采购学习用具,最后寄往西藏扎囊县沙布村。

2. 一对一助学:首先是家访,得知需要资助的孩子后,将资料信息通过微信朋友圈、微博、QQ等方式在互联网上公开,将核实的资料在深圳山野网站上发布,通过这种渠道寻找资助人,获取一对一助学的经费。

3. 资助人:一开始是周围的朋友,然后是朋友的朋友,现在发展为有些资助人是基金会成员不认识的热心人。

4. 增值方式:山野公益基金会因规模不大,所以暂时没有增值的需求。基金会的出纳是财务出身,会简单的理财,若基金会的金额有余,会用于购买短期理财产品,从而获取几千块钱的利息。

(二)主要人员构成

1. 发起人:夫妻二人:老邓、简单。
2. 财务:柠檬。她是本次调研的主要受采访者。
3. 出纳:1人。
4. IT负责人:笨笨。目前比较游离,主要负责注册网站与维护。
5. 通讯员:负责发布消息、资料整理、通知资助人转账等。
6. 资助人联系员,负责将资料发给资助人,比如学校的收据、成绩单等,寄感谢信。

没有管理人员,因工作家庭等因素,成员会略有变动。

(三)基金会组织架构

1. 捐款人管理组:负责筹集资金,与资助人沟通,通报基金信息等。

2. 外勤调查组：负责各项目的实地调查，与当地的沟通，项目实施的后续跟踪。

3. 财务组：负责基金财务，并定期提供财务报告。

4. 信息管理组：负责网站、资助人（被资助人）信息管理系统的更新和日常维护。

5. 受助人管理组：这一组暂时比较弱，未来希望可以承担起对孩子的心理关怀的工作。

（四）基金活动的监管机制、防弊机制

基金会在财务方面都是公开的。从2009年始至今，每年都通过山野公益基金会的官方网站公布年度财务基本情况。基金会的支出和收入都需要经过通讯员、出纳、财务这三方面的审核。

山野公益基金会虽是一个草根组织，没有专人进行监督，但仍尽最大努力实现正规化，职责分开，没有出现过贪污捐款或捐款没有落到实处等情况。据财务负责人"柠檬"女士表示，虽然没有人要求，但自己还是坚持高标准完成财务公开的相关事宜。大家都对自己有要求，是基于信任而决定做这件事，而不是为了名利。

"柠檬"还向笔者讲述了一件令她格外感动的事情：2007年秋季，深圳市证券公司职员郑女士在了解情况后，当即向山野公益基金会捐款5000元。此后从2008年起，她每年的1月份都会向基金会捐款5000元，到今年已经是第11年了。她同大部分资助人一样，是从外地到深圳务工的普通人，并非老板、有钱人。但郑女士对山野公益基金没有任何质疑与要求，在这11年间向山野基金无偿捐出了55000元。能够得到他人无条件的信任，确实是一件令人感动的事。

四 深圳山野基金会的重庆大足助学项目

自2003年10月创设以来，深圳山野公益基金会便将自己的目标锁定为教育、医疗两个方面的公益捐助。其中医疗公益捐助方面，山野基金会通

过与在西藏进行公益医疗援助的贡德基金会合作，在西藏山南地区开展了药品捐赠活动以及四川藏区的医疗援助活动，目前仍一直在进行西藏扎囊县沙布村的药品捐赠项目。山野基金会还曾通过贡德基金会向汶川、芦山地震灾区捐资购买药品，并资助藏区乡村医生藏文医疗图书《生命的事实》的印刷出版。

教育公益捐助是深圳山野公益基金会长期坚持的慈善公益项目。10 余年来，山野基金会完成了多项教育公益捐赠，如向西藏扎囊县沙布村小学捐赠学习用品；帮助重庆大足县天山中心小学建立图书室；向四川甘孜县茶扎乡小学捐赠鞋子、书包；向天山中心小学、贫困藏区学生捐赠衣物；向墨脱县乡村小学捐赠饮水净化设备，保证学生在校饮水安全等。而 2004 年 5 月开始的重庆大足助学，是 16 年来深圳山野公益基金会所从事的最为重要的教育公益活动。

（一）项目简介

深圳山野公益基金会创设于 2003 年 10 月。从 2004 年 5 月开始，山野公益基金会便在重庆大足设立助学点，资助贫困学生。学生就读的学校包括：天山明德小学、太安小学、中敖中学、海棠中学、大足中学、重庆铁路中学、重庆女子职业高中、大足职业教育中心、重庆信息技术学院、上海金融学院、郑州大学、西华大学和空军飞行学院 13 所。

截至 2017 年，山野公益基金会共计发展了 194 名捐款人、资助人，合计资助了重庆市大足区贫困学生 260 人，西藏甘孜藏族自治州孤儿 7 人、贫困生 2 人。目前正在资助的大足区学生中，包括大学毕业生 2 人，在读学生 4 人；高中在读学生 2 人；职业高中毕业学生 15 人，在读学生 3 人。接受资助时间最长的学生，从 2005 年至 2017 年已有 12 年。截至 2015 年 12 月，山野公益基金会共收到捐款 117 万元，总支出 102 万元，其中大足一对一助学资助支出 83 万元，基金结余 15 万（含基金公共部分和资助人个人结余）。

（二）主要资助方式

1. 义务教育资助：这是山野助学一开始就参与的部分，对小学一年级至初中三年级的国家义务教育阶段的贫困学生进行资助。考虑到农村家庭现金收入有限，除学杂费外，对初中学生还有每学期1000元的生活费补贴。

2. 职业教育资助：随着国家对义务教育的投入越来越多，深圳山野将资助范围扩大到职业教育，凡在义务教育阶段得到山野资助的学生，在指定的职业高中学习，均可得到生活费和学费上的资助。

3. 普通高中资助：成绩优秀、考入重庆市重点普通高中的学生，深圳山野继续资助学费和生活费。

4. 高等教育资助：成绩优秀、考入一本、二本和专科（均为非自费）的学生，深圳山野也会尽力资助。

5. 学前教育资助：学前教育并非义务教育，因此费用较高；对于留守儿童占90%的天山乡来说，孩子从小在一个相对正常的环境中成长并非易事。2013年天山乡有了国家正式批准设立的幼儿园，深圳山野的资助也同时扩大到了学前教育阶段。

结对助学是深圳山野公益的主要项目，经过对重庆大足地区十多年的摸索，形成了一套行之有效的严密流程。在志愿者、资助人与学校、老师的共同努力下，截至2017年秋季，已有260多名贫困学生通过这种方式得到资助。

（三）项目详情

1. 捐助流程

第一步，收集信息。由深圳山野公益基金会收集、整理、核实贫困地区的失学或濒临失学儿童信息，信息的主要来源为贫困地区教委、学校等官方、半官方途径；由志愿者对上述信息逐一进行现场调查核实。

第二步，发布信息。将核实的资料发布，征寻资助人。

第三步，募集善款。资助人向深圳山野管理人员确定资助对象，定期将捐助款项汇给山野公益基金会。

第四步，接受报名。深圳山野志愿者每期开学报名时前往学校，缴交学费、生活费并取得相关票据，并将贴有邮票和资助人通信地址的信封交给学生，以便学生与资助人信件联系。

第五步，将单据寄给资助人。将学校收款票据、山野公益收款收据和学生上期末考试成绩单等整理好后，寄给资助人。

第六步，定期跟踪回访。志愿者每年定期进行实地调查，跟踪和监督资助款项的使用，了解被资助人的生活学习情况，通过网站公布跟踪情况。

2. 捐助形式

深圳山野公益基金会向贫困学生的资助形式主要有三种。

第一，一对一资助：由一名资助者资助一名贫困学生。

第二，一对多资助：一名资助者可以同时资助多名贫困生。

第三，多对一资助：由一名或多名资助者和深圳山野公益基金会共同资助一名贫困学生。这一方式主要针对高中、大学等费用较高的学生。

3. 捐款方式

主要包括银行转账、现金等。

（四）合作伙伴

深圳市幸福慈善基金会是深圳山野公益基金会在重庆大足助学项目执行过程中最主要的合作伙伴。该基金会主要从事教育领域的资助。山野基金会在十多年的结对助学中积累了一定的经验，也形成了较严密的管理方法，但是筹资能力、对外宣传能力相对不足。于是，山野基金会开始与一些公益组织合作，以便取长补短，共同完成公益项目。深圳市幸福慈善基金会就是主要的合作方之一。

1. 合作内容

双方共同合作在重庆大足开展助学活动以及天山悦读童年等项目。天山悦读项目是由深圳山野公益基金会策划落实，由幸福会资助的阅读项目。

2. 合作详情

自2004年以来，深圳山野公益基金会先后在大足区的天山小学、太安小学、中敖中学等学校一对一资助了260多名贫困学生，资助金额达到了90多万元。随着大足经济的不断发展，政府对教育的投入也不断增加，再加上一些慈善基金的资助，这些学校的硬件条件与十几年前相比已经有了很大的改善。但是，与城里的孩子相比，这些山里的孩子却因为各种原因大多没有时间培养阅读兴趣，从学校回到家以后基本没阅读课外书的习惯，更不用说亲子阅读了。在深圳市幸福慈善基金会的资助下，2016年9月，"天山悦读童年"项目正式启动，深圳山野尝试在天山小学开设阅读兴趣班，希望通过"种子教师"的培养，在这些大山深处孩子们的心中，播下喜爱阅读的种子，为他们打开一扇通向更为广阔世界的窗户。在此之前，深圳市爱子阅读馆已经免费为天山小学的两位老师提供了为期两周的培训，以帮助他们建立科学的阅读课程教学理念，学习各种阅读课程的教学方法。目前，700多册优质童书已经运抵天山小学，补充到学校的图书馆。而学校也已经成立了由30多个学生组成的阅读兴趣班。

五　社会评价

政府：因为山野公益基金会是一个没有注册的草根组织，与政府没有直接的联系，因此，本调查报告在这方面只能从略。

受助学校：从2003年开始，基金会便与校方打交道，双方之间一直是一种良性互动关系，校方也能体会基金会方面的不容易。

基金管理者：基金会成员只是做自己能做的一点事，不求回报，对受助者没有要求。

受助者：受资助的孩子在不断成长，也深知感恩。有些孩子还特意找到山野公益基金会组织，感谢这些年来他们对自己的帮助。

安全问题：目前暂时没有这方面的担忧，基金会成员的每次访问都有当地的义工协助，而且多年的接触也使得双方形成一种良性的互动。以前的生活居住条件较差，现如今已经改善很多。

现存问题：主要是在结对助学方面，由于当地的物质条件不断提高，随之精神方面的关怀也有了更大的需求。当地有很多留守儿童，相较于经济资助，精神方面的关怀才是他们的第一需要。但大家这方面的知识储备有限，自身专业水平还做不好这些事情，目前不知道从哪方面切入比较好。

六　结语

本是一群"驴友",热爱山野,热爱远行。当他们走得越远,看到的贫穷、困苦就越多,越希望能做点什么。2003年10月,他们组建了这个自助和助人的平台:深圳山野。

十多年过去了,当初的热情并没有因岁月的流逝而消散,"深圳山野"已成为平淡城市生活中的亮点。基金会组织的成员每年总会相聚,这样的相聚不是酒酣茶浓,有时候是为筹款而发愁,有时候是为山野的工作难以推动而着急,有时候则为学生的成长而高兴,更有些时候,为自己的坚持感到欣慰。

从重庆到甘孜,从拉萨到墨脱,从助学到医疗,500多名学生和更多的农牧民得到帮助,有些孩子已经走上工作岗位,甚至和基金会组织人员成为朋友。

而山野的工作人员从过去的两三人扩大到了十多人,越来越多的资助者加入进来,稳定的结对捐款人则已有近200名。

山野人说,我们深感,这13年里,我们的收获远远超过付出,因为,我们变得愿意付出和懂得关怀他人,内心越来越明亮、温暖,越来越踏实、快乐。

附录　　深圳山野公益基金组织构架及运作原则

第一章　总则

第一条　深圳山野公益基金是一个纯民间的公益组织,不以营利为目的,不谋求商业利益。

第二条　组织的宗旨是:发展民间社会公益事业,资助贫困学生、帮助贫困落后地区改善医疗。

第二章　资金来源

第三条　组织通过各种途径联络热心公益事业的团体和个人,争取各种形式的参与和支持，共同探索发展民间公益事业的途径和方法。

第四条 深圳山野公益基金接受各种资助，包括实物与现金。实物资助包括书籍、教学用具和医药卫生用品等。现金包括："一对一"助学学费和生活费、医药卫生、助学、不指定用途等。

第三章 资金使用

第五条 深圳山野公益基金充分尊重捐赠人的意愿，在捐赠人没有明确资金和实物的用途的情况下，由基金管理委员会建议用途，并征求捐赠人意见或公示。具体操作如下：

1. "一对一"助学款专款专用；

2. 未指明用途的助学款、医药卫生捐赠（款）和其他未指明用途的款项，由管理委员提出项目建议，并公示一周，无异议则实施。有异议则另行商定。

第六条 深圳山野公益基金的差旅等费用全部由参与活动的志愿者自费承担，不占用捐赠资金。

第七条 涉及资金用途，需要由2/3以上委员签字同意方可实施。签字可以采取网络签名的方式。

第四章 财务管理

第八条 组织分设会计、出纳对基金财务进行管理。

第九条 深圳山野公益基金公布专用捐款账号，接受捐款。由于基金为民间公益组织，不能在银行开立账户，公益基金账户为出纳个人账户，但专门用于山野公益活动资金管理，在网上公布账户查询密码。

第十条 深圳山野公益基金每半年公布一次财务报表，由财务人员编制财务报表说明。

第五章 组织构架

第十一条 深圳山野公益基金的决策机构为管理委员会，委员会由5－7名热心公益的人士组成，承担组织的管理工作，工作为义务性质，无报酬。

第十二条 管委会成员以自荐、推荐和选举的方法产生。成员相对固定，在网站上公布名单和各自职责。各人需每半年在网上公布一次述职报告。

第六章　监督

第十三条　深圳山野公益基金接受捐赠人和全社会的监督，所有账目公开，随时接受质询。

第十四条　尽量邀请专业的外部人士义务对资金使用进行审计，并出具报告。

编后记

呈奉给读者的这本调查报告集，是我们团队师生合作完成的"福建民间教育公益基金调查"的调查报告的选编。一方面，它是我们尝试进行教学改革的一项成果。通过本次调查，同学们的学科基础实习得以围绕一个集中的主题展开，同时老师对同学们的指导也更具针对性。另一方面，它也是我们进行师生科研合作的一次尝试。早在2009年，团队教师即以承担国家社科基金项目"社会公益视野下的清代科举宾兴研究"为契机，开始了关于中国教育公益文化史的研究。2018年初，历史学系部分教师组建了校级科研创新团队——"闽台教育与公益文化事业发展研究"团队，主要围绕闽台教育公益文化开展研究。这本小书，是我们尝试将"中国教育公益文化研究"从传统中国向当代中国延伸的一项成果。

虽然古代中国就已存在教育公益文化传统，如捐设田产、银钱等作为本金，利用所获得的田租、利息，向官学或书院的学生提供学习经费，或者为科举考生提供考试费用，近代中国也不乏教育公益的案例，如将地方公产改为支持清末学堂、民国学校或本地留学生教育发展的教育基金，但是在当代中国，除港澳台地区的文教基金会兴起较早以外，大陆各省的教育公益基金却是在20世纪末方才随着改革开放的不断推进而兴起并日渐普遍的。进入21世纪以来，随着我国国民经济发展水平的日益提高，民间自主捐资设立的教育公益基金也不断增多，其级别、类型堪称繁复。本调查报告集有很大一部分涉及各类民间小型教育公益基金，他们中的大多数本金规模相对较小，未达到国务院颁布的《基金会管理条例》所限定的200万元的申报立案额度，个别新成立的家族或乡村教育公益基金甚至只筹集了10余万元的捐款。这也使得他们在实现其教育公益目的方面难以做到"长袖善舞"，无法将公益范围拓展到更加广泛的奖学、助学、奖教层面。

在此背景下，为了使资助效率最大化，一些教育公益基金倾向于向优秀学子发放奖学金，而放弃向贫困学子发放助学金，有时候未免会让人有"锦上添花天下有，雪中送炭世间无"的观感。同时，由于发展历史较短，他们也相对欠缺助学公益经验，在组织管理、监管机制、筹款募捐、本金增值等方面还有诸多亟待改进或调整的地方。

我们组织同学针对当代教育公益文化的调查还刚刚开始，老师相对缺乏指导经验，学生此前亦无类似的调查经历，不管是老师还是同学，在设定调查主题、设计访问问卷、探寻调查深度、使用调查技巧、保存影音资料等许多方面都有待提升。在调查的过程中，大家经常会感动于基金创立者白手起家之不易，慨叹于普通捐助者集腋成裘之艰难，振奋于获得奖助的优秀学子们的捷报频传，但也会时刻提醒自己不要被主观情感所影响或左右，尽量做到客观观察、据实描述。作为指导老师，我们鼓励同学们自主原创，坚持"我手写我口"，在修改同学们的调查报告时，尽可能保留其自身的行文风格。我们相信，尽管大家的文笔还很稚嫩，但出版这样的调查报告依然很有意义。我们要带着学生一届一届地做下去，慢慢地集腋成裘，从当代教育公益文化的角度，记录这个大时代的一个小侧面，为学术界同仁提供参考的资料，也为中国教育公益文化发展史保存一份珍贵的历史记忆。

这本调查报告集能够出版，首先要感谢参加调研的所有同学。我们的福建民间教育公益基金调查是以学科基础实习为契机而开展的，每年都是安排在暑假期间进行。调查过程中，同学们不仅要克服知识积累不足、调查技术生疏以及怕羞、畏难心理等方面的困难，更要面对高温酷暑、路途往返的考验，对于尚未正式走入社会的在校大学生来说确实非常不易。其次要感谢曾一东、曾太乙、曾雄、曾祥立、曾凤荣、徐智心、杨金龙、彭柏玉、林寸香、朱阳其、蔡必泉、朱镇国、朱巧云、朱卿洁、刘子长、刘寿荣、柠檬、陈泳超、苏荣明、曾复元、林前庭、熊江琴、王俊、余雪、余金维、丁孝媛、林红侠、陈友水、李世苞、林丹、蔡培祥等基金会负责人、政府工作人员、学校教师、受奖助学生及普通民众等接受采访或提供帮助的好心人。感谢他们对同学们的调查所提供的无私帮助，更感谢他们对各自基金会所付出的努力与爱心。我们相信，和千千万万的教育公益基金人一样，他们已经在中国教育公益文化的历史长河中留下了自己的足迹。我们还要衷心感谢本团队的顾问、全国台湾研究会副会长汪毅夫教授，社会科学文献出版社社长谢寿光先生及政法传媒分社社长王绯女士，正是在他们的关爱与鼓励下，我们才能实现出版这部"始生之物其形必丑"小书的心愿；同时也衷心感谢严谨勤勉、细致入微的高媛编辑和《闽江学院学报》编辑部的金甦编审，她们在编辑、校勘本书的过程中提供了具有针对性的修改意见，改正了不少原稿的讹误，提升了书稿的总体质量。当然，书中肯定还有错误或表述不当之处，这些责任理当由我们来承担。本书由毛晓阳老师负责选编2015级同学的调查报告，余元启老师负责选编2016级同学的调查报告。

图书在版编目（CIP）数据

财富的归宿：福建民间教育公益基金调查报告／毛晓阳，余元启主编. -- 北京：社会科学文献出版社，2020.1

ISBN 978 - 7 - 5201 - 6040 - 7

Ⅰ.①财… Ⅱ.①毛… ②余… Ⅲ.①地方教育 - 公益金 - 调查报告 - 福建 Ⅳ.①G527.57

中国版本图书馆 CIP 数据核字（2020）第 016098 号

财富的归宿
—— 福建民间教育公益基金调查报告

主　　编／毛晓阳　余元启

出 版 人／谢寿光
责任编辑／高　媛

出　　版／社会科学文献出版社·政法传媒分社（010）59367156
　　　　　地址：北京市北三环中路甲29号院华龙大厦　邮编：100029
　　　　　网址：www.ssap.com.cn
发　　行／市场营销中心（010）59367081　59367083
印　　装／三河市尚艺印装有限公司
规　　格／开本：787mm × 1092mm　1/16
　　　　　印　张：23.75　字　数：362千字
版　　次／2020年1月第1版　2020年1月第1次印刷
书　　号／ISBN 978 - 7 - 5201 - 6040 - 7
定　　价／128.00元

本书如有印装质量问题，请与读者服务中心（010-59367028）联系

版权所有 翻印必究